纪念苍南建县四十周年

献给我的故乡

献给故乡的百万父老乡亲

献给所有正迈向新征程的人们

黄传会

浙江省苍南县人。中国报告文学学会常务副会长，中国作家协会第七届全委会委员，海军政治部创作室原主任，享受国务院政府特殊津贴。

著有长篇报告文学《中国一个县》《托起明天的太阳——中国“希望工程”纪实》《中国山村教师》《中国贫困警示录》《中国海军三部曲》《中国婚姻调查》《我的课桌在哪里》《中国新生代农民工》《国家的儿子》《中国海军：1949—1955》《大国行动》等，中短篇报告文学集《站在辽宁舰的甲板上》。

其报告文学作品有着广泛的社会影响。曾获“庄重文文学奖”，第十三届“中国图书奖”，第一届、第三届“徐迟报告文学奖”，第六届、第九届、第十三届中宣部“五个一工程”奖，第六届“鲁迅文学奖”等。多部作品在国外翻译出版。短篇报告文学《三个太阳》入选中学语文课本。

我的名字叫苍南

黄传会 著

浙江人民出版社

今日苍南（本书图片均由萧云集提供）

苍南旧貌

20世纪80年代，灵溪镇最重要的河运码头

20世纪80年代，灵溪镇群众欢度国庆

1983年，矾矿工人

矾矿矿硐

1983年，苍南宜山纺织品交易市场人声鼎沸

1983年，从苍南宜山纺织品交易市场满载而归的农民

1984年，苍南金乡塑片作坊

1984年，苍南县龙港镇委书记陈定模和同事们研究龙港新城的建设

1984年10月1日，“中国第一座农民城”苍南县龙港镇进港公路通车庆典

1985年2月，苍南县森力人针织内衣厂

1987年6月15日，苍南县参茸补品市场在县城灵溪租用民房一条街开业，以求形成“市场”

1994年10月5日，龙港镇举行建镇十周年庆祝活动，“包机大王”王均瑶包租飞机在空中抛洒彩带助兴，此时他正在用对讲机和飞行员联络

2008年，苍南金乡镇企业家叶文贵和他的混合动力试验轿车

1992年，龙港一小和贫困山区凤阳鹤山小学师生开展了“手拉手，献爱心”的活动

我的名字叫苍南

（代序）

黄传会

亮出一张名片，

我的名字叫苍南！

居玉苍山之南，

蕴横阳支江之钟灵毓秀……

灵溪、龙港、金乡、钱库、矾山、桥墩……十九个乡镇像十九位兄弟姐妹，组成一个和睦大家庭；闽南话、瓯语、畲话、蛮话、金乡话，1291平方公里的土地上，130万人口说五种方言，在中国确属罕见。

我的颜值蛮高哦，玉苍晨曦、鹤顶杜鹃、渔寮沙滩、矾都老矿、碗窑清窑、鲸头古庙、福德湾旧街……一道道风光美景，会让你流连忘返、叹为观止。单档布袋戏、道教音乐、蓝夹缬这些国家级非物质文化遗产，更会让你一饱眼福耳福。还有美味佳肴呢：螃蟹炒年糕、海蜈蚣烧咸菜、清蒸黄梅鱼、凉拌虾皮紫菜……真不是有意在馋你！

显摆一下我的光芒四射的祖辈好吗？这里诞生了八名文武状元；养育了文章名世的状元徐俨夫、笔砚独步的王自中、诗名宋元的林景熙、国学超群的刘绍宽；走出了苍南道学和武学开山者林傥；还有名闻遐迩的数学家黄庆澄、姜立夫等。

苍南英烈甘洒热血写春秋。百年来宋代学子前赴后继斗贪官，可歌可泣的明代军民携手抗倭寇，轰动全国的清代“平阳三大案”反抗压迫，百折不挠的民国大刀会奋勇斗争，壮怀激烈的抗日民军司令朱程痛击日寇……

我的名字叫苍南。

这里民风淳朴，热情好客。口袋里有十元钱，恨不得请朋友吃100元。早晨进小店吃粉干，两眼一扫，先把熟人的粉干钱付了。夜晚去理发，见有熟人，照样抢先付钱。我回乡探亲，多次“被付钱”。想表示谢意，人家已悄然离去。每每想起，温馨无比！

苍南人爱吃海鲜，三日不闻腥味，恨不得亲自下海去捞。

苍南人先订婚，再结婚。订婚酒不收礼金，等于自费做广告；结婚酒红包不全收，你送1000元，他收200元，还回礼一包“硬中华”。

苍南男人先买西服，再学打领带。

苍南女人勤俭时一分钱会掰成两半用，大方起来却可以搭飞机去韩国美容。

苍南人诚信，借钱不用打借条，口头承诺即可。谁借钱不还，谁就没脸做人。有位“诚信老爹”，被“桑美”台风夺去三个儿子，留下80万元债务。他种菜、养鸡、拾废品，默默还清儿子的债款。老爹明晓，诚信比金钱金贵。

苍南人能吃苦。

改革开放初期，苍南人为了推销产品，踏遍千山万水，走进千家万户，吃过千辛万苦，说尽千言万语。

苍南人爱穿皮鞋，也能光脚；敢进殿堂，照样睡得了地板。苍南人人都想当老板，老板个个都从打工做起。

能吃苦不值得炫耀，敢创新才真算本事。

西北干旱，苍南人却去卖蜡烛。为啥？缺水，小水电必停，蜡烛自然抢手，这叫商业眼光。公安“严打”，苍南人到监狱兜售棉被，监狱长惊讶：你们怎么知道缺棉被？回答道：犯人增多，哪能不要棉被？这叫商业敏感。大学刚刚开始招生，苍南人不仅设计好了校徽，连样品都准备好了，极受校长们欢迎。凡此种种，俯拾皆是。

苍南人“敢为天下先”，这一个个“第一”便是明证：“中国第一座农民城”“新中国第一家私人钱庄”“第一家股份合作制企业章程”“第一例民告官”“第一条农民承包经营民航客运班机航线”“全省第一个浙台经贸合作区”……

中国印刷之都、中国礼品城、中国塑编之都、中国井巷之乡……苍南已经走出一条独具区域特色的发展之路。

创新日日新，追求无止境。

我的名字叫苍南。

苍南设有全国首个县级动车始发站。每天57趟动车始发或停靠苍南站。你没来，苍南毕竟与你隔着山隔着水。

你来了，苍南的山，苍南的水，苍南人，都会成为朋友！

（原载2017年7月10日《人民日报》）

再版絮言

《我的名字叫苍南》是我2017年发表于《人民日报》上的一篇散文。不久，家乡的“苍南发布”微信公众号予以转载，曾获得“10万+”的点击量。有朋友说短文写得“好”，我问他“好在哪儿”，他说“写的像苍南”。写苍南能“像苍南”，足矣。

自少小离家投笔从戎，我一直“独在异乡为异客”。但我的心一直牵挂着家乡，目光一直注视着家乡。早在30多年前，我写的两部报告文学，就是取材于苍南。作为苍南的游子，我深感荣幸的是，在家乡数十年的发展历程中，自己没有置身事外，而是投身其中，成为家乡发展进步的见证者和记录者。

今岁恰逢苍南建县40周年，我将两部旧作合作一部再版，取名《我的名字叫苍南》。

《中国一个县》出版于1989年3月。时值改革开放发轫之初，变革与因循，创新与守旧，交织缠绕，错综复杂。苍南作为“温州模式”的重要发祥地之一，蓬勃生机，光芒四射。我似乎隐隐听到了从家乡大地上传来的铿锵的脚步声，于是迫不及待地从北京返回苍南。深入基层，奔走田野，一月有余，所见所闻，遂有《中国一个县》。今日，再翻旧作，虽感浅显稚嫩，然可贵之处在于真实，我用真实的笔触，记录下改革开放初期，百万父老乡亲砥砺前行的足迹。特别是蕴含着创新之光的苍南精神，依然在熠熠闪亮。

值得一提的是，在《中国一个县》的尾声里，我提到20年后，“农民城龙港镇早就改为龙港市了，它成了浙南与闽东的商业要地”。如今，龙港镇已经升级为龙港市。不是我有什么先见之明，而是“镇”改“市”是中国城市化进程的必经之路。

《中国的“挑战者”号》出版于1990年8月，当年美国的“挑战者”号载人飞船升空爆炸，引起世界震惊。为什么取这个书名呢？大家看一下副标题就明白了：“首例农民告县长案始末”，讲述的是一起发生在苍南的民告官案，这也是新中国首例民告官案。今日看来，平常不过，当时却是爆炸性新闻。彼时，社会法制建设薄弱，人们法治观念淡薄。而苍南一位普通农民，不服县里法规，一纸诉状，将县长告上法庭；堂堂百万人口之县长，没有以势压人，坦然应诉，走上被告席。在庄严的国徽下，“民”与“官”都用法律来维护各自利益和尊严。我记得当年中央电视台《今日说法》栏目开播，说的第一个案例便是此案。这是苍南民主法制进程的可贵探索，是苍南为推进我国法制化建设所做的突出贡献，意义非凡，弥足珍贵。可以说，苍南一小步，中国一大步。

旧作再版，并非沉溺往事，而是为了温故知新。“故”者，历史之经验教训；“新”者，新时代、新征程、新使命。时逢百年未有之大变局，家乡百万父老乡亲奋进在建设共同富裕美好社会新征程，我们回望曾经的曲折和成就，激发奋斗豪情，干在实处，走在前列，勇立潮头，谱写苍南新的壮丽篇章！

2021年中秋于北京

目录

中国一个县

中国的“挑战者”号
——首例农民告县长案始末

中国一个县

引　子

又到枫树坪。

又见老枫树。

一定是先有了这棵老枫树，才有了这个养育我的叫作枫树坪的小山村。

老枫树，当共和国在礼炮声中诞生的时候，离你不远的一间低矮的瓦房里，一个新生儿呱呱坠地了。盛夏，你那如盖的绿冠为我遮挡过烈日；严冬，你那粗壮的枝干为我抵住了风寒。多少个春日里，我们依偎在你的身旁，听爷爷讲从他爷爷那里听来的故事。而我最喜欢的是深秋时节，枫叶红了，你成了一片热烈的火焰。

老枫树，虽然我在你的身旁只生活了三年，但你已经成为我生命之所系，情感之所依。在共和国的首都，也是一个秋天，有一次，我同妻子、女儿在中山公园内散步，望着身旁一株株千年古柏，忽然，我想起了遥远的你和那片燃烧的红火焰，我久久地注视着南方，心头波涛汹涌。

如果我的生命是一艘小船，你便是这艘小船最可靠的缆桩；

如果人生是一所学校，你便是我的第一间课堂。

于是，只要有机会回砚山探亲，再忙我也要来枫树坪一趟，看望你这位历尽人间沧桑的历史老人，看望至今还居住在这里的本家乡亲，看望山坡上祖父和父亲的坟茔……

沿枫树坪背后山路再走不到一里地，是一个叫龙头庵的地方。龙头庵，顾名思义，是盖在龙头上的一座小庵。而枫树坪正好蛰居于龙头之下，所以，本家的乡亲们都说：枫树坪的风水好！

风水好，必定是人丁旺、事业兴。令人感到惆怅和不安的是，枫树坪的住户变得越来越少，稍稍有点本事的后生们纷纷往外头奔……

清明节，我又一次来枫树坪祭扫祖宗的坟茔。以往，分墓饼[①]时，满山遍野都是跑着跳着的孩子，带得再多也不够；可这回，一篮子墓饼分到最后竟还有的剩。

枫树坪，你变得萧条了。

年已古稀的大伯父对我说："会儿，你有文化，趁这次回来，帮给县里打个报告，把村前的公路给修了吧。"

堂哥接过话茬："路不通，有点柴草运不出去，买点东西还得爬山路。咱们这儿是革命老区，当年粟裕、刘英在这儿闹过革命，上级对革命老区会照顾的。"

我说："你们怎么又想起修公路了？那年，从矾山到前岐的公路计划要打这里过，村里人不是全反对吗？"

大伯父和堂哥默然了。是的，几年前有条公路要打枫树坪经过，不知是怕被占了土地，还是怕坏了风水，村里人群起反对。后来，有关部门不得不改变计划，重新设计，将公路挪了位置。

---

① 分墓饼：故乡风俗，扫墓时要带饼干、糖果分给附近的孩子，称为"分墓饼"。

过了一会儿，堂哥又说："以前是以前，现在讲现在。你没见人家温周堀，过去比我们穷多了，可通了公路，一下子富了。"

"修这条公路大约要多少钱？"我问。

"10万元差不离。"大伯父的眼里闪着光，"这回我们大家商量好了，只要国家决定建，拨些款，群众个人也可以集资，还可以出义务工。"

10万元，不小的一笔数字。我本来想开个玩笑："花10万元为你们二十几户人家修条公路，还不如用这笔钱当拆迁费，把整个枫树坪都搬到矾山镇去算了。"不过，我没说出口，因为我看见了大伯父、堂哥及乡亲们那一道道充满着希望的热切目光……

我的这些世世代代禁锢在枫树坪的乡亲们；我的这些习惯于面朝黄土背朝天、只知道累死累活干农活的乡亲们；我的这些只能在封闭的意识空间里思维的乡亲们，终于也爆发出新的渴望：

他们渴望开放；

他们渴望了解外界；

他们渴望被外界了解；

呵，老枫树，你能告诉我吗，历史是什么时候悄悄翻开了这新的一页？

第一章　在历史的阵痛中

有人曾用一句西方谚语形容中国的改革：在未经探察和绘图的水域航行。

十年，在人类的历史长河中，不过是短暂的一瞬间。

然而，对于中国人来说，从1978年冬具有历史里程碑意义的党的十一届三中全会召开，到改革开放的春风吹遍约960万平方公里的祖国大地，这些年，可以称得上是生机盎然、翻天覆地。

有人把改革开放看成是中国大地的“第二次革命”。

有人把改革开放形容为一瓶神奇的营养液，它使中国巨人的躯体变得活跃起来。

从停滞的泥泞中走出来了，从贫困的境地中走出来了，从封闭的格局中走出来了，从僵化的观念中走出来了……这每一步，尽管充满艰难，带着痛苦，但走得格外痛快。

历史还没走远，我的百万父老乡亲踏出的这行脚印，还清晰可辨……

黄县长，您还记得这一天吗?

1978年2月27日。严冬即将过去，春天还没到来。

黄德余神态虽平静，内心的激动却总也抑制不住。从今天起他就是金乡镇新任镇委书记了，历史把这个古老的小镇交给了他，把小镇的1.6万名百姓交给了他。

作为一个深深了解金乡的本地人，黄德余在激动之中又有一种沉重感。他曾经做过调查，全镇只有土地3100亩，人均不到两分田。四分之三的人要靠工商业吃饭，可是队办工厂没有一个，镇办企业也少得可怜。各种就业门路被堵得死死的，全镇16—45岁的人中，有3200多人在家待业。他的前任书记吴继程，曾有一次吃午饭时，饭碗被待业青年给抢走了。

走在街上，不断有熟人同他打招呼，那一双双目光，是信任，是支持，还是对自己能否挑起这副担子的怀疑？黄德余在心里琢磨着。

忽然，他在街旁贴着的一张“海报”前站住了。“海报”上写着：

> 留镇待业青年晚上7点在金乡小学开会。我们的口号是：要饭吃！要工作！

黄德余的脑袋“嗡”地涨大了，眉心紧紧拧成个“川”字。他万万没有想到，老百姓送给自己的竟会是这样一份“见面礼”。

金乡啊金乡，你空有这么个富贵的名字……

戴志共的烦恼

“走哇，干活儿去！”

“快走哇，快去干活儿——”

戴志共只觉得嗓子眼儿都快喊出血了。50岁的人了，当了这么个破队长，每天两次喊干活儿就要伤两次元气。望望天，日头已经三竹竿高了，他的火气又蹿了上来，禁不住骂开了：“懒汉，你们还像不像种田人？日头这老高了，还赖在屋里不出来……”

大约又过了几袋烟光景，社员才三三两两、懒懒散散来到村东头的晒谷场上。

钱库区仙居乡湖广店村的戴志共，人称“田精”，种田再没好过他的把式了。人也忠直，就是脾气暴了些。

他铁青着脸，指着一位后生仔说：“你年纪轻轻的怎么不学好？都像你这个样子，生产队成何体统？”

后生仔辩白道，“队长，你没见我这两天身体不舒服吗？”

“骗人！”戴志共说，“夜里我起来上茅房，才3点多，就见你在口粮地里忙乎开了。干自己的活儿比谁都积极，干公家的就一点劲都没有，年纪轻轻的，你学坏！”

后生仔笑了：“队长，队里谁不是这个样子，你怎么光说我？”

戴志共不言语了，光骂这位后生仔也的确是冤枉了他。这些日子来，他常寻思：这人怎么就变得越来越自私了？农业合作化那阵子，社员的积极性多高！干活儿哪要队长喊？这些年来，对集体是越来越没兴趣了。趁着“文化大革命”一乱，好些人嚷嚷要单干，可上头不答应。最后，不得不悄悄采取了个折中的办法：把全村443亩地划为两部分，一部分给社员个人种，解决自己的口粮问题，称为“口粮地”；另一部分仍然集体种，收成后当征购粮，称为“征购田”。

没想到这看似两全其美的办法一实行，问题来了。社员们把所有的心思都放在了“口粮地”里，而对“征购田”一点兴趣都没有。你看吧，哪块庄稼长得好，那块准是“口粮地”；而哪块稀稀拉拉像狗啃过的，不用问，准是“征购田”。

说到底，苦也就苦了当队长的戴志共一人，他被夹在中间了。

见人到得差不多了，戴志共说了声：“快走吧，再不干又要歇午了。”

人们跟着他，像一支打了败仗的队伍，慢慢向村西的那块“征购田”走去……

这一回，他动了感情

他，大渔乡大岙心村的叶正坤，时常叨念着：“谁也想不到啊，共产党会提倡搞单干！”

年近六旬的叶正坤，是典型的农村基层干部。新中国成立前跟着父亲打鱼、种田，土改时参加民兵，组织互助组那阵子当互助组长，1958年入了党并任大队长，1964年改任大队支部书记。

大岙心村属于半农半渔村，全大队1500人，欠了国家七万多元贷款，社员一年忙到尾，年终一结算，反倒还欠队里的。

越穷，叶正坤就越坚定了走集体化道路的信念，越觉得要警惕“资本主义复辟”。他虽然只读了三个冬天的夜校，字认得不多，但报纸看得很勤，贯彻上级指示也非常坚决。有时到公社开会，仅凭在火柴盒上记的几个字，回来后即可向社员们传达大半天会议内容。

“文化大革命”中，附近一些大队，趁混乱之机，把地分了，把船也分了，唯独大岙心没有分。

“大包干”来了，“责任制”来了，叶正坤不动声色、泰然处之。

其他地方地也分了，船也分了，只剩下个大岙心仍然在走集体化道路。

区里派人来了，公社派人来了，叶正坤嘴上答应再考虑考虑，实际上依然按兵不动。

本大队的社员坚持不住了，到大队部闹着要分地分船。这一回，叶正坤动了感情，脸憋得通红，脸上的一道道皱纹全都挤成一堆。他拿出火柴盒，用左眼（右眼已失明）看了看，滔滔不绝讲了一通为什么不能分地分船的道理后，忽然反问道：“你们整天说共产党好、共产党好，你们知道共产党为什么叫共产党吗？”

众社员被问懵了，不知该怎么回答。

叶正坤眼里含着泪水，他激动地说："共产党的'共'字是'共同'的意思嘛，'产'就是'生产'，连在一起，共产党就是共同生产的党。如果把地都分了，那还怎么共同生产？还叫什么共产党？"

……

心有余悸的推销员

安徽省合肥市某公司。

供销科里人来人往，两位西装革履、一胖一瘦的供销员，正缠着科长在洽谈一笔编织袋生意。胖的那位不停地给科长递洋烟，瘦的那位正在滔滔不绝地介绍产品的质量。

李正流毕恭毕敬地站在一旁，一句话也不敢插。

等一胖一瘦谈得差不多了，科长望了他一眼，问道："你是……"

李正流忙把带来的编织袋样品摆到桌上，用极不标准的"温州普通话"自我介绍："我是苍南县湖前镇的农民，家庭出身富农，大队信任我，派我出来跑业务……"

在场的人全愣住了，与其说是来做生意，还不如说他是在作交代。

科长手一摆，说："那好吧，你先回去，过两天再来听回音。"

纯粹是一种推托之词。李正流拖着沉重的步伐离开了供销科。命运之神对于他实在是太不公平了，一顶“富农成分”的帽子，压得他几十年抬不起头来。现在“气候”刚刚变得好一些，他也想干点事业，可头一回外出跑业务，便这么不顺利。他有些后悔刚才不应该主动告诉人家自己是富农出身，富农出身总不会比贫农出身香吧。但转而一想，觉得做人要诚实，做生意也应该诚实，自己既然是富农出身，就应该老老实实告诉人家，否则，以后万一查出来更麻烦。

李正流不抱什么希望了，不过，第三天还是决定往公司跑一趟，把自己的样品取回来。一进门，供销科长便递给了他一份电报，他一看，脸色变得铁青。电报是一位匿名者打给公司告李正流的，说他是富农成分，叫公司不要同他订货。

李正流把电报还给供销科长，取过样品正要走，却被科长一把拉住了。科长给他倒了杯茶，又搬了张椅子让他坐下，笑眯眯地说：“老李，你的业务我们可以考虑……”

李正流紧张得大气不敢出，见科长这么说，忙用手指了指桌上的电报。

供销科长哈哈笑了起来：“正因为来了电报，我们更觉得你老实可靠，才愿意同你谈业务。”

就这样，李正流以诚实取胜，打开了推销业务的大门，先后洽谈推销了100多万元的编织袋……

“地下旅社”住进了县委书记

吴纪昌望着那块写着“光明旅社”四个字的招牌，拧着眉头苦苦地思索着：挂？还是不挂？不挂吧，知道的人少，住宿的人自然也就少；挂吧，前些日子还有人嚷嚷要取缔“地下黑工厂”“地下黑旅社”……他犹豫再三，最后还是决定先放放再说。

吴纪昌矮矮胖胖的身材，眼睛细眯眯的，老给人一种睡不醒的感觉。不过，人不可貌相，吴纪昌在宜山镇绝对可称得上“能人”。

由于家庭困难，他小学还没毕业就休学了，在家种了两年地，15岁跑去当兵，1969年退伍回家，被安排在宜山水泵厂工作，每月工资不到20元。家里没房子住，那时候搞“文化大革命”，学校不上课，他便一个人住在小学教室里。后来结了婚，生了孩子。一家四口人，靠他那么点工资，实在过不下去，便悄悄搞起家庭副业。夫妻俩夜里加工腈纶内衣（白天怕人发觉），挣了不少钱，1981年竟然盖起了一栋五层楼房（那时候盖房的人还不多）。

有了房子，空着也是空着，夫妻俩便琢磨着办个旅社。问上头有关部门行不行，上头不说支持也不说反对，那意思明白得很，赚了钱归你自己，出了问题你也得自己负责。咬咬牙，办起来了，规模不敢太大，设了十几张床铺，生意很好。只是每当夜静更深之时，夫妻俩躺在床上，总有一种惴惴不安之感，总觉得公安、工商人员会突然来查封旅社……

那天天将黑时，来了两位客人。吴纪昌在给他们登记时知道50多岁的那位叫胡万里，30岁不到的那位叫高友平。

帮客人开了房间，送了水，安顿好了，吴纪昌正要离去，却被胡万里拉住了：“别忙着走，坐一会儿嘛。”

接着，亲切地问他：“生意怎么样?”

吴纪昌笑着回答：“马马虎虎!”

胡万里又问：“一天做个30元没问题吧?”

吴纪昌忙摆手，“做不了，做不了！那么多，我不成了资本家啦?”

“好了，好了，你别害怕嘛，我又不是税务所的，不会多要你的税。”胡万里笑了起来。

吴纪昌显得有点尴尬。

“我看你这位老乡呀，还不大会做生意。”

“这话怎么说?”

“你不想想看，”胡万里说，“你既然办了旅社，就应该堂堂正正挂块招牌，哪有办旅社不挂招牌的?你挂了招牌，我保证你生意要比现在兴隆一倍。”

吴纪昌轻轻地说道：“招牌倒是做了一块了，就是怕……怕……”

胡万里站了起来：“怕什么?只要是正当的劳动收入，只要不违法，政策允许一部分人先富起来嘛!”

吴纪昌瞪大两眼，入神地听着。

胡万里似乎是用命令的口吻说：“这样吧，你把招牌挂起来，明天就把招牌挂起来!”

吴纪昌高兴地点了点头，然而，过了片刻，他又犹豫地摇了摇头，“你说了算数吗?你说了不算数。你要是县委书记就好了。”

这时，坐在一旁的高友平“扑哧”一声笑了。

吴纪昌觉得有点诧异。

胡万里的脸色变得严肃了，他有些激动地说：“实话告诉你吧，我就是新调来的县委书记。你办了个个体旅社，很好嘛。有人说你这是‘地下旅社’，这次我来宜山，不仅要住‘地下旅社’，还要吃‘地下饭馆’！不支持农民搞商品生产，搞家庭副业，宜山还得回到讨饭路上去。”

吴纪昌激动得都有些呆住了。

第二天，县委书记和秘书住个体旅社的消息不胫而走。

第二天，吴继昌将“光明旅社”的大招牌，高高地挂在房前的水泥杆上……

创造浮动利率的人们

如果民间资金市场窒息，温州整个农村经济就会立刻窒息。

——摘自某考察组论文

银行是特殊行业。利率是国家的经济杠杆，任何人不得变动。

——摘自某金融机构报告

陈礼钏打开保险柜，想把当天的现金结一结，保险柜里空空的，毛票和硬币全加起来，总共才3元2角3分。他苦笑了一下，看来这个月自己和会计的工资又发不出来了。

这是1980年初秋的一天。其实，从1954年金乡镇开始办信用社到现在，便长期处于这种状态。社员个人储蓄基本没有，而每年国家给的一点贷款用不了几天就被折腾光了（说是贷款，实际上根本收不回来）。信用社穷得没有自己的房子，主任陈礼钏和会计只得同镇文书挤在一间办公室里。

群众不需要信用社了吗？信用社已经完成它的历史使命了吗？

不。现实情况是：

一方面，随着政策的开放，商品经济的发展，全镇上百户人家投入办厂经商，资金需求量直线上升。仅社队企业所需要的生产资金和集体商业所需要的流动资金，便从1978年的90多万元，上升到1980年的近500万元。信用社的全部贷款资金杯水车薪，根本满足不了需求，农民被迫转向市场借贷。高利贷的利率一般为月息四分，高的可达五六分。

另一方面，一部分富起来的专业户，手头积存着大量闲散资金，他们对信用社三四厘的月息不感兴趣，有的把钱拿去放高利贷，有的盖房造墓，胡吃乱花，提前搞起了高消费。

两种借贷关系严重倒置的怪现象，引起了陈礼钏的深思。看来，信用社想再办下去，并能真正担负起融通农村生产资金的重担，老路是走不下去了，新的出路只有一条：试行浮动利率。

利率，是国家的禁区。作为金融系统的一名老职工，陈礼钏深深懂得除了中央总行，任何单位和个人是无权随意变动利率的。这就像一根高压线横在面前，谁去摸，谁就要触电。

为了信用社的生存，更为了扶植和支持正在发展的商品生产，陈礼钏决定冒险试试。

他找到镇委书记，谈了信用社的困境及自己的打算。书记听后非常高兴，明确表态："可以试一下嘛，出了问题镇委担责任。"他又找营业所主任汇报，主任态度也很坦率："试行一下，错了我们再纠正过来。"

但是，此事向县农行汇报后，却出现了截然不同的两种意见。反对者的观点是：利率是国家定的，我们一个小小的信用社无权更改。支持者的观点是：这么大的国家不应只有一种规定，试一下未必不行。好在反对者没有挥舞什么"棍子"。

群众听到风声后，呼声极高，纷纷表示支持。

也许受了议价商品、议价粮食的启发，陈礼钏他们将这种高进高出的存贷浮动利率称之为"议价存贷利率"。

存息：存期一年，月息一分。

贷息：月息一分五。

从10月到年底，虽然还不敢大张旗鼓进行宣传，存、贷资金便已达到30万元。

消息终究传开了，1981年4月，上头来了通知让停办，并说再办下去就要犯错误。

这可怎么好？好事才刚刚开了个头。陈礼钏想不通，没有要国家一分钱，群众又这样欢迎的事为什么不让办？

老百姓可不管这一套，有钱的照样送来存，需要钱的照样跑来贷。

陈礼钏和大家商量了一通，想出了个没有办法的办法：从公开转为秘密，从"地上"转为"地下"。

隐瞒毕竟不是长远之计，戴着镣铐跳舞实在太不自由。1981年10月，县农行根据金乡信用社一年的实践，壮着胆子，向省农行和中国农业银行总行写了报告，要求批准金乡信用社实行浮动利率。

总行在接到报告后，立即派了农村金融政策研究室的两名干部来金乡调查。这是在北京听不到的、见不到的。他们深入了解金乡的商品生产情况，了解市场的资金供求矛盾，找专业户座谈，听取群众意见。十几天后，临走时，他们明确表态这种浮动利率可以继续搞下去。高级经济师丁辉皆说："全国不就一个金乡吗，搞好了全国推广，搞坏了也不过只一个金乡。"

自此，"议价存贷利率"从秘密又转为公开。

浮动利率，像根魔杖似的，将民间的闲散资金大部分吸引了过来。不必靠什么政治口号，也不用采取行政手段，不到两年时间（中间曾两次停办），累计吸收个人存款817户，金额171万元；累计发放贷款252户，金额达217万元。同时，曾猖獗一时的民间高利贷也被压了下去，利息从五六分降到二三分。

金乡信用社从建社那年起，便戴上亏损的帽子，26年累计亏损2.3万元。然而，从1981年开始，转机出现了，当年盈利2.5万元，第二年又增长到8.6万元。

1983年，县农行在金乡召开现场会，决定把浮动利率推向全县。

好事多磨。龙港区沿江乡信用社为了吸引更多的资金，把实行浮动利率的告示贴到邻县一个镇的工商银行门口，上面写道："储户佳音，我们试行浮动利率，利息比现行规定高一倍……"没几天，工商银行的储蓄少了十几万元。

"胡来，什么议价存款！"一位副行长怒气冲冲赶到金乡。

出面接待的新主任陈加渠（此时陈礼钏已经退休），没有做更多解释，而是先带副行长出去转了转。

户户是家庭工厂，到处是商品市场。

副行长问一位专业户："要是浮动利率不搞行不行呢?"

那位专业户答得挺干脆："搞不搞这是你们的权力，你们不搞浮动利率，我们生产照样得搞，资金不够只好向民间借高利贷。"

过了片刻，专业户反问副行长："信用社为我们办这样的好事，你们为什么不叫搞呢?"

金乡人民的实践，使这位副行长受到了教育和启发，他深有感触地说："看来以后制定政策，光坐在办公室里不行。金乡办浮动利率是好事而不是坏事。"

像第一个吃螃蟹的人一样，实行浮动利率，金乡信用社在全国是头一家。

后来，陈礼钏当上了全国金融红旗手。群众都说，他这个红旗手当得名副其实。

黄粉仙进军广州记

据说，在广州做兔毛生意的有万把人，其中，光温州人就有一两千。

据说，在竞争激烈的广州兔毛市场上，好些人都知道苍南县的黄粉仙，仅用三年，她的公司营业额高达1000多万元。

于是，一个普普通通的妇女，一下子成了新闻人物，成了浙江省乡镇企业女能人之一，光荣出席了全国第六次妇女代表大会。

日历，先翻回到1985年春天。

面对着汹涌奔腾的改革浪潮，黄粉仙再也坐不住了，她也想闯荡一番，干一番事业。当时，她在灵溪苍建三公司当出纳，那也算是个铁饭碗。她把铁饭碗“砸”了，写了留职停薪的报告，要办公司。公司果真办了起来，取名为“大利贸易公司”。办公司当然要有利，可以是利于个人，也可以是利于国家，她希望自己的公司对国家、对个人都有利。

那时候，兔毛正走俏，好些农民家里养起了长毛兔。只是交售兔毛很困难，偌大个灵溪镇连个收购点都没有。大利贸易公司瞄准了这一点，一下子在灵溪镇设了三个兔毛收购点，大张旗鼓地进行宣传。头两天，来交售兔毛的人还不算太多，后来，越来越多，四邻八乡全往灵溪涌，灵溪很快成了个兔毛市场。到年底，大利贸易公司光税就缴了31万元，成为全县上缴税金最多的单位。为此，县政府特奖给黄粉仙一辆摩托车。

坏就坏在一些人被钱迷住了眼睛，他们见兔毛走俏，便在兔毛中悄悄掺进了面粉，于是温州的兔毛在广州的声誉一扫而光。

“一粒老鼠屎搅坏了一锅粥”。黄粉仙急了，她决定自己亲自出马，往广州送货（过去她一般是收购好了请人代销）。

1986年5月，黄粉仙收了一车价值20万元的一级兔毛，来到广州。这位从没出过远门的女人，用一双诚实的眼睛，注视着这座光怪陆离的闹市。

人生地不熟，她每天拿着一张交通图，四处打听需要兔毛的厂家和公司，可厂家一听说是从温州来的，连货都不瞅一眼便把她晾在一旁。有一回，遇到两位也在广州做兔毛生意的苍南同乡，他们听说她也是来推销兔毛的，马上半开玩笑半认真地说：“你一个女人，要能把这车兔毛卖掉，我们砍下脑袋让你踩。”黄粉仙最听不得这种话了，女人怎么啦？为什么女人就不行？

劳累、焦急、担忧……有一天，黄粉仙竟晕倒在马路上。

这是一场瞬息万变的竞争，也是一场优存劣汰的角逐。在广州整整住了四个月，黄粉仙才将这一车兔毛卖掉，吃住开销加利息一算，她还亏了3000元。不过，她不死心。

不久，黄粉仙又送了第二车兔毛来到广州。这一次，她打听好了，在广州收购兔毛最正规、最有名气的厂家，是与省畜产总公司联营的顺德县北滘羽绒制品厂。这个厂讲质量、讲信誉，在国外有着长久和广泛的市场。

黄粉仙将兔毛送到了厂里，厂里看了以后，觉得质量不错打算买下。他们要黄粉仙出个价。黄粉仙真诚地说：“你们定吧，根据质量，你们定多少就给多少。”

第二车、第三车还是这样，厂里根据质量定价，黄粉仙从不还价。

厂长被感动了，他对别人说：“做了这么多年生意，从来没见过这样的货主，质量这么好，还不讨价还价。”

黄粉仙终于以她的信誉和真诚打开了销路。1986年，国际市场兔毛价格下降，好多公司受影响进而亏损，唯独大利贸易公司在广州站住了脚。

做生意谁不想赚钱，但是有些钱是不能赚的。黄粉仙“红”起来以后，有些外商直接找到她，希望同她谈生意。她却坚守着不直接同外商打交道的原则，即便可以赚更多的钱，也总是婉言谢绝。

黄粉仙说："我们卖出去的兔毛质量不好，受损失的不是个人而是国家。人家外商不会说某某农民坏，而是说中国人骗人。"

一个人把自己的荣辱同国家连在一起，他（她）必定是站得高，看得远……

个体户当上了国营厂长

有人把这一天看成是苍南印刷厂的"厂耻日"。

有人把这一天看成是苍南印刷厂的"新生日"。

"厂耻日"也好，"新生日"也好，都不过是玩笑话。但历史是严肃的。1987年2月13日，堂堂的国营苍南印刷厂，竟被一名个体专业户承包了。

苍南县国营企业基础薄弱，全县总共只有七家国营企业，其中小酒厂就占了五家。创办于1983年10月的县印刷厂，有职工44人。由于没有解决好经营机制问题，职工吃企业的"大锅饭"，企业吃国家的"大锅饭"，管理水平低，产品质量次，经济效益低，三年零四个月，产值仅35万元，亏损7.6万元。虽然先后走马灯似的换了三任厂长，但谁也没有回天之力，企业濒临倒闭，成为县里一个令人头痛的"包袱"。

后来，县工业局决定在本厂干部职工中实行公开招标，承包企业。遗憾的是，没有一个人敢站出来。出于无奈，工厂被迫面向社会招标，谁有本事谁来承包，并提出了招标抵押承包方案。

如果前来承包者是一名国家干部，或者哪怕是一名正式职工，事情也会显得合情理一些。然而，他，谢志成，一名个体户，竟然跑来搞承包，竟然也想当国营厂的厂长。

43岁的谢志成，有过一段坎坷的生活经历。但是，他又是幸运的，遇上了改革开放年代，使他先富起来，手中有了一笔钱。听到印刷厂招标的消息，他跑来了，想参加一下竞争，施展一下自己的才能，尝一尝当国营厂厂长的滋味。当然，他也想赚钱。

他中标了。谢志成以3万元的资金作为抵押，与县工业局签订了为期三年的承包合同。承包后，企业的所有权不变，但谢志成完全拥有企业的人事决定权，经营自主权，对职工的奖惩权和招收合同工、临时工权，具有了企业的法人地位。同时，三年中，他必须上缴给国家3万元利润，超额利润部分70%归他，而亏损，则由他个人全补全赔。

承包合同经公证处签证后，县计经委正式任命他为印刷厂厂长。

历史就是这样地富有戏剧性。

有人把谢志成的承包看成是农民向滋生了惰性的国营职工的挑战。

这第一步就迈得够艰难的，谢志成面对着的是一群心理天平失衡的职工。虽然工厂已濒临破产，但他们身上的那种全民职工的优越感并没消失。有的人认为：“你社会上的一名个体专业户，连个党员都不是，就想来管我们了。”还有的人认为：“工厂让你承包了，我们够不光彩了，你可以当你的老板，但想叫我们老老实实做你的奴才，办不到。”还有人觉得谢志成搞承包是“兔子尾巴，长不了”……

那天夜里，谢志成来到彩印车间，见一位女工上班时间到别的车间玩，便说了她几句，没想到女工反而火了：“我们这个厂夜里从来不加班的，困了，玩一会儿有什么关系，你别当了三天厂长，假正经！”好些职工站在一旁笑着看热闹。

有人甚至采取了一套对付“洋鬼子”的办法来对付他，干活时浪费纸张。按印刷定额消费，每千张允许5—7张耗损，可有的多达40多张。有位裁切工，也不知他是故意的还是一时失手，切商标时切歪了，一刀下去就损失了40元……

好在谢志成之前已经有了思想准备，否则，他真受不了。

一个月后，调查、考虑得差不多了，谢志成召开了职工大会。会上，他宣布砸碎“大锅饭”，取消固定工资制，实行定额计件工资制，超产奖，欠产赔，并设加班奖、临时奖、特殊奖。他还根据《全民职工奖罚条例》，结合厂里的具体情况，制定了厂纪厂规。

人们轻声议论开来了，他们没料到厂长还有这一手。

紧接着，谢志成自筹资金8万多元，添置了彩印机、压痕机、上蜡机、发电机组等设备，盖了8间厂房，翻修了厂区内的水泥路。他的这一系列举动，不仅提高了工厂的生产能力，同时还向人们表明：我谢志成搞承包，不仅仅是为了赚钱来的。那些心细的职工，也算了算，如果只是为了钱，厂长把这些资金拿去放利息，一年也有一两万元收入了。

谢志成承包一年半后，工厂各项数据都有了变化：承包前的1986年，职工平均工资740元，承包后的1987年提高到

1480元；1986年全厂缴税7000元，1987年达到1.7万元。全厂的固定资产从原来的29万元增加到近40万元，流动资金由原来的3万元增加到15万元。

在采访谢志成时，我还遇到了他那位颇能干的妻子董逸静。我问她为什么不怕担风险，这么支持丈夫搞承包。她沉吟了片刻，说："我觉得人生一辈子，不能光为钱活着。如果只为了钱，我们现在已经足够吃花了。我和志成都想干一番事业，现在政策又允许，不干，太可惜了。"

"你觉得你们现在最困难的是什么?"我又问。

"市场竞争、资金周转……每走一步都挺难的，"董逸静想了想，又说，"不过，我觉得最接受不了的是老有人用一种不友好的眼光看我们，总觉得我们是个体户，总觉得我们不是在干社会主义，而是一切都为了自己，在挖社会主义墙脚……"

方兴钱庄和它的老板

毫无疑问，它是我们共和国广袤大地上出现的第一家私营钱庄。

它的出现，引起了全国一些著名经济学家、社会学家乃至中央有关部门的关注；

它的出现使一直坚持传统的经济理论的人感到困惑；

有人把它当作"温州模式"里的一个谜；

而它的老板方培林，也一直是个有争议的人物。

钱库镇。

1984年9月29日早晨，摊铺成行、牌号林立的兴华路60号，挂出了一块崭新的白底红字招牌——方兴钱庄。

“钱庄！”行人用惊诧的目光望着这两个生疏而又带着点刺激性的字眼，他们同时望着的，还有站在招牌下笑眯眯的方培林。其实，在挂牌的前一天，镇上的知名人士、经营大户均已收到了由方培林签署的告示：

> 为了更好地保证资金的良性循环，使闲散资金能够充分地得到利用，方兴钱庄决定如下：
>
> 长期存款：月息1分2厘，一年结算。
>
> 临时存款：月息1分，随时存取。
>
> 贷出款项：月息2分，视情而定。
>
> 欢迎惠顾，竭诚为您服务。

方培林属于那类脑袋非常灵光的角色。初中毕业后，到黑龙江梧桐河农场插了3年队。1973年回乡，被分配到江南医院当收发。他倒不是嫌弃那三十几元的工资太少，而是觉得七尺男儿，整天没事干闲得难受。

那时候，昔日曾以贫穷出名的钱库，已经变成浙闽三县的商品贸易中心。当人们热衷于开店做生意时，方培林却对商品生产的血液——资金，产生了浓厚的兴趣。他发现当时市场上资金出现了这么一种怪象：一方面，由于做生意的人越来越多，对资金的需求量越来越大，并且总也得不到满足；另一方面，社会上又有大量的闲资，在一些人手中白白闲置着。方培林的脑细胞活动开了，企业、商店的经营者渴望资金却得不到，而社会上的闲资又不被用来创造价值。假如办个钱庄，开个私人银行，既搞存款又搞贷款，“利率”灵活一些——把存款的利率定得比银行、信用社高一些；把贷款的利率压得比民间高利贷低一些。那么，不就可以使镇上资金的供需矛盾缓和点吗？

方培林来劲了，不过，在他为自己这个新奇而又大胆的设想感到兴奋时，却也有些担忧。私人钱庄毕竟是个已经“发霉”的名字，一提到它，老人们马上会想到剥削；而年轻人，恐怕会立即联想起电影屏幕上看到的长衫、马褂、瓜皮帽及金丝边眼镜。方培林觉得心里没底，决定去探探区委书记黄德余的口气。

黄德余听他一说，倒很痛快：“现在那么多人拿钱在‘地下’放高利贷，上头都没有干涉，你公开出来办钱庄，为什么不行？可以试试嘛。这样吧，过几天我正式答复你。”

方培林走后，黄德余打电话请示县长，县长也觉得可以试试。为了稳妥起见，黄德余觉得应该到上级弄个“红头批文”回来。他让文书起草了一份报告送到县里，谁想，这一下竟没了回音。不过，他心里有数，对于办私人钱庄这种出格的事，想要上面用“红头批文”给予肯定，恐怕还为时早了些。

黄德余有他的办法。他召集区委一班人进行了研究，统一了思想，最后决定，既然县里发不了文件，区里发。

“为了改革经济体制，适应我镇商品生产的迅速发展，狠煞社会高利贷歪风现象，经镇委研究，同意方培林同志试办方兴钱庄。望在试办中，积极开展信托存贷业务活动，讲究信誉，遵纪守法，更好地在企业和个体户的资金融通上发挥中介作用。还要不断总结经验，努力提高经营质量，为振兴钱库做出贡献……”几天以后，区委的“红头批文”发下来了。这是冒着政治风险的，在当时的情况下它有可能被人拿去作为支持“非法营业”的一个“罪证”。不过，黄德余与区委一班人却没想那么多。

方培林捧着区委的这份文件，禁不住热泪盈眶，对于一个想在改革大潮中拼搏一番的年轻人，还有什么比党和政府的支持更加宝贵?

方兴钱庄的招牌刚刚挂上，存户马上就来了。

一个老头儿提了个人造革袋子进来，见无旁人，把1万元钱摊在桌面上。

“小方，按月给我付利息，千万别告诉我儿子女儿，这是我一辈子的积蓄呀!”

方培林笑着问他：“阿伯，你这些钱存信用社不更好?”

老人说：“那里利息太少，人多嘴杂又保不了密。”

挂牌当天上午，钱庄存款4万多元。

正当方培林有点洋洋得意之时，谁也想不到，下午就来了市政府的传真电报，电报要求钱庄立即关闭。

方培林愣了好一会儿，忽地，他找出了一份《深圳特区报》，交给来者，说：“你们看，前几天报纸还报道了深圳一家集体企业办金融的消息，集体企业可以办，个人为什么不能办?”

“报纸是报纸，它不能代替国家的法律政策。”

“我的钱庄是经过区委批准的。”

“办金融，区委没有权力批。”

方培林急了：“你们了解民情吗？现在钱库地下高利贷高达三四分，你们为什么不去管一管？”

……

只是，任方培林百般辩解，上头态度强硬，丝毫没有通融余地。

晚上，黄德余来了，他的心情也挺沉重。他说：“小方啊，作为个人，我是支持办钱庄的，钱库这种特定的环境，需要有特殊的经济政策。但作为区委书记，我不能不服从上级……”

方培林冒了一句：“黄书记，那你说我是继续干下去，还是收摊？”

黄德余笑了起来，“这个嘛……你自己再考虑考虑……”

方培林拧眉想了两分钟，忽然，猛地一拍大腿，像是悟出了什么。

第二天，方兴钱庄的招牌不见了。

不过，方培林家仍是人来人往。

这个方老板，脑子好使，他将钱庄从“地上”转为“地下”了。

我曾问过方培林，他的保险柜里有多少现金，要是一天里同时遇上好多人来贷款该怎么办？

方培林说：“我家里的保险柜没有多少现款。不过，我有个大‘保险柜’在民间，我知道钱的来处去处。需要时，我能像乐队指挥一样，把一笔笔钱调动起来。”

真是神了！

请看这普通的一天——

4月28日。上午9点，经营三合板生意的吴某某（按金融单位替存贷者保密的惯例，免去真名），要求贷款1.5万元，赶中午11点的车去福州进货。此时，钱庄现款不多，方培林说了声“你在家里等着，误不了你赶车”，便跑到经营南货的方某某那里。方某某说：“一万五我有，可以先给你，不过你必须在下午2点半前还给我，我已经答应下午借给别人。”

“你放心，我保证在下午2点半前把钱送来。”

方培林从方某某处取走1.5万元，交给了吴某某，用了不到40分钟。到下午两点半，还有3个多小时，这段时间内肯定会有人来存款。果不其然，10点半，大老张存了1万元；12点，“矮脚刘”存了9000元。本来现在就可以把方某某那1.5万元还了，方培林却不着急。这时候，经营毛线生意的黄某某汗淋淋地跑来，说是上海的货主来了，急需付人家1.8万元，于是方培林又贷给他1.8万元。

到下午2点，方培林不慌不忙来到木材专业户吕某某家。好像是约好了似的，吕某某提着包正要去钱庄存款。方培林从吕某某那里取走1.5万元，当他把钱还给方某某时，离2点半还差12分钟。

真是分秒必争，一丝不差！

我又问他：“要是一天里存款的人特别多，可贷款的人很少，那怎么办？光付利息你不吃亏了？”

“这不会，”方培林说，“钱库生意人多，市场上的资金一直是求大于供，钱庄开办以来，还没有贷不出去的问题。”

为了掌握市场上的资金动向，方培林广交朋友，哪家有多少家底，哪家一个月中哪几天最需要资金，哪几天资金闲置，他了如指掌。他还同几位经营大户建立了“铁关系”，到了万一拉不开栓的时候，这些铁哥们会“拔刀相助”。

1985年1月，中共中央、国务院发布《关于进一步活跃农村经济的十项政策》。这天晚上，方培林悄悄借了一份，把自己关在小屋里，一字一句地学了起来。

蓦地，他的目光在“适当发展民间借用”一行字上停住了。凭着灵敏的政治嗅觉，他觉得中央已经注意到民间活跃的信贷活动了……

放下文件，方培林连说三个：“妙！妙！妙！”

第二天，方培林把那块在墙角搁了好几个月的招牌，精心擦拭了一遍，堂堂正正地挂了起来。

3月，《经济生活报》在头版报道了方兴钱庄，不久，拥有众多读者的《报刊文摘》，以《苍南县一青年创办私人钱庄》为题转载了此文。方培林出名了，一时间，各级领导、各界人士，视察的、考察的、参观的、调查的、采访的……络绎不绝。

方培林公开声明：“我不怕宣传，也不怕出名。领导知道得越多越好，他们知道了，就要管我，要我纳税。他们一收税，就等于承认了我。”

这家伙够精的。

不过，他高兴得太早了。1986年1月，报上刊发了国务院公布的《中华人民共和国银行管理暂行条例》，条例第28条规定：“个人不得设立银行或其他金融机构，不得经营金融业务。”方培林像是挨了重重一棒。

电话来了：“方兴钱庄停了没有？再不停就取缔它！”

停了，方培林发了狠心，这次真停了。当初，他为自己的钱庄取名“方兴钱庄”，寓意自己的事业方兴未艾，然而，短命的钱庄，“方兴”一年多点就“已艾”了。

存在自己手里的20多万元钱统统退掉。但是，好些存户不来取。一个劲儿地哀求：“我不拿回来，我就存在你那儿，挂不挂牌没关系。”

方培林苦笑着，心在淌血。

方兴钱庄再一次挂牌，是一年后的1987年1月。

那天，市委办公室一个电话打到方培林家，请他火速赶到温州参加一个会议。方培林问会议的内容，对方只答了句“你来了就知道了”，便把电话挂了。

已经成为闲人的方培林，本来不想去的，后来觉得既然上头点名让参加，还是去一趟吧。

到了温州，他才知道，这是市委书记董朝才召开的一个专业户代表会。会上，董朝才向大家传达了中央决定在温州办试验区的消息，宣布了试验区条例。会议快结束时，董朝才激动地对这些参会的温州能人们说：“既然是试验区，我们支持各种试验。我们已经为大家搭好了舞台，欢迎诸位都上台来表演一番。”

方培林坐不住了，回家后，立即给县委书记周方权写了报告，要求批准钱庄继续营业。周方权批示：“方兴钱庄作为我县金融改革的试点，同意试办！”县工商局也给发了临时营业执照。

将要结束采访的时候，我问方培林今后的打算。他说：“钱库这地方太小了，这几天，我有个想法，想把招牌挂到温州市去。我还想同国家银行合股办，请国家银行派员参加，就像从前公私合营一样。”

我再一次瞥了那块招牌一眼，这时，我突然发现，方培林不知什么时候在招牌上方又用有机玻璃嵌上“温州试验区”五个仿宋字。

我佩服眼前这位老板的机智。

与“森力人”的对话录

森力人针织内衣厂是宜山镇林维森、林维力、林维人三兄弟联办的一家私营厂。厂刚办那阵子，光是这个名字便让一些人不舒服：“什么‘森力人’，新中国成立后谁敢拿自己的名字当厂名？太猖狂了！”

5年过去了，“森力人”站住了脚。

我采访过三兄弟中的老二林维力，以下是我们之间的对话录。

笔者：请你谈谈你们厂刚办时的一些情况。

林维力（以下简称“林”）：我们三兄弟搞家庭工业实际上从1979年就开始了。那时候主要是从外地买来一些腈纶下脚料，拼做内衣和童装。生意不错，只是产品不正规，打不进城市。1984年决定办厂。那时政策没像现在开放，人的观念也比较保守。有人冷言冷语：“开地下工厂还有好的？准备好坐牢吧！”我们到镇里申请刻个图章，个别领导说：“你们厂不能叫‘森力人’，这变成你们三兄弟自己的了。”我说：“厂就是我们三兄弟办的。”他说：“个人办的厂刻章，要么刻三角的，要么刻长方形的，刻圆的不行。”不过县里挺支持，县长亲自给我们送过一号文件，县委书记还带乡镇干部和专业户来我们厂参观。

笔者：这几年生产怎么样？

林：生产情况不错。1984年产值34万元，1985年103万元，1986年107万元。这3年缴税13万元。现在有37个品种，100多个规格，销往10多个省市。还常常供不应求。

笔者：厂里现在有多少职工？请介绍一下他们情况。

林：厂里现在有职工52人，女工占绝大多数，而且绝大多数是从贫困山区来的。职工进厂先签订合同，第一个月试用期发45元生活费，第二个月开始实行计件工资，能干的月工资可以拿到200多元，差的也有七八十元。厂里每月还给职工发粮食补贴、医疗补贴，还有15元的退休金保险，厂里出一半，工人出一半。

笔者：听说你们厂成立了团支部，还有职代会？

林：是的。团支部1984年就成立了，我们考虑厂里青年人多，青年人嘛，总应该有个组织比较好，便向县里打了报告要求成立团支部。县里批了。现在有团员12名。1986年6月，又建立了职工代表大会制度，从全厂职工中选了6名代表，凡是全厂经营中的重大问题，包括产品质量、销售价格、人事变动、生产工人和管理人员的工资等，都由我们三兄弟提请职工代表大会讨论决议。职代会也可根据职工意见，主动讨论有关事项，提请我们三兄弟接受实行。裁剪车间职工反映计件工资标准过低，职代会经过调查，认为有理，就和我们一起商讨，最后决定把每百件裁剪费提高了二角五分。

笔者：对了，我翻阅材料时，发现你们进行过民主选举厂长，你现在好像已经不是厂长了，是吗？

林：（笑了）是的，我现在已经不是“森力人”的厂长了。一般来说，私营企业的所有权和经营权基本集中于一人或几位合股者身上，谁出钱办厂，这个厂就是他的，他也必定是这个厂的经营者。为了使私营企业走出一条新路子，我们决定摸索一下。原来，我们厂的厂长及生产技术、财务、仓库等科室负责人，都由我们三兄弟和三妯娌分别担任的。去年7月，我们在厂里进行了民主选举，三位合同工分别当选为副厂长和生产科长、财务科长。我哥哥现在另办新厂，我弟弟外出学习。我现在是厂里的顾问。

笔者：新的班子组成后，他们生产抓得怎么样？

林：他们同我们三兄弟搞了承包。超额部分40%奖励工人，20%给我们，40%企业留成。不过，去年没有完成承包数，这里面有各种因素，还需要进一步完善。

笔者：咱们再随便聊聊。办厂这几年，你们三兄弟赚了不少钱吧？

林：钱是赚了不少，不过，我们基本上把赚来的钱都用于再生产。去年，我们在龙港又办了苍南县印染厂，“森力人”投资20万元。说起来你也许不相信，我赚来的钱用于个人消费的很少，有人说我只会干活儿，不会享受。

笔者：你现在最大的愿望是什么？

林：（考虑了一下）最大的愿望是邓小平同志能健康长寿。我自己嘛，觉得特别紧张、特别累，最大的愿望是能不受什么干扰，痛痛快快睡几天。

笔者：你是不是已经在向我下逐客令了？好吧，时间不早了，我们就谈到这里。你早点休息，祝你睡个好觉！

林：（有点急了）你着什么急？我哪天夜里12点以前能上床……

百年老矿的觉醒

经过好几个人指点，我终于找到了小山坡下面的这个地方。这里原来是个仓库，后来闲置了。没有招牌，是不是怕挂了“富余职工办公室”的招牌，更会刺痛一些人本就脆弱的神经？

11日。又到了每月法定的发工资的日子。

还不到7点半，办公室前已经围满了人。他们一边等着去银行取钱的出纳，一边发着牢骚：

“我为矾矿流了几十年的汗了，现在说不要，一脚就把人给踢走了。”

“一个月就这么点生活费，还买不到一条黄花鱼！”

“什么富余人员？我们是失业人员！”

……

我记得很清楚，当学生时，每遇学校要求填表格时，每当我在“家庭成分”栏目里虔诚地写下“工人”两个字时，便会涌现起一种难以抑制的自豪感。“工人阶级硬骨头”，这是歌里唱的；“工人阶级领导一切”，这是大标语上写着的。

然而，进入20世纪80年代以后，家乡的几千名产业工人，却面临着一场新的危机。

从县城灵溪镇乘车向西南行驶不久，但见峰峦迭起，山岭蜿蜒。汽车沿盘山公路爬行四五十分钟后，一个葫芦形的盆地便在眼前豁然展现。平阳矾矿就藏在大山的皱褶里。我的童年与少年就是在矾山镇度过的。

矾山地层蕴藏着极为丰富的可以提炼明矾的明矾石，据地质部门探明，明矾石总储量为1.57亿吨。矾矿明矾产量约占全国的80%，占世界的60%，于是，矾山镇被人们誉称为“世界矾都”。

且不说明矾矿藏被发现已经是几百年前的事了，仅据相关记载表明，矾山的炼矾业从形成规模到现在，最少也有一两百年的历史。一代人接一代人的开采提炼，为国家提供了几百万吨的明矾，同时也产生了一代又一代的工人，因此，有人说“矾山出明矾，矾山也出工人阶级”，这可是货真价实、毫不含糊的产业工人。那些年，上面开会每当需要工人代表时，各级领导的目光便会不约而同地投向矾矿。

矾矿是苍南境内一个最大的国营企业。矾矿生产的明矾过去一直实行国家商业部门包销制。按月生产按月销售，企业只管生产而不必操心销售。

1980年，矾矿慢慢发觉仓库里的库存越来越多，多得都装不下了。他们派人一了解，才知道是国家大量进口硫酸，促使硫酸铝的产量猛增。好多造纸、自来水行业用硫酸铝替代明矾，明矾的销路不断下降。商业部门也学精了，为了周转资金，有意压缩了库存量。这一年，矾矿生产明矾3.7万吨，实际只销售2.6万吨，滞销1.1万吨，积压资金350万元。矾矿急了，派人四处奔波，到处告急，奈何经济规律像个“黑老包”似的，铁面无私，不讲半点情面。

紧接着，随着政策的开放，矾矿四周像雨后蘑菇似的突然冒出21家集体和个体的小明矾厂。这些小明矾厂经营、销售自由，他们可以搞回扣，还可以请客送礼。以至于矾矿产品质量好、价格便宜，却还竞争不过它们。这21家小明矾厂年产量2万吨，对矾矿构成了极大的威胁。

更为严重的是，过去人们一直只看到矾矿悠久的历史，而忽视了它隐藏着的危机——企业老龄化。多年干下来，产值和生产规模没多大发展，但职工人数不断增加，1987年全矿职工总数4907人，其中，离退休干部、退病休工人为1471人，占了近三分之一。光是这些人一年工资、福利等开支就需要280万元。对于一个全年产值不足1000万元的企业来说，这是一个何等沉重的包袱！

矾矿开始亏损，1986年亏损250万元，1987年亏200万元。

到了领工资的时候，发不出钱来，财务科长只好开车到温州、福鼎去借。

昔日工人阶级的威风不见了。

老人们甚至感慨："矾山到此败矣。"

1987年2月，温州团市委书记林培云调任矾矿矿长，新的矿长组成了新的领导班子。

此时，近5000名职工每人的心里都笼罩着一片阴影，他们的神经变得格外脆弱。不过，风再大，浪再激，船还得往前开。沈阳两家工厂遭受破产命运的新闻曾经在电视里放过。矾山人可不愿坐以待毙。

林培云，这位矾矿有史以来最年轻的矿长意识到：要生存，只有改革。

精简机关，一刀砍掉了10个科室，阻止人浮于事；把“大锅饭”砸烂，13个基层单位搞层层承包；取消了干部的“铁交椅”，一年内免掉了27名中层干部，又大胆起用了25名新人……

新班子还按各部门各岗位的生产能力、生产需要，实行定员定位。这一定，富余了947人。有人说：“有活大家干，有饭大家吃。你让谁走谁不走？”林培云答：“三个和尚抬水吃，如果三个都勤快，一个还可以歇着；如果其中有一两个不勤快，那可能连水都吃不上。”

对富余人员，新班子给了他们三条路：可以申请停薪留职，自谋出路；可以去矿属一些集体厂，工资由所在集体厂发；可以发60%的富余工资，在家里歇着。这一措施的实行，不仅可以节省年工资性支出31.5万元，同时在企业内部形成危机感和紧迫感。

张子朝，采矿工区老工人、老党员、老先进，新中国成立后就进了矿，在矿区待了大半辈子。当宣布他为富余人员时，他愣住了。

陈培球，炼矾分厂工人，七级工，全家十口人就他一个拿工资，他说：“我也‘富余’了，我又不会做生意，这点钱顶什么用？”

吴作苗，26岁，矿技校毕业生，表现不错，由于汽运公司人多，他也成了“富余”。

于是，便出现了开头写到的发生在富余职工办公室前的那一幕……

我去富余人员比较集中的矿青年塑料工艺厂采访过，厂长张传君告诉我，该厂办厂的宗旨是为团委筹集活动经费，为矿扭亏分忧解难，为团干部提供锻炼管理基地。目前主要业务是给团中央生产团员证。

工艺厂共60名职工，其中富余人员40名，全部是年轻人。根据改革精神，这里采取聘用合同，原工资（包括其他补贴）作为档案工资由厂里备案，进厂后一律采用计件工资制，多劳多得，但定额没完成、请事假、无故旷工均要扣钱。

青年工人小林，顶替父亲进了矿里，他还没好好感受当工人的滋味，便成了富余人员。听说工艺厂需要人，他来了，当了名热合操作工。他干活儿劲头不大，有事没事还经常旷工，头个月发工资仅得33元，受不了了，正想发火，可看人家干得好的也有拿170多元的，就没话说了。第二个月学乖了，憋足了劲儿，咬着牙，拼了一个月，他也拿到100多元。

当然，也有三四位待不下去的，走了……

我曾经与林培云作过一次长谈，我们从富余人员安置谈到工厂的这场改革。林培云说，我们呼唤着改革，改革的结果，肯定会给我们的国家、我们的民族造福。但是，在改革的过程中，尤其在新旧体制转轨的特殊时期，某个具体的单项的改革措施，要得到全社会每个人的一致拥护是不可能的。改革的推进不可避免地将使原来既定的利益分配格局发生变化，在这个变化中，有时还得让一部分人作出牺牲，失去一些利益……

对于矾矿来说，它确实是进入了一个最为关键的时期。

困惑并不可怕，困惑常常是觉醒的前奏。

痛苦也没什么，痛苦更证明改革的必要。

最重要的是要不断革新、不断前进，哪怕每一步都付出艰难的代价……

第二章　古镇小城透视

金乡万花筒

有一年的12月，我陪解放军总政治部歌舞团前往西沙群岛慰问演出，在三亚等船时，遇见了个事。两位打扮入时的小青年说着笑着从我身旁走过。他们走了几步，忽然，又追了上来，把我喊住。

“海军同志，问你件事？”

我收住了步子，打量着眼前这一高一矮两位小青年，问道：“什么事？”

高个子说：“请问到西沙应该怎么坐船？”

“你们要去西沙？”

“是的，我们想去西沙。”

我说：“去西沙不那么方便，你们是哪个单位的？准备去西沙干什么？”

高个子说：“我们是从温州来的，准备到西沙跑跑业务。”

“哦！温州来的，”我又问，“你们是温州哪个县的？”

“苍南县。”

“苍南县的哪儿？

“金乡。”

“怎么，你们是‘井底雄’[①]”？我一愣，冒出了一句20年前学会的金乡话。

他俩也愣了：“你亦是‘井底雄’？”

我笑了，告诉他们，我虽不是金乡人，但是苍南县的。

他乡遇故知，而且是在这天涯海角，大家甭提多高兴了。

他俩都是金乡人，个体户，专门出来联系业务、推销产品。

“你们跑业务，为什么一定要去西沙？”我有些奇怪。

“过去跑业务的人少，好跑。”矮一点的那位说，“现在不行了，光金乡在外面跑业务的就有几百人，整个温州据说有十来万人。所以，我们的腿只好勤一些，多往边远地区跑。去西沙的人肯定不多，我们想试一试。”

“你们主要跑什么业务？”

“金乡主要生产铝制标牌、塑片制品、塑膜卡片、涤纶商标四大类小商品，这方面的业务我们都搞。”

我向他们介绍了有关西沙的一些情况，西沙老百姓不多，主要人员是守岛部队。要推销他们的产品估计有些困难。

他俩听完后有点遗憾。不过，高个子随即一笑，说：“管它呢！去了再说，做不成生意，也算是开开眼界嘛！”

后来，不知他们去成了西沙没有，不过，金乡人勇于开拓的精神却使我钦佩不已！

不久，我分到了一套两居室的新房，这在住房异常紧张的

---

① “井底雄”：金乡方言，即金乡人的意思。

北京，的确令人激动。领到崭新的住房证时，我的心情绝不亚于土改时领到土地证的贫雇农。我把天蓝色的住房证看了又看，翻了又翻，蓦地，差点没喊起来，这住房证竟是金乡做的。

我后来专门问了营房处的一位助理员，他说："没错，是你老家的。他们寄来了业务信，还附有样本，我们看设计得不错，就订了一些。"

又是金乡人，又是精明的金乡人。

我曾经到过金乡，那时我还是名红卫兵，我们那支红卫兵毛泽东思想宣传队，是到金乡去宣传毛泽东思想的。我还清楚地记得，那时从县城到金乡还不通车，船是停靠在北城的。爬满古藤的北城门在烟雨的笼罩下，像是一位威严的历史老人。古老而又破旧的金乡显得非常冷淡，冷清之中又透出几分凄凉……

我又来了，时隔20个春夏秋冬。我是迈着军人步子走进金乡镇的。陪同接待我的是原金乡区委副书记金钦治，在金乡，大家都尊称他"金老"。

从停在镇政府前的那些大客车、面包车、小轿车的车牌上，不难看出这里已成为热门参观点。晚上，在招待所里，我同山东省的一个农民参观组一起听镇委领导同志的介绍。这些来自沂蒙山区，穿着还保留着"陈永贵式"的农民兄弟们，像小学生似的提出了一个又一个有关商品生产的问题……金乡人确实率先跨出了可贵的一步。

古老而狭窄的小街两旁，一幢幢三四层高的楼房手挽着手、肩挨着肩地挤在一起。

一个小厂，主人既是工人又是厂长。丝印机、裁剪机、高频机、冲压机的噪音令人烦躁，却又催人奋进。

一个商店，密密麻麻的店铺里摆着五颜六色的标牌、徽章、商标、文化用品、工艺品……

到处是巨幅商业广告；

到处都在洽谈生意；

到处是来也匆匆、去也匆匆的本镇人和外地人……

一个偏僻穷困、人口仅2万的小镇，8年时间内，工业总产值增加了24倍，国家税收增加了25倍，人均收入增加了9倍。

盖房热一直热着冷不下来，4000多户人家中，70%以上新建了楼房，楼房越盖越高，户均居住面积已达120平方米。楼房越盖越豪华，一位标牌专业户，耗资30万元，为自己盖了一座宫殿式楼房，全家6口人，却有20个房间。

万元户在这里不能说是贫困户，但绝没有什么可值得炫耀的，因为随便一抓就是一大把。名贵的鲥鱼在这里已涨价到100元一斤。某日，菜市场只到了一条鲥鱼，一称，重9.9斤，某专业户眉头都不皱地扔下990元就提走了。

这里的姑娘一个个都是时装“模特儿”，走在街上，你很难发现有穿相同样式服装的姑娘。

这里的小伙子见多识广，自信且又带点傲劲儿，除了台湾，好像全国其他地方他们都闯荡过。

不少人家不惜重金，将自己的子女送到温州、上海求学；而在家庭工厂里到处可见来自外乡的工人。

哟，这是什么日子，怎么家家户户门口都摆着一只马桶？

原来，这里虽然有不少人家安装了电话，铺上了地毯，但污水的排放问题一直解决不了，于是，只好规定每月的某日，为居民的“倒粪便日”。

清晨，震耳的铜管乐把我从睡梦中吵醒，乐曲是非常熟悉的《血染的风采》和《学习雷锋好榜样》。我隔窗向不远处眺望，一支铜管乐队后头，跟随着的是一群披麻戴孝、悲悲戚戚的送葬人。

北门卫国寺里鼓乐喧天，香火缭绕。一位青年正为自己的30岁生日做“献供”，供桌上摆着包括录音机、可口可乐在内的供品，青年人叩头大拜，凝聚在脸部的是十二万分的虔诚。

最能反映这里人心态的是贴在门上的对联，两家毗邻的门口，一家贴着“发家全靠三中全会，致富不忘一号文件”；另一家贴着“预备等候主降临，进入荣耀得永福”。此外还有：

销售对路家庭工业结硕果；
因地制宜多种经营开新花。

财源雨后泉，添福添寿添男子；
生意春前草，增丁增财增子孙。

有人曾说，若把这里的对联收集起来，便是一部最真实的民众心态录。

被商品经济滋润起来的金乡，注入了现代意识的金乡，每一天都有新的创造，每个人都充满着活力。

而金乡又是古老的，它那600年的悠久历史，难道不会成为它的一只沉重的包袱？

于是，参观者涌向这里；

于是，经济学家直奔这里；

于是，政治家也赶往这里……

他们都想看看金乡这只万花筒，他们都想揭开金乡的神秘面纱。

隔着20个春夏秋冬，我也来了。

走在这条狭窄而又古老的小街上，我像是在寻找着什么，我在寻找什么呢，金乡？

金乡效率

那一年，报纸上发布了我国将要颁发居民身份证的消息。才过了半个月，金乡便有一位企业家，带着设计好的精致的塑皮面样本风尘仆仆赶到北京，找到位于天安门广场东侧的公安部希求订货。有关部门震惊了，这还了得，要是居民身份证都能随便做，那不乱了套了？于是，北京急电省里，省里急电市里，市里急电县里，以“伪造证件案”紧急查办。后来，亏得区、县领导出面担保，作了“动机是赚钱，不是伪造”的结论，那位企业家方免去牢狱之灾。

还有一事，有个金乡人给全国各地邮电局的局长寄了一封信。

亲爱的局长同志：

我们急需了解全国各工商企业、机关、厂矿、部队的名称，特别是您所掌握的不公开的，属于保密的单位。谨请您把内控的保密单位告诉我们，名称、地址、代号，越详细越好。凡提供上述帮助，我们收信后将回寄礼品一份，表示感谢。

大多数局长看罢信后，就把信往废纸篓一扔了事。然而，也有弦绷得紧的，他们一查地图，发现金乡处东南沿海，离台湾不远。寄信人专收集保密单位名称，难道有所企图？

公安部门的专线电话又忙开了：苍南县的金乡镇是否暗藏着特务组织？

发信者有名有姓还有单位，公安人员在金乡一查便抓到了“犯罪嫌疑人”。“犯罪嫌疑人”供认不讳：全国万把封信都是他寄的，不过他就是想赚钱而已。

金乡邮局，一幢气派的五层大楼，在乡镇级邮局中堪称“中国之最”。虽然职工已增至100多人，依然难以招架住日益膨胀的业务，不得不专雇十几名临时工日夜敲盖邮戳。每天从这里寄出的业务信达11万多封（还有数万封信，由运输专业户用汽车送往上海、杭州、金华、福州等外省、市邮局向全国各地投递，以加快流转速度），6年来，金乡邮局共邮出了1.6亿封业务信。全国的国营集体企业如果按40万个算，每个企业的供销科每周都会收到一封金乡人寄来的业务信。湖北省远安县医院业务部门光5月12日一天就收到金乡寄来的6封业务信。于是，金乡的四大类小商品（铝制标牌、塑片制品、塑膜卡片、涤纶商标）覆盖了全国29个省（区、市），其中铝制标牌和校徽的产量占全国的50%左右。

老许在金乡算得上是用信函联系业务比较早的一位。

1977年，党中央决定，全国高等院校恢复高考招生制度。消息传来，广大青年学生和他们的家长欢欣鼓舞。老许呢，心也“扑通扑通”直跳，他倒不是要考大学，而是想做一笔大生意：全国招生人数暂且以35万计算，每个学生一枚校徽，总数是35万枚，每枚3角，就是10.5万元。

夜里，老许和妻子躺在床上，用手掐着算着，激动得怎么也睡不着。

“业务量大是大，可是你又没有三头六臂，难道能一个学校一个学校跑去同人家订业务？”妻子发起愁。

“发信！”老许胸有成竹，“贴3分邮票，天南海北都能寄到。”

温州、杭州、上海，高考招生办公室前，一次次出现了老许的身影，他要来了全国各地各院校的招生简章，看重的是简章上的每个校名书写体样式。

儿子负责校徽的设计；女儿负责装信，糊封口；老岳父负责书写信封。那几天，老许家的门关得紧紧的，有人敲门只当没听见。

就这样，待整整三麻袋的业务信，神不知鬼不觉地塞进了邮局的大信筒里后，老许方才长长地松了口气儿。

好些院校学生科的负责人，正在为新生注册入学时来不及给他们发校徽而着急，这一封封突然寄来的业务信及校徽设计稿，简直是雪中送炭。

半个月后，订单来了，雪片似的飘来了。

正当老许美滋滋地翻着一张张订单时，妻子慌里慌张从外头带回了最新“情报”：镇上好几户人家也同时搞起了校徽业务。老许一惊，暗暗问自己：怎么，难道是家里出了“叛徒”？还是被人安了窃听器？

尽管如此，最后老许还是赚了2000多元……

黄平也是个发信大户。

黄平算是半个金乡人。他老家在江苏溧阳县，1978年入伍，来到金乡当兵。1982年退伍后，回老家住了半年，1983年春又跑回金乡来了。

他笑着告诉我，他下决心离开富裕的苏南，来金乡安家落户，除了爱情的力量（退伍前，这位机灵鬼已经在金乡找了对象），还因为这里发达的商品经济的诱惑。

1983年下半年，他开始发业务信，开始一次发几千封。后来，每次发2万多封。

“效果怎么样？”我问。

“过去发信的人少，回复率高，现在发业务信的人多了，相对来说要差一些。不过，算下来平均每发一封信，大约可获得1—2元的利润。关键看你信息掌握得准不准。”黄平说。

“听说，你发信的主要对象是部队。”

“是的，我当过兵，对部队了解一些，有这方面的优势。比如卡片吧，我干过文书，知道通信部门使用通信设备登记卡、军械部门使用武器弹药登记卡，仓库使用库存活动卡，军需部门用被装登记卡……没当过兵的，恐怕就不太了解这些。”

“你往部队发信需要代号，这些代号都从哪儿来的？”

“各大军区、军兵种以及所属的各大部队，一般都是公开的。其余的，靠自己平时多积累。”

我又问：“那信息呢，怎么掌握？”

“主要是来自《解放军报》。1986年下半年，我看到军报上登了全军将要进行车辆大检查的消息，马上请人设计了一本《车辆管理登记册》，把样本寄给部队一些车管部门，结果回复率很高，效益很好。”

“这几年靠发业务信，你赚了多少？”

“几万吧，1986年盖房子就花了4万多元。”

“对了，”黄平忽然说，“你们北京海军机关的住房证还是我设计的呢！”

啊?!

到金乡后，我曾想，要是有可能的话，一定要见见那位为我们海军大院设计住房证的金乡人，可打听了几次，都没打听到。真是踏破铁鞋无觅处，得来全不费工夫。我忙说：“我刚刚分到新房，原来我的住房证就是你设计的。”

太巧了！

我和黄平禁不住都笑了起来。

由于发信量大，于是，在金乡便出现了一批信封书写专业户，这在全国恐怕也是独一无二的，干这活的多为老人。过去行情是每写一只信封工钱7—8厘，后来涨价到1.6分。一个老人一天写下来，挣个五六元钱完全没问题。

具有强烈的发展商品经济意识的金乡人深深懂得，世界已进入了一个信息时代。“新的力量的源泉不是少数人手中的金钱，而是多数人手中的信息。”

凭着一份份报纸、一本本电话号码簿和几册工商名录，一年到头有做不完的生意。

被称为“农民信息大王”的许方枢，家里订了100多种报刊，专门雇了两个人同他一起每天从早到晚翻阅报刊，从中寻找新建企业的消息，搜集各地工矿单位的供需情况，建立自己的“信息库”。有一次，他从报纸上看到河南省发现一个大金矿的报道后，觉得这种大企业一定比较重视经济核算，马上寄去了一些核算卡的样本。因信息掌握准，业务反馈快，一下子收到了6万张核算卡的订单。我国建设第一座核电站的消息见报后，许方枢他们又进行了分析，认为核电站肯定会有许多仓库，立即去函联系，果然，接来了一批仓库活动卡的业务……

中共中央决定为原国家主席刘少奇平反，金乡便有人赶制了刘少奇纪念章，送到上海、北京及刘少奇的家乡湖南等地出售。

《中国青年报》登了一封群众来信，夏天天热，建议少先队员不戴红领巾，可改佩少先队徽章。金乡人立即拿出了颇有特色的少先队徽章样品，供各地参考。

某日，报上登出了将严厉打击犯罪分子活动的消息，某专业户预测各地监狱的犯人将要增多，便从宜山组织了一批腈纶棉被，运到省内外几个大监狱，果真成了热门货。

脑子里想的是信息，两眼盯的也是信息。金乡一位供销员，有次路过河南洛阳，跑去参观牡丹展览。买了门票一看，一张白纸，印着几个黑字，一点艺术感也没有。他立即返回金乡，请人设计了彩色塑料门票：正面是几朵盛开的牡丹花，背面是书法家赵朴初的题词“洛阳牡丹甲天下”，而价格几乎与老式门票相同。

洛阳有关部门看了样品后，大加赞赏，当即同他签订了合同。

得知团中央决定开始颁发团员证，耳朵特别灵的金乡人，马上赶到北京……

金乡人还有着可贵的竞争精神。

河南某卷烟厂准备生产人民大会堂牌高级卷烟的外包装，金乡商标塑化厂获悉这一信息后，在9天之内，拿出了精致的包装样品，击败了京、津、沪等地的国营大厂，一举夺标。

由廖洪亮等4户农民合办的金乡徽章厂，在上海召开了产品观摩会，公开摆设“擂台”，与全国同行“四比”：

比质量——按订货要求先送样品审定，不满意不生产；

比价格——比全国各国营大厂都低；

比速度——客户什么时候要货，保证什么时候交货；

比信誉——允许货到验收合格后再付款，批量不拘，多少不限。

300多种各式商标、标牌、徽章样品摆在展览大厅里，吸引了来自沪、杭、宁等地的300多位客商以及驻沪新闻单位的记者们。

上海步云鞋厂在观摩会上订购了30万只铝质鞋扣，廖洪亮当场拍板决定，价格比上海的同类产品便宜30%；崇明电热器厂希望订一批商标，但要在半个月内看到样品，廖洪亮答应了，还免收他们100元的制版费；五湖海洋服装商店订购一批邮电帽徽，廖洪亮他们的定价竟比上海的大厂每枚便宜了整整3毛钱。

上海新闻界对这次观摩会颇感兴趣，在各类新闻节目里5次报道此会。金乡人这种敢于公开与大厂竞争的气魄，令上海市民赞叹不已。

金乡人还有自己的信息团体——科技经济信息协会。协会自1984年6月成立至今，已发展了100多名会员，他们既是经商办厂能人，又是经营管理的行家。协会创办《金乡信息》报，这张八开小报，介绍了本地及外地的许多致富经验，人们称它是“致富报”；小报在全国除台湾和西藏外的28个省（区、市）中，建立了2000多个信息网点，人们又称它是“友谊报”。协会还拥有自己的科技服务公司，这个只有6名工作人员的公司，1987年的产值达457万元，上缴国家税收37万元，为科技事业的发展，提供了经济基础。

社会的发展越来越使人类懂得生存依靠的是智力而不是苦力，而金乡人懂得如何最大程度地发挥自己的智力……

金乡人

金乡人杜成孝

金老跟我介绍过杜成孝和他的伙伴办电视差转台的事，我听后非常痛快。

过去，金乡人收看电视效果很差，各家各户用一支竹竿挑着根天线，遇到刮风下雨，荧光屏或飘着“雪花”，或变成“哈哈镜”。

1983年11月某一天，杜成孝“噔噔噔”跑到镇里，对金老（那时金老在镇里当书记）说：“金书记，我和杨宗尧、叶茂海、胡长润几个人商量了一下，准备集资办电视差转台。晚上我们要开会，同你打个招呼，你们领导参加不参加随你们便。”

天还没大黑，便来了40多个人。会议由杜成孝主持，他说：“我们开会啦，开什么会大家都知道了，办电视差转台。大家都赞成，不过，光当口头革命派不行，还是来点实际的。一会儿散会时，每人留下100元钱。单位的由我们出面要，如果还不够，剩下的由我们几位发起人平摊。”

会上，宣布成立“金乡电视差转台筹备委员会”，杜成孝以全票荣任筹备委员会主任。

那些日子，杜成孝的知名度提高了一大截。他跑前跑后，用沙哑的嗓音，指挥这个指挥那个。有人说，杜成孝从没有当过官，这下算过足了官瘾。

安装那天，风雨交加，全体工程人员在狮山上苦战。杜成孝不懂技术，就组织后勤人员往山上送面包、汽水，那场面让人热血沸腾。

除夕夜，金乡人第一次看到了图像清晰的春节联欢晚会。

后来，县里召开“群众集资办电视表彰大会”，领导奖给杜成孝一张奖状、一只人造革提包。

回到家，好些人围在他身旁起哄：“要不是我们大家，你杜成孝能当得了主任，还能领奖？好好请我们吃一顿!”

请就请，杜成孝乐得合不上嘴，花了200元请了两桌酒。

酒喝完了，他那个主任也就算完成历史使命了。

有人觉得杜成孝有点“那个”。

“哪儿‘那个”?”我问。

“就是吧……就是……反正有点‘那个’。”说的人也说不明白。

十几岁就偷偷摸摸做小生意，后来政策允许干了，就大张旗鼓地干起来。杜成孝的经历同金乡好些专业户相似。

1985年，杜成孝赚了些钱后，想干点事业。6月，他同其他4名专业户合股办了金乡食品饮料厂（每股集资4万元），投产后，生产的汽水销售量一季高于一季。谁知到了1986年5月上旬，销售量却突然直线下降。他们一调查，原来因为苍南出现了“汽水热”，13家汽水厂相继上马。面对竞争，杜成孝他们毫不软弱，决定将汽水的销售价全面下降，从每瓶2角5分，降到了1角4分。过了两个月，他们见竞争势头还不够猛，又咬着牙降了一分。

这是一场残忍的“大屠杀”。杜成孝他们打败了所有的对手，终于占领了市场。不过他们自己也受了重伤，因为价格定得太低，不到两年，亏了5万元。

其他几位股东顶不住了，杜成孝说：“你们顶不住，我一个人干。”于是，他索性一个人承包了饮料厂。

摆在他面前的路够难走的，他得按期付给其他几位股东一定的股息，还得还掉银行的十几万贷款。他说自己得拼它个5年才能翻过身来。

“你就敢肯定自己不失败?”我问他。

“我也可能败得一塌糊涂，但我决不会放过任何一次机会。”说这话时，他显得豪情满怀。

金乡人包邦宗

在金乡，有人几年就赚了十几万元。楼房盖了，女儿也嫁了（在金乡嫁女儿，需要很大一笔开支），终于可以坐下来吃利息，享享清福了。

可包邦宗不是那种人，他觉得，人在世上一辈子，要是仅仅为了钱活，那真是白活了。他还想闹腾一番，还想办个新鲜一点的厂。

1985年7月15日晚，包邦宗照例打开了报纸，蓦地，他的目光被《工人日报》的一条消息吸引住了——养路工人吃饭喝水难。南京铁路分局某工区的养路工人管辖的6公里线路，上不靠镇，下不靠店。冬天，天寒地冻，工人长年累月吃冷菜冷饭，喝不上开水。报纸呼吁有关部门为铁路、森林、煤矿、地质、石油等行业工作在野外和井下的工人，解决吃饭喝水问题。

包邦宗查阅了有关材料，市场上当时还没有比较理想的保温饭盒，而全国在野外和井下工作的人员多达1500万。为什么不能想办法生产一种理想的保温饭盒？如果把这个市场打开，那可太了不得了！

10月，包邦宗跑到了东北长白山林区的铁力林业局，他是来作实地考察的。

包邦宗跟随着伐木工人一块儿进山。还不到最冷的季节，可吃饭时打开饭盒，馒头已经冻得如同砖块一样。他咬了几口，怎么也咽不下肚。工人们告诉他，由于长期吃不上热饭，他们中好些人得了胃病。

离开长白山时，包邦宗不仅获得了亲身的感受，还带回了一份沉甸甸的责任感。

当年，包邦宗联系了10个股东，集资20万元，办起了保温饭盒厂。

开始，他们仿造上海、兰州产品的样子搞，可由于易碎、不耐用，更主要的是保温时间不够长，产品销不出去，半年多亏了8万元。

想增加饭盒的保温时间，关键是需要找到一种合适的保温材料。那段时间，包邦宗每时每刻都想着这事。海绵、毛毡、石棉……凡是见得到的材料，他都找来试了。最后，找到了可发性聚苯乙烯，这种材料比起其他来效果要好。

在杭州轻工机械设计研究所的帮助下，他们终于设计出一种由佐温容器和食品容器所组合的食品盒，这种食品盒具有增温、保温、制冷的效果。增温时，使佐温容器的水温高于食品容器的温度（在零下十几摄氏度的环境条件下，将95℃沸水装入佐温容器，食品装入食品容器，能保温5小时）；夏天，需要制冷时，把冰块装入佐温容器即可。

1986年8月，这种取名为ZBW1300型保温食品盒正式投产后，产品供不应求，深受野外作业人员的喜爱。

金乡一些人有着极强的仿造能力，他们发现某种产品销路好，马上会仿造，跟着推销。包邦宗也够精的，他想，自己好不容易搞出的新产品，一出售要是马上被人仿造了，岂不白辛苦？当时，国内正实施专利法，保温饭盒厂向国家专利局申请了专利，并于1987年1月7日正式被授予实用新型专利权。

ZBW1300型保温食品盒是苍南县第一个获得专利权的

产品。

在保温饭盒厂，我对包邦宗说："你们的产品供不应求，而且，又有1500万名野外作业人员这个大市场，这下子你尽可以放心睡大觉了。"

包邦宗连连摆着手，用不怎么标准的普通话说："不敢，不敢！我睁大两眼，还怕被人家超了呢。现在不像过去，你觉得自己在拼命往前跑，说不定别人会坐着车子突然超过你。"

金乡人邱新亮

听邱新亮介绍发业务信的经验，我觉得是一种享受，仿佛是在听一堂艺术欣赏课！

这难道不是艺术吗？

这难道不需要艺术吗？

1984年，国务院决定在全国搞一次计划生育宣传月活动。邱新亮获得消息后，觉得作为计划生育，政府除了发过《独生子女证》外，没有其他证件。他便设计了一款《结扎证》，并跑到县计划生育委员会征求意见，县里看过后认为不错。于是，他马上向全国各市、县计划生育委员会发去近3000封征订《结扎证》的业务信，没过多久，回函纷纷，来了好几万元的业务。

10月，劳动部颁发了《职工条例手册》，邱新亮从报上获悉了这一消息后，立即将手册设计成精致的塑面小64开本，向厂矿企业征订，也订了十几万册。

按邱新亮的理论，一旦捕捉到信息，发业务信的速度要快。否则，错过时机，达不到效果。比如，前些年每年5月国家都要搞一次安全月活动，有关这方面的业务信一定要在3月底4月初寄出。早了，不能引起人家重视；晚了，安全月都过去了，谁还订货。

除了“快”，还有个“准”的问题。

1983年5月，大兴安岭林区发生大火灾。邱新亮马上搞了一套《中华人民共和国消防条例实施细则》挂图，直寄各厂矿企业的厂长（经理）收。他说，大兴安岭刚刚失火，各厂矿企业的领导对消防工作高度重视，这时候，收到消防挂图，他们肯定感兴趣。收信人也要找准，如果寄给底下的供销科或业务科，他们会觉得此事与他们关系不大，重视程度决不如领导们。不出所料，信发出后，订户不少。有的厂长在征订单上批示：“速订一套”；有个棉麻公司，100元一套，一下子要了8套。

我说：“看来发业务信还得学心理学啰!”

“应该懂得心理学，”邱新亮说，“这叫订户心理学吧。你同人家谈业务，就应该把人家的心理揣摩准。”

“发业务信，你失败过吗?”

“不多。不过，金乡也有失败的，有的人见人家发某种产品，自己也跟着发这种产品，撞车了。还有的对象抓不准，把设备科需要的产品发到财务科，财务科肯定不要；《借书证》是工会管的，你寄到供应科，牛头不对马嘴。”

“你现在收集的单位名录一共有多少个?”

“公开的加保密的有一两百万吧。”

“那些保密单位你是怎么搞到的?”我又问。

“靠自己长期的收集、积累。”说着，邱新亮让我看一份信函，上面写着：

尊敬的邮局财会室同志：

近几年来，我厂面向全国机关、企业，大量生产了财务科使用的装订机，印售了内部使用的资金券，仓库使用的活动卡片，食堂使用的饭菜票，干部职工福利使用的理发票、浴票等各种票券，深受广大用户欢迎。但是，全国厂矿繁多，难以全面进行业务联系，为了能准确及时地与全国各厂矿、军工、冶金、地质等单位信函联系，恳请贵局伸出友谊之手，将所辖厂矿、信箱、部队、地质勘探等单位名称，所处地址函告我厂。

此事给你们添了麻烦，谨此，深表谢意。

此致

敬礼！

（为表示我们心意，来信时请写下你的姓名，以便我厂寄去赠送塑料袖珍日历两只。）

浙江省苍南县金乡东海工艺厂

看得出邱新亮比起前文所提到的那位专收集保密单位名称，差点被作为“犯罪嫌疑人”抓起来的发信人要圆满、周密、策略多了。

邱新亮带我走进他的“信息室”（我给起的名字）里，两位老人正在忙着抄写信封。他打开一个个柜子，让我观看已分门别类整理好了的各种名录……忽然间，我又想起了那两句话：

这难道不是艺术吗？

这难道不需要艺术吗？

金乡人殷为宗

1987年，全国丝网印刷技术交流会在广东佛山市召开，与会者均为国内大标牌厂的技术人员。殷为宗也去了，他是自费去的。当人们听说他是到会代表中唯一的个体户时，禁不住投去异样的目光。然而，当人们看到他带去的两只高质量的标牌时，又油然升起钦佩之情。

因是“地主成分”，他连上中学的权利都被剥夺了，17岁便去乡下插队，一待14年，直到1979年才回来。

也是这个可恶的“地主成分”，把他折腾得不爱说话，整天像个哑巴似的。

好在年轻人的心没有死。也许是受他当补锅匠的舅舅的影响，他喜欢上了机械加工，而且到了着迷的地步。有一阵子，他用手工敲打出来的煤油炉、补鞋机，在金乡成了“名优产品”。

终于盼来了一个崭新的年代，枷锁砸烂了，殷为宗可以放手大干了。

金乡镇成了国内标牌生产基地。标牌搞起来不难，要搞精却不容易。它牵涉到印刷、冷冲压、机械加工、表面装潢、表面处理、光学、电学、有机化学、金属学等专业知识。

殷为宗的眼睛瞄得是“亮、精、尖”的标牌。有一次，在南京一位朋友家，他看到一套日本生产的标牌，同样是几片铝板，可人家的工艺水平比我们高出一大截。他真想告诉所有的金乡人：家庭工业眼前是好赚钱，但假如技术跟不上，再过几年，就有被淘汰的危险。

书成了他的第二生命。到外地出差，他会忘了为妻子买衣服，为孩子买玩具，但决不会忘了买书。有时遇到昂贵的书，只要里面一两页有用，他就会买下来。

在金乡，人家做不了的活儿，送到他这里就没有退回去的。

1987年，福建有个按摩器厂，送来一种按摩器上的标牌，这种标牌原来是外商做的，后来因为缺外汇做不成了。他们找到上海一个大厂，人家也做不了。殷为宗费了一番心血，做成了。

凭他的技术，他可以赚很多钱；也完全可以使自己的小日子过得更富足一些。不过，他眼前还没有这种心思。他的楼房还没盖，呶，连脚下穿着的皮鞋也有好些年头了。

我去的那几天，他正忙于搞触摸开关薄膜面板，这是20世纪80年代中期问世的一种新型开关，国内尚属空白。他们从人家那里转让来这项技术，光投资就需十几万元。

“难吗?”我问他。

“难是难，不过，我挺有信心。”

他淡淡一笑，那笑容给我留下很深很深的印象……

金乡人项金增

项金增，县商标塑化厂厂长。这个原附属于金乡酿造厂的家属小厂，1978年刚办厂时，“下无寸土，上无片瓦”，靠36名职工每人集资300元，土法生产塑料筹码。经10年奋斗，克服了重重困难，终于发展成为有着7000平方米厂房、150多名职工，固定资产百余万元的金乡龙头企业。他们“以塑代纸”，用PVC硬片通过丝印工艺加工成型的烟盒、酒盒，深受客户们欢迎。

听说我是来采访他的，项金增忙摇头，话中有话："不，不，你别采访我，在这里，搞个体的吃香，我们集体厂是逆潮流而行的，不合时宜。"

过了片刻，他又似在自言自语："这几年我好像是驾着一条船在茫茫的大海里航行，好几回风浪太大，船差点被掀翻了……"

这是一种怎样的航行？

家庭工业迅猛发展，并以极大的力量冲击着国营和集体企业。几年中，金乡的20多家大小集体企业，纷纷解体，相继散伙。有些职工见社会上好些人"发"起来，沉不住气了，嚷嚷着："早散（厂）早富，迟散迟富，不散不富！"有的还找到项金增："厂长，这都什么时候了，你还非得把我们捏在一块？趁早把能分的都分了拉倒！"

在几次的"退厂"风中，商标塑化厂差点也散伙了。不过，项金增咬着牙，同其他几位领导一起硬是顶住了。他们对21位坚持闹退厂的职工，发给一次性退职金，办理了退厂手续；带领愿意留下的职工，开展了"自主自强、摆脱困境"的救厂活动。工厂要发展，资金是关键。他们搞了4个项目的集资、集股："为厂房无息集资""为新厂房集资""集资计息资金""集资计息入股资金"。短短3个月，集资32万元。然后，又用4个月时间，一边土建，一边更新设备，初步形成了丝网印刷和复合包装袋两条生产线。

之前，原材料大幅度提价（其中PVC硬片每吨平均提价1230元，PVC扑克片每吨平均提价1810元），光这一项厂里便增加负担20万元。加上流动资金紧缩，正常生产费用上升，商标塑化厂又遇上了一次大风浪……

我说："看来在金乡这个地方，集体企业要同个体竞争是比较难的。"

"关键是这种竞争是在不同等条件下进行的，"项金增显得有些激动，"个体除上缴2%的带征税外，生产剩余纯属个人所有。他们外交自由、用工方便、规模小、易管理。我们可不行，上面卡得特别死。而且，有些规定显然是不合理的。我们厂在金乡算是个大厂，社会上经常有人来拉赞助，有些好事你做了，反而吃力不讨好。比如，厂里拿5000元帮助金乡中学办学，税务部门马上找来，要我们补交2775元的所得税，弄得人哭笑不得，以后谁还敢做这种好事？"

项金增停了停，又说："现在有些个体户说别人瞧不起他们，其实，我们集体厂也被人瞧不起。一位财税干部就公开说：'我们依靠的是个体户。'"

项金增显得有些激动。

临走时，我又问："老项，怎么办，你们这条船是不是还要往前走？"

项金增被我问笑了，他两手一摊，说："船已经离开码头了，风浪再大也得往前走。船上的人总不能自己把船给弄沉吧！"

金乡人叶文贵

1987年，全国评选100名"当代中国优秀农民企业家"，温州评上一名，出在金乡，他叫叶文贵。

不过，这项殊荣并没有给叶文贵带来什么实质性的变化。

他依然是他，依然在办厂，依然爱喝酒，依然被各种传闻包围着……

有人劝我："别写他了，惹那个麻烦干什么？别你的书刚出版，他就垮了。"

对这，我倒不在乎，即便有一天他真垮了，不算优秀的企业家了，但他还是金乡人吧！

小学、中学、"文化大革命"、支援边疆建设……叶文贵几乎走过了那代青年都要走的人生旅程。

1979年，他带着一颗受伤的心回到了家乡小镇。7年的北大荒生涯，教给了他一种"东西"—— 一种无法用语言和文字表达，只有他自己才感觉得到的"东西"。

哦，这就是生我养我的金乡吗？家庭工厂像雨后春笋似的冒了出来；一面面招牌在召唤吸引着各地来客……叶文贵眨眨双眼，笑了。

经过一些日子的观察，叶文贵发现交通落后的金乡，人们搞家庭工业，原材料靠船载肩挑从外地输入，而加工剩余的边角料则没有去处。于是，他办起了金乡第一家轧铝厂。

开始生意还颇为兴隆，可过了一阵子后，便由旺转淡。叶文贵一了解，吃了一惊，原来离金乡八里地的钱库也有两家轧铝厂正暗暗同他"斗"着呢。

叶文贵不怕竞争。

首先狠抓质量管理，让产品质量超过对方；其次有意压价，迎合客户心理；最后把轧铝厂由单一的加工转向经营，但销售一律凭现金，这样，无形中打破了金乡的赊销习惯。他低价现金销售，使其他做铝板生意的人老账收不进，铝板又卖不出，资金周转不开。接着，他停止加工业务，大量囤积原材料，叫人弄不清他葫芦里到底卖的什么药？

一天晚上，那些正面临着破产的铝板生意人，突然收到了叶文贵的请柬。宴席摆得颇为隆重，酒过三巡之后，叶文贵站了起来，开诚布公地说："今晚把诸位请来，是为商定一个互助互利的条约。"他环视了众人一圈，有意识停顿了一下，"说得明白点吧，我愿意今后为大家提供优质廉价的服务，不过嘛，同时有个小小的要求，也希望各位今后的加工业务能由我厂包揽。你们诸位如赞同的话，明天我便把库存的铝板按成本价转让给你们……"

精于盘算的生意人听罢，个个眉开眼笑，纷纷举杯呼应。

至于钱库的那两家轧铝厂，看出了苗头，自觉实力不敌，只好另找其他门路。

这漂亮的第一战，奠定了叶文贵作为企业家的根基。

名气有了，钱也有了。可是，叶文贵气都不肯歇一口，又在琢磨着办压延薄膜厂。

有人骂他"疯了"，连亲友都指责他"傻"，十几万元，吃利息一个月都有一两千元。

叶文贵一笑："盖房子，吃利息，你们是要我当小财主？"

金乡塑膜商品的蓬勃发展，一方面造成了原材料的奇缺，另一方面又使边角料堆积如山。叶文贵要办压延薄膜厂，就是想协调好这一对矛盾，"吃"掉无用的边角料，"吐"出急需的原材料。

没有犹豫。他把 14 万元家底一个子儿不剩地投了进去，并联合了其他几位股东，使压延薄膜厂拥有 48 万元固定资产，30万元流动资金，年产值达到187万元，当年盈利17万元。

该松口气儿了吧，可没过多久，叶文贵又在反思中意识到，这种“就地取材、就地加工、就地销售”的经营方式，依然没有摆脱自然经济小生产的窠臼。同时，他还发现了古老的农民意识在自己身上所留下的烙印。

这种发现是痛苦的，但是，这种自我发现又显得格外的宝贵。叶文贵更加注重读书，《政治经济学》《第三次浪潮》《有效的管理者》以及《世界经济导报》，他都百读不厌。每次到外地出差，都成了他吸取新观念的最好机会。

叶文贵的眼光放得远了，他前面出现了一个新的世界。

于是，生产无毒透明片，带有国内最新一代设备的包装材料厂建成了，叶文贵给这个厂定下的目标是：年产量2500吨，年产值1000万元。

在包装材料厂上马的同时，微机仪器厂、铝板厂、蓄电池厂又成了他奋斗的目标……

这是叶文贵刊登在《温州日报》上的招工广告：

> 对象：近三届高中毕业生。
>
> 考试科目：语文、数学、物理、化学、英语。
>
> 录用后待遇：第一年每月工资，男50元，女40元，免费负责食宿（伙食费每月最低35元，根据职务逐渐增加）。报销医疗费，提供职工教育，职业培训……

简直比国营、集体企业招工更有诱惑力。于是，一些青年人从全国各地跑来，争相投向叶文贵的麾下。

慕名前来厂里考察的加拿大教授鲍勃惠曾问叶文贵：“叶先生，请问你办企业最困难的是什么？”

“初期最困难的是资金。”

“管理上最困难的是什么？”

“是如何使企业里的全体职工形成一种向心力。”

鲍勃惠教授听罢，跷起了大拇指，称赞道：“叶先生，你不愧是名出色的管理者！”

作为私营企业的雇主，叶文贵并不否认从职工身上获得了剩余价值，但是，他的眼睛又不是仅仅盯在这上面。

在他的企业里，职工伙食免费，以食堂券发给青工35元，技工45元，技术人员55元。市场食品涨价，由食堂补上。160人吃饭的食堂，配备炊事人员12人。

工资标准，青工刚进厂每月男50元，女40元，一年后逐渐增加，达到人均110元/月。外聘技工120—200元，大学生或具有相当技能的起点为200元。最高的是340元。

虽然职工平均年龄才23岁，但企业已按工资总额的33%提取，作为职工的退休金及福利费。

叶文贵想得够长远的。

叶文贵看重对职工的培训，他在厂里开办各种专业培训班，要求每名职工都要参加。他专门从杭州请来一位退休的英语教师，办了个英语班。开始时，参加学习的有四五十个人，随着学习难度增大，人员逐渐减少了。叶文贵的决心没有动摇，他对人说，即便只剩下一个人，英语班也要办下去，只要能培养一个出来，就算有成绩了。几年来，叶文贵还向复旦大学、同济大学、浙江大学以及几个研究所送去20多名青工学习深造。一期培训班短的几个月，长的两年，学习期间，工资、奖金照发。开支最大的，一人一年要投资3000元。他们回来后，全都成了生产技术的骨干，有的还当上了厂长。

职工们都还记得那一天——包装材料厂新厂房落成了，叶文贵举行庆祝酒宴。

西装、领带、擦得发亮的皮鞋，叶文贵显得容光焕发。他端起酒杯、深情地环视着一张张熟悉的面孔，突然间变得慷慨激昂起来："……你们虽然都是我雇用来的工人，但我衷心地希望你们超过我。有朝一日，我要送你们到社会上去，不！我要把你们赶出"山门"。谁要办厂，资金不够的可以来找我，但有一个条件，你要把我们今天说的这种精神，带到社会上去……"他喝了口酒，压低了嗓门："至于我自己，如果老了，路过你们的厂门或家门，能赠我一杯酒喝，也就满足了。"

还是离不开酒。

有人说，叶文贵的思想，沉淀在酒杯里；他的个性，体现在酒的微酣之中；他的人生，充溢着酒的苦涩和酒的甘甜。

他果然设酒宴款待我。我哪是他的对手，只能以啤酒来对他的汾酒。

"文贵，"我问他，"作为公司的董事长，你一个人要管好几个厂，怎么管得过来。"

"不，我们这里实行分级管理，"叶文贵说，"厂里我不大来，今年这是第七次。"

"那你整天在家里干什么?"

"看书。想今后的打算。"

“最近，你想得最多的是什么？”

“在激烈的竞争中，怎么使我们的产品打入更高层次的市场。如果做不到这一点，便会失去发展的机会。”

我犹豫了一下，还是问了：“文贵，怎么老有传闻围着你身旁转？”

叶文贵淡然一笑，“我没有精力去顾这些，如果老要去应付这些闲言碎语的话，什么正经事也别想做了。不过，有一点我还是挺感激的，有些人老在传我要垮了，要破产了，不管是善意还是恶意，起码为我敲起了警钟。”说罢，他将满满一杯汾酒一饮而尽。

我想劝他，以后少喝酒，酒喝多伤身，可一想又觉得多余。叶文贵要是离开了酒，也就不是叶文贵了……

金乡之忧

金乡是古老的。这里濒临东海，处闽浙海域要地，明太祖初年，屡遭倭寇侵扰。1387年，朱元璋并海置卫，令信国公汤和建金乡城以御敌。从此，金乡成了明王朝直接管辖的十分繁荣的一个卫。“一亭、二阁、三牌坊，四门、五所、六庵堂、七井、八巷、九条桥、十字街口大仓桥。”一首形容卫城风貌的古童谣一直唱了600年。是金乡人的自豪与骄傲。

金乡人还引以为荣的是他们拥有自己独特的语言——金乡话。金乡话带北方口音，夹淮北、宁波音调，同时又吸收了闽南话、瓯语的音素，发音柔和，娓娓动听。我发现，金乡人在用金乡话交流时，常常流露出一种优越感。

数百年过去了，正如金乡城依旧保留着当年的建筑布局一样，金乡人在心理构架和文化心态方面承继了务工经商的遗传基因。只是在那个年代，他们的能量被压抑了。

改革与开放的大气候，使金乡人积蓄已久的能量像火山般地爆发出来。

一夜间呼唤出一个新的金乡。

所有的金乡人全都卷入了商品经济的大潮之中。

金乡成了名副其实的“金子”之乡。

有人满足了；

有人陶醉了；

有人甚至美滋滋地宣告：金乡已提前进入小康社会！

我在采访期间，遇到一些有识之士，他们对金乡的前程充满信心，同时又夹带着淡淡的忧患感……

新的挑战

4月。武汉。1988年全国文化用品订货会正在这里举行。

武汉展览馆大厅里，全国五六千家企业所提供的各式各样的文化、体育用品，令人目不暇接。销售人员的吆喝声响成一片，而采购人员则用挑剔的目光，寻找着自己所需要的货物。

金乡涤纶塑料厂的厂长缪存良充满信心赶来了。来之前，做了精心的准备，搜集了本厂及本地30多种颇为高档的文化用品。他觉得这次赴会有三点有利因素：第一，选择的商品，品种新颖，质量不错；第二，产品价格低廉，销售方式灵活；第三，金乡政策开放，外地厂家无法相比。然而，在活生生的现实面前，他发觉自己过于自信了。人家的产品品种繁多、规格齐全、质量上乘、价格合理。相比之下，金乡货相形见绌。缪存良想起了身上唯一还剩下的一张“王牌”——销售奖励费，他寄希望用这张“王牌”挽回局势。但与几家客户洽谈后，“王牌”失灵了，因为好多厂家也同样有这一招。

那几天，缪存良食无味，寝不安，不禁为金乡小商品生产的前景担忧。“金乡的商品经济正面临着挑战，面临着危机。”这绝不是危言耸听。两年前，中国科技大学温元凯教授在考察金乡后说，金乡近几年的发展，是因为金乡人善于在国家政策的隙缝中寻找机会。在改革初期，这一点是可贵的；随着改革的深入，光靠这一点便远远不够了。

金乡已经有人意识到这个问题（缪存良算是其中一位），他们寻求新的开拓，在自愿互利基础上，开始组成联合体。引进科学技术，扩大生产规模，努力使金乡的产品上水平，上台阶，跻身国内外大市场。

但是，每一位金乡人是不是都有这种紧迫感？这种危机感呢？

金乡需要金子，更需要教育

1987年夏季，全镇小学毕业生共1774人，而初中只计划招生839人，占毕业生总数的47%；区、镇初中毕业生1007人，高中只计划招生168人，占毕业生总数15%。

这是两组让人沮丧、令人焦虑的数字。

在金乡一小，校长陈国辉同样是带着焦虑的神色接待了我。

这所有着71年历史，曾经出过教授、学者、工程师的学校，这几年却遇到了一个又一个的难题。除了教职工的工资，国家也给不了其他经费。而危房需要修理、宿舍需要扩建，办任何事都需要钱，钱，钱。

教师的平均基本工资只有70多元。一位年轻体育教师，月工资62元，连吃饭都不够。

那几天，正逢《温州日报》就乐清柳市三位教师弃教外出经商开展大讨论。陈校长说，要是政策允许教师也可以停薪留职的话，金乡小学起码有一半的教师会离校。这几年，我们提出了“安贫乐教”的口号，但口号的力量根本抵挡不住现实的冲击。

在金乡，不惜以重金将自己的子女送到温州、上海就读的不乏其人。而这恰恰从另一侧面，折射出本地教育的疲软。

人心思商，知识贬值。长此下去，素有“人才辈出、文风鼎盛”之称的金乡会不会走进文化衰落的歧途?

“人情账”及其他

“人情”，原指人与人之间正常的来往、交际、应酬；然而，在金乡，五花八门的“人情”已经成为一种特定含义的习俗。

金乡到底有多少“人情”? 金老为我列了一份金乡“人情账”:

新生：

孩子出生时，主人要请亲戚、朋友、邻居吃面酒，有的还需办酒席；娘家要送礼（孩子4个月、周岁时还得送）。孩子上幼儿园、小学、中学、中专、大学，娘家要送礼，过去一般送雨伞、水鞋、书包，现在送收音机、洗衣机甚至电冰箱。

丧事：

隔壁邻居一般送20元买纸钱；朋友送30—50元（有的还加花圈、布料）；至亲起码要送100元。

不久前，本镇一老人去世，丧事费用达1万元，其中光鞭炮就放了1000元。出殡时5辆摩托车开道，两班军乐队、两班民乐队、10班铜鼓齐奏。

婚事：

订婚：男方要付女方彩礼（一般是1000元），外加金戒指、金项链、手表。

送“日子”（告诉女方结婚日期）：男方要将彩礼凑足2000元左右。

结婚：女方家需随送陪嫁品（过去老三件：手表、收音机、缝纫机；现在新三件：收录机、缝纫机、电冰箱），一般要花费五六千元；男方则需准备好房子、家具。

喝结婚喜酒：一般关系要送30元，亲戚要送100—300元。

其他：

新屋落成：朋友要送50元，亲戚要送100—300元。

坟墓落成：亲戚要送30—100元。

企业开张：朋友要送30—50元。

……

令人感到困惑和不解的是，我接触了许多人，一谈到“人情”便摇头，直唤吃不消；可真碰到“人情”，谁也不示弱，即便明天揭不开锅，今天也得把“人情”送了。互相攀比，于是“人情”的名目越来越多，“人情”的价格日趋见涨。

“人情”的加重，使人联想到金乡出现的“高消费”。钱多了，吃得好一些，穿得漂亮点儿，住得舒服些，本无可指责，问题是有些消费是不是合理？是不是过分？据金乡信用社对100名专业户抽样调查，他们所挣的钱用于盖房占40%，生活消费占37%，投入再生产占15%，其他占8%。这种比例上的失调，必定影响生产的发展。

钱，是个好东西。不过，但愿不要到了某一天，金乡会有人突然地惊叫起来：坏了，我们穷得只剩下钱了！

狮山与金字山遥遥相对。当卫星电视地面接收站、园中园、重阳院这些现代精神文明的标志不断在狮山上矗立而起时，一座座耗费巨资、气派豪华的坟墓也在金字山上落成。

在历史的纵轴与现实横向拓展的交叉点上，多元化的金乡每挪动一步都是艰难的。

我要走了，带着满足与不满足；

我要走了，带着理解与不理解；

我要走了，带着历史的金乡与现代的金乡。

20年太长，应该是明年或者后年，我再来看你，金乡！太阳每一天都是新的，明年或者后年的你，也一定会是新的！

小车驶出东门，我再一次朝狮山投去深情的一瞥……

第三章　土地、土地

土地，农民的根基

1951年10月23日，当那轮新的太阳刚刚在宜山镇宜二村的村东头升起，随着一阵阵清脆的锣声，随着“分田啰！分田啰”的喊声，全村的男女老少，全都汇集到晒谷场上。

“分田啰！”土地的镣铐被彻底砸碎了。

肖康卓，家无一寸田，长年给地主当长工，穷得六月天在地里割稻子时裤子都没得穿。当他站在南洋分给他的那三亩水田旁时，激动得泪流满面。忽地，他蹲下身子，双手掬起一捧黑油油的泥土，久久地、久久地盯视着……

苏德顺，无房又无田，靠在河里捞点鱼虾度日，穷得媳妇也娶不起。当土改工作组组长将鲜红的土地证发给他时，他以为是在做梦，迟迟不敢接下……

一根根界桩打进了地里；

一块块沃土回到了农民的手中；

这天夜里，宜二村有多少人从睡梦中笑醒！

三条消息

季节不待人　农时要抓紧

清明即到，季节迫人，苍南县今年春耕生产准备不足，行动缓慢，务必引起高度重视。

苍南县今年春耕生产要求较高，早稻播种面积要达到30多万亩；粮食年产量要达到27万吨，比去年增加7%。入春以来，该县各地对春耕生产虽做了大量工作，但从目前情况来看，存在问题不少。首先是季节已很紧迫，但群众思想还比较麻痹，缺乏紧迫感，干春耕的实事不多，全县还有相当部分空闲田未翻耕。其次是早稻种植面积不落实，有减少的趋势，部分山区、半山区可种双季稻的水田，准备改种单季稻。最后是肥料不足的现象也较严重，钱库区去年每亩有肥料36担，而今年每亩少了20多担。至于地膜缺口更大，如果地膜覆盖面积与去年持平，尚缺地膜8吨多，面积再增加，则缺口更大……

（《温州日报》1987年讯）

“温军”入滇　浪击高原

新华社前天播发近2000字的一篇通讯，称赞温州万千农民出茅庐，浪击云贵高原，波涌北回归线，荡涤西双版纳，开辟了一条长达数万里的“商品之路”。揭开“温军”入滇帷幕的云南省工商行政管理干部，证实了入册的千万“温军”，大都具有以竞争为荣，以奋斗为乐的素质。人们称赞我国最善经商的莫过于温州人……

（《温州日报》1987年讯）

全国瞩目的宜山区再生腈纶纺织品基地紧跟市场机制，3000多名家庭工业中的供销、产业人员离乡离土，以固定、半固定形式分布在柳州、安庆、蚌埠、成都、重庆、徐州、临沂、拉萨、乌鲁木齐等十多个大中城市的日用工业品市场搞坐地批发……

江山乡后垟村的“腈纶大王”周炳罗夫妇，前年初到湖北省黄冈县与当地专业户共同投资联合办厂。在周炳罗的影响和带领下，后垟村已有300多人从宜山“转移”到黄冈县从事家庭工业……

（《苍南工作通讯》1987年讯）

苍南县人口101.3万，其中农业人口93.3万。全县耕地面积45.6万亩，每一个农业人口仅占有耕地0.49亩。

人均不到半亩地，实在是少得可怜。然而，我在各区、镇，却不时听到各级领导在呼呼：春耕快到了，别让地荒了！

奇怪！世世代代以土地为生的苍南农民，看来并不特别珍惜这半亩地。

农民一旦从土地里脱离出来，还能称其为农民吗？

奇迹，是这样产生的

没有让国家投资，没有招正式工人，一年织出的再生布300万匹，可以绕地球一圈半；

没有征用土地，没有减少粮食生产，一年加工的腈纶下脚料1.7万吨，相当于34万亩棉田生产的棉花；

没有高大的厂房，没有现代化的流水线，一年生产再生腈纶衣裤1.5亿件……

这是奇迹！

创造这一奇迹的正是宜山区的农民。

1983年11月29日，国务院副总理万里在全国农村工作会议上讲话时这样谈道："农村中可迸发的资源是多方面的，有些变化坐在屋子里是无法想象的。比如，浙江省温州苍南县宜山区有18万多人，人均耕地只有0.47亩，当地有土纺土织的传统，这个区近年利用工厂腈纶边角废料，发展再生纺织业，全区几乎家家户户从事这一职业，所有的剩余劳动力都有了工作。1982年产值9315万元，向国家缴税238万元，税后人均收入350元。今年产值将超过1亿元。"

交通仍很不方便。从县城到宜山镇几十公里地，中转汽车后还得摆一次渡，特别是龙港过去后那半小时路程，差点没把我全身的骨头给颠散了。

车进宜山镇，只见到处是交易买卖的场所，到处是熙熙攘攘的人流。河中挤满了小机动船，船里载着五颜六色的再生腈纶纱和再生腈纶衣裤。从宜山镇再乘不到一小时的船，又到了江山乡的新西河村，一点不夸张，这里完全可以称为全国最大的再生腈纶纱和再生腈纶衣裤交易市场。据市场管理人员介绍，再生腈纶纱市场从每天早晨7点开始到上午10点结束，3个小时内成交额达4万元。旺季时一天可销售腈纶纱3万斤、成交额近8万元。而再生腈纶衣裤市场更热闹，每天上市人数多时万余人。我拿着一条腈纶男衫问过价，批发价仅1.5元，便宜得不能再便宜了，可样子一点儿也不土，穿3年是绝对没问题的。怪不得它在全国农村特别是西北农村有着那么广阔的市场。

像这样的专业商品交易市场，宜山区一共有7个。1987年总成交额约达1.2亿元。全区对外从事购销的共有3000个联合体，其中从事原料采购的约4000人、从事成品销售的约6000人。这些离开土地的农民，从全国各地把被人家当作下脚废料的腈纶布运到宜山，又将加工好了的300万匹再生布和1亿件腈纶产品销往全国各地。

宜山素有“土纺土织之乡”之称。相传清代以前，这里就几乎家家户户置有手摇纺车或织布机。民国初期，这里盛产的“筒布儿”畅销浙、闽两省。新中国成立后，宜山农民这项传统的副业“三起三落”，屡遭厄运。1953年实行粮棉统购统销政策之后，土纺土织基本停止。在三年困难时期，群众为了生产自救，恢复了土布生产。到社会主义教育运动时期，土纺土织被当作“资本主义”，运销土布的人被看作投机倒把分子，遭受严厉打击。1966年，农民为了摆脱贫困，重新操起旧业，谁知来了“文化大革命”……

传统的副业被取缔了，纺织能手被死死地束缚在人均不到半亩的耕地里。在一些领导的眼中，贫困没什么关系，贫困起码不会产生“资本主义”。

1980年的春天来了，对我国农村来说，这是真正的春天。家庭联产承包责任制推行后，解放了宜山农民的手脚，户户添车，家家增机，全区纺织机械一下子猛增到2万多台。但是这时候的产品还都是再生棉纱和棉布，这种土纱土布因质次色单已处于滞销。

宜山土纺土织的真正兴起，是在腈纶再生布的诞生以后。而一谈及腈纶再生布，宜山人一定会向你介绍两个人物：赵开良和孙阿婆。

46岁的赵开良，有整整21年跑供销的经历。只是，在那个“割资本主义尾巴”的年岁里，他们这些“飞马牌”的购销员被视为社会的“残渣余孽”，赵开良也只能偷偷摸摸为几家社队企业跑点土布和塑料编织袋的业务。

一次重要的转机来了。1978年初夏，赵开良带着8万条编织袋到北京推销，最后剩下了3万条怎么也推销不了。这时，有人告诉他，河北邯郸一家废品回收公司需要编织袋。他急忙将袋子转运到邯郸，谁知对方连看都不看一眼就一口拒绝了。“我已经将货运来了，你们就帮个忙吧！”赵开良笑着恳求道。“不是不帮忙，是我们自己也有困难。”对方像是在开玩笑，“这样吧，我们买了你的编织袋，你是不是也帮我们一个忙？”“什么忙？”赵开良当真了。“我们这儿有80吨的腈纶边角料无法处理，现在正在与厂方打官司，你是不是能帮我们推销了？”

赵开良一了解，原来是这家公司与一家服装厂签订了回收腈纶边角料的合同，他们没想到，一个月就收了80吨，却连1吨也卖不出去，可人家厂方不管，还一个劲儿地送。回收公司慌了，不得不来个“急刹车”。于是，双方打起了官司。赵开良听罢，心里犯了愁：“这么多废料怎么处理？我收来后拿回去又能当什么用?”可是一想起自己那3万条推销不了的编织袋，犹豫了半天，答应先与家里联系联系。

回到旅馆，赵开良连夜给新安乡再生土布纺织厂李厂长打了个长途电话，询问这些腈纶边角废料能否开花（开成腈纶棉花）、纺纱。李厂长告诉他，腈纶在开花机里一开花就会发热迸火星，接着就会起大火。腈纶千万不能要，要来后要赔大钱。赵开良失望地放下了电话，可是他不死心，第二天又给李厂长打长途电话，他想是不是先把这批东西拉回去，再想想办法，解决开花着火的问题，李厂长拒绝了。赵开良第三次拿起电话，这次他已经考虑成熟了，他觉得目前市场上卖的腈纶线十几元一斤，而边角料才五角一斤，如果能将它纺成线织成衣服，搞得好可以打开销路。李厂长被他说动了心，只是还有些拿不准。赵开良干脆说：“这样吧，我出钱收购，搞成了，大家得利；失败了，损失我一人负担。”就这样，赵开良和回收公司签订了合同，几天后，这批五颜六色的腈纶边角料运到了宜山。

一个历史性的转变有时就取决于一个或几个人的一次偶然的抉择。

江山乡新西河村的孙阿婆，一个再普通不过的农村老太婆，做梦也想不到自己竟会成为腈纶纱的创始者。

孙阿婆从小纺得一手好纱，当宜山的土纺土织再次兴起后，她闲不住，也在家纺起了再生纱。有一天，她向人家借了点钱，到镇上买回一批棉布边角料，谁知到家一看，里面竟混进好多腈纶边角料。当时，腈纶边角料除了绑拖布、当抹布，其他一点儿用处都没有。

扔掉吧，还真有些可惜。望着地上那堆腈纶边角料，孙阿婆愁了好几天，也想了好几天。她寻思，布角料可以开花纺纱，腈纶边角料为什么就不能呢？她提了一些腈纶边角料，找到了村里的开花机手孙帮呈、黄家勇。

孙帮呈、黄家勇一见孙阿婆送来的是腈纶边角料，忙说："阿婆，开花机只能加工棉布角料，这种东西开不了。"孙阿婆急了："你们说的我也明白，可是我买回的棉布边角料中混着好多这种东西，糟蹋了太可惜，你们就帮着试试看吧！"

孙阿婆好说歹说，碍于老人的情面，孙帮呈、黄家勇答应试试。机器响了，可从开花机里吐出来的团团花絮没什么毛头，也无黏性，这样的花絮根本无法纺纱。然而，偶然的实践，却使他们看到，腈纶边角开花并不会着火，也没什么危险。晚上，他们又接着试验。孙帮呈突然冒了一句："换一只滚筒，怎么样？"虽然谁也说不出为什么要换滚筒，可他们还是把一只旧滚筒换了上去。一试，开出来的花絮比刚才长了一些。怪了！孙帮呈和黄家勇绕着机台东望望、西瞧瞧，一会儿把风门往上移，使它离滚筒近一点；一会儿又把机台盖盖得密一些，几经折腾，终于使开出的再生腈纶纤维比原先又拉长了一半。

孙阿婆第二天见后非常高兴，连忙把几斤腈纶再生花絮拿回家，可一上纺纱机，老是断线，怎么也出不来纱。她琢磨了一番，又搬出早已不用的土纺车，耐心地转着、捻着、纺着，成功了，第一根再生腈轮在孙阿婆的手中纺出来了。她又试着把再生腈纶纱合股并成腈纶纱线，其色泽、毛感同真毛线差不了多少。

孙阿婆把自己纺出的再生腈纶线拿到镇上卖，不到几小时，每斤以3.5元的价格一销而光。以后，只要孙阿婆把再生腈纶线一拿到市场上，马上就能脱手。

消息传开了，新西河村好些人家都跟孙阿婆学着纺起再生腈纶纱来。后来，又用这种纱织成了再生腈纶衣裤。户带户，村学村，不到几年时间，整个宜山区成了全国瞩目的再生腈纶纺织品中心。全区80%以上的劳力从事再生纺织，产值的80%以上来自再生纺织。

1982年8月，被人们称誉为"宜山黄道婆"的孙阿婆因病去世，新西河村附近的500多台纺纱机和40多台开花机停机一天表示哀悼。出殡时，送葬的队伍长达好几百米。

我们走在新西河村的水泥路上，只见路旁"家家开工厂，户户纺织忙"。这儿，男的搞开花，女的搞纺纱、织衣，老人小孩捡布角。有一回，四川省有位副书记来这里参观，走进一家农户，正在干活儿的一位十六七岁的姑娘问他："伯伯，你当省委书记的，一个月多少钱？""我的钱可不少，一个月有200多元。"姑娘说："你还不如我哩，我每个月能挣300元。"书记笑了。过去草房多、卖儿卖女多、讨饭多，穷得出名的新西河村，已成为收入多、存款多、新房多的新农村。

如今，宜山的再生腈纶纺织品生产又有了新的发展，从开花、纺纱、加工筒子、打经、织布的整个生产流水线已基本采用机械化、半机械化生产，织布木机已全部被铁机所取代。农民的产品也从低档转向中、高档。他们开发了坚固的团结布、再生腈纶毛毯、地毯和提花织衫等新产品，这些产品有的已经打进了北京、上海等大城市。

宜山的农民已经不是传统意义的农民，他们掌握了自己的真正命运，正大踏步地向着明天前进。

宜二村现象

我突然萌发了找几位传统的农民聊聊的念头。聊聊他们的心态变化，聊聊他们对土地的看法。

到了宜二村，我首先想到的是新中国成立前当雇工、穷得连裤子都穿不上的肖康卓。村支部书记陈永信告诉我："肖康卓现在不种地了，全家四口人都做腈纶衣裤，去年收入2万元，他恐怕不是你所要选择的对象。"

"那么，那个苏德顺呢，就是发给他土地证，他以为自己是在做梦的那个光棍汉?"

陈永信笑着说："苏德顺现在也不种地了，全家人都加工服装，早就当上万元户了，光去年收入就超过2万元。"

"他们的地呢?"

"地包给贫困山区的农民种。"

新中国成立前没有地，租地主的地种；现在有了地，自己不种，包给人家种，真是一个谜!

宜二村共525户，1766人，土地740亩。新中国成立前，村里有4户地主，土地主要集中在他们手里，1951年下半年土改，把土地分给了贫雇农。

这里的地都是水田，黑沃沃肥得像插根木棍都可以抽出枝芽来似的，平均亩产粮食1500多斤。只是地太少了，就像好多双眼睛都盯着碗里的一点肉，不够吃。

宜二村的农民走了一段中国农民都回避不了的弯路。

1981年，他们开始用腈纶边角料拼制儿童服装，那些各种形状、各种颜色的腈纶边角料，经过挑拣、整理、裁剪，经过缝制，变成了一件件美观、大方的童装，销往外地，生意好得很。村里的男人到外头推销，女人们负责在家里缝制，一个劳力一天可以挣十来元。

实在是没有精力去伺候那么点地了，地成了一种累赘。

抛荒还不至于，倒不是在乎罚款（区、乡都有规定，谁家的地荒了不种要罚款），而是害怕老人们议论。这里有老风俗，地不种，老人们会说闲话："罪孽呀，某某某那么好的田不种，搁在那里荒，别看他现在有那么多的家产，将来总有一天要败的。"于是，好些人家采取一种糊弄自己也糊弄别人的办法，好赖把秧插下去，至于能长多少根本不去管。

为了鼓励种地，村里发了贴农金，每亩地补助16元。

积极性依然调动不起来，地依然是一种累赘。

真想不到土地会成为农民的一种负担。

不知是谁发明了把地转包给山区农民种的办法。山区缺地，而且地还不好，山区的农民自然愿意种平原的地，地肥，又不缺水。按双方自愿协定，山区的农民种一亩地，除了交350斤稻谷给"地户"（为了避免与"地主"相混，恕我生造了这个名词)，其余打下的粮食归自己。于是，好些人家跟着学样儿，把地转包了出去。

山区农民一般一个人可以种5—6亩地，他们来了以后在村子里租房子住，自己做饭吃，有的一家人都来了。多时，有七八十人。农忙时节，他们自己忙不过来，还得从山区雇人来帮助插秧、割稻，人更多。

刚来的头几年，山区农民还是很安心于种地的，因为在这里种地毕竟比在老家合算多了，一个劳力一年弄个千把块钱没问题，而且，农闲时还可以找点其他活儿做。可时间一长，他们也变得不安分了，他们暗暗想，都是农民，为什么人家那么富？自己还在老老实实握锄头柄？他们也学精了，有的悄悄把拼制童装的手艺和生意经学会，铺盖儿一卷走了。有的讨起价钱来了，要少交“地户”的稻谷……

陈永信说，将来这地怎么种，在宜二村仍然是个恼人的问题。

苗富和苗富农场

当土地被一些农民看成累赘的时候，他却对种地发生了浓烈的兴趣。而且，竟然还停薪留职，办起了私人农场来。

他叫苏苗富，34岁。初中毕业以后，曾当过两年的民办学校教师。1974年，上面要招收中专生，他报了两个志愿：一是农技，一是教师。农民的儿子苏苗富，知道农村里最缺这两方面的人才。如愿以偿，他进了台州农校，1976年毕业，分到金乡区农技站任农业技术员，1984年又被提拔为站长。

随着家庭工业的迅速发展，和泥土打了十多年交道的苏苗富，突然发现，农业在农村的地位发生了动摇。1987年金乡全镇农村经济总收入达6057万元，其中农业种植业收入仅占6.9%。工业、商业、服务业原来只是农村的副业，现在却成为农村经济的主体，而农业反倒变成“副业”。金乡镇所属五个村总劳力为4284人，从事农业的只有347人，且基本是老弱病残劳力。怪不得有人念叨：“跑田头，没奔头；跑码头，可以盖高楼。”“灵活的去经商，能干的办工厂，老实人留下种田。”土地已不再是农民们赖以谋生的基本生产资料，多年积累起来的农业装备不能充分发挥作用，科技成果也难以推广实施。“农机老化”“地力退化”“种子杂化”以及土地粗放经营等现象出现了。全镇粮食生产连续4年出现“滑坡”，1984年粮食总产2.07万吨，1987年下降到1.86万吨，年均减产3.6%。

金乡的农业开始萎缩。

中国是个农业大国，人民的吃饭问题才刚刚得到解决，土地总归是要有人种的。

那些日子，苏苗富常常站在田头发愣。在商品经济发达的农村，如何使农业同商品经济同步发展，作为一名农技人员，他在思考。

也就在那时，当地和外地出现了一些以不同形式结合的土地经营大户。这些土地经营大户同一般的农户相比，具有商品率高、土地生产率高、劳动生产率高和资金利润率高的优点。苏苗富毕竟是有着专业知识的，他由此而受到启发：发展农业规模经营是农业现代化的内在要求，又是稳定粮食生产，增强农业自身活力的有力措施。耕地逐渐向懂技术、会经营、善管理的经营能手集中，这将是商品经济发达的农村的一种发展趋势。

像是来了场及时雨，国务院下发文件鼓励农技干部到农村去搞承包。苏苗富跃跃欲试，经过反复的思考，他向组织提出了停薪留职办农场的请求，农场就以自己的名字命名，要干就痛痛快快干一番。县委、县政府和农业局批准了他的请求。

1987年12月11日，《温州日报》在头版刊登了他停薪留职办农场的消息。

原本默默无名的苏苗富，一夜间成了小镇街头巷尾的议论中心。有表示赞赏和支持的，但更多的是冷嘲热讽和不理解。

苏苗富的岳父是金乡有名的印刷专业户，当时正找不到得力的帮手，一见女婿停薪留职，忙说："苗富啊，你来厂里当经理吧，一年怎么也能赚个万把块，怎么也比当农场场长强！"弟弟在杭州工作，从报上见到哥哥办农场的消息，急忙赶回老家，劝他三思而行。许多亲戚朋友也纷纷前来劝阻："苗富呀，你好端端的站长不当偏要去当什么场长，图个什么？""现在谁不想跳出'农门'，你却钻到田里滚泥巴！""农业有什么奔头？一旦政策变了，你怎么办？"还有人骂他是"捞政治资本的野心家""有床不睡躺地下的二百五"。

压力真大啊，思想也斗争得厉害，不过，苏苗富挺住了。

1987年底，苗富农场与金乡镇城中、狮山两村签订了为期3年、承包250亩耕地的合同（每亩地每年交500斤稻谷作为租金）。苏苗富又聘请两名农技员和一名粮食专业户参加农场管理。农场的劳力主要雇佣贫困山区的农民，日工资8—12元不等。

1988年，苗富农场的具体目标：一是实现农业总产值8万元、总利润2万元；二是粮食总产221吨、亩产量904公斤（三熟制配置）；三是亩成本218元，生产性农用物质装备亩均150元，每元投资收益1.47元，每标准用工净收益3.27元。

正是春耕务耕时节，苗富农场生气勃勃，格外繁忙。以合同形式雇来的十几位常年劳力和短期季节工正在紧张地平整土地和修建仓库、晒场。秧田里绿油油的秧苗已经有一寸多高了。

农场成立的时候，区里原准备开个庆祝会热闹热闹的，苏苗富没答应，他说："等等吧，等到收获时再开。"

好吧，等等，我们都期待着收获季节的到来！

一座农民城的崛起

一个贫穷荒凉的小渔村，一片连杂草都难生长的滩涂，像是经仙人用手一点，突然间矗起近千幢楼房，铺开20多条纵横交错的街道，冒出一家家宾馆、饭店、学校、影剧院、溜冰场……它以朝气勃勃的秀姿，向人们宣告：在浙南的版图上，又多了一座新型的城市，它的名字叫龙港。

如果龙港仅仅只是一座城市，那没什么可值得炫耀的；

如果龙港的建成靠的是国家的投资，那更没什么可夸的。

但是，假如有人告诉你，龙港的建设仅用了不到两年的时间；它所耗费的2.3亿元资金全部是群众集资；而住在这里的居民又多为农民的话，我相信，你一定会为这座——中国第一座农民城的崛起感到惊叹不已……

那时候，还没有现在的龙港镇，而只有一个方岩下村。低矮黑暗的平房和七零八落的草棚交杂在一起，一条清朝同治三年（1864）铺就的老街，弯弯曲曲，坑坑洼洼，显得破烂不堪。但是，这里却是宜山、钱库、金乡三区群众北上鳌江、温州、金华的通道，每天南来北往的行人不下两万人。

那时候，陈定模还是钱库区的区委书记，到县里开会、办事，几乎每个月都要从这里经过几次。每次从这里经过，他那双眼睛总像是在寻找着什么……

龙港终于以它得天独厚的自然条件，被省人民政府批准设镇。

1984年6月3日凌晨，大地一片沉寂，天还黑蒙蒙的，陈定模急匆匆地赶到县城。头天晚上，他得到风声，按照机关机构调整方案，他将被调到县委机关任职。陈定模再也躺不住了。

"笃、笃、笃"，他敲开了县长刘晓骅的门，迫不及待地说："刘县长，派我去龙港吧，派我去龙港建镇，保证3年把龙港建成一个新城镇。"

刘晓骅笑着说："龙港一片空白，八字连一撇都没有，建镇哪那么容易？"

陈定模急了："我可以下保证书，3年建不成，撤我的职。"

"资金呢？县里不可能一下子拿出那么多资金。"

"我不要县里多少投资，我只要求你们给我权力。"

刘晓骅沉吟了片刻，用疑惑的目光打量着眼前这位非常熟悉而又突然间变得陌生的部下，他不明白陈定模对那个荒凉的小渔村为什么会这样感兴趣，即使从管辖范围和权力所及考虑，龙港镇镇委书记几乎与乡干部没多大区别，显然是低就了。他又问了句："你真想好了？"

"想好了，早想好了！"陈定模回答得很坚决。

是的，是早想好了。陈定模是用战略目光来看这块荒凉的土地的。别看它眼前还是个小渔村，但它地处浙江八大水系之一的鳌江下游，拥有得天独厚的港口，东去五里便是东海。它背靠商品经济非常发达的宜山、钱库、金乡三区，南来北往，必经此地。龙港镇建成后有可能成为苍南县的经济中心，乃至浙南闽北一个新兴的城市。

离开县长的家，陈定模又去找县委书记胡万里，找县委其他常委……

当天上午，县委召开常委会，撤销了原来对陈定模的任命，改派他为中共龙港镇镇委书记。这是被他的执着和真诚所感动，更主要的是出于对他勇挑重担的支持……

3天后，陈定模走马上任。

面对着这块未被开垦的处女地，陈定模显得有些激动。站在他身旁的是镇委的八名干部，他们带来了县里给的6000元办公费，带来了县委给的权力——按常规，农民进城办审批手续，要盖八颗大印，现在，明智而有魄力的县委把八颗大印"捆"在了一块，把审批权统统交给了镇委。

"巧媳妇难为无米之炊"，建设一个城镇，没有什么比资金更为重要的了。按惯例是找国家要投资，县里已经有言在先，这根本不可能。龙港唯一可选择的路便是向先富起来的农民集资。

“集资，能行吗？在我们这个地方，现在盖一幢三层住房需要两三万元。”有人表示担心。

“能行。”陈定模胸有成竹地对镇委委员们说，“农民没有钱的时候会为温饱问题而苦恼，而当他们有了些钱以后又会为怎样花钱而伤脑筋。现在江南一些农民，钱多了，讲排场、比阔气、搞迷信，有的整天花天酒地。这时候，看你是否引导得当。”

“那么，农民肯不肯到龙港来？”有人又提出这样的问题。

陈定模笑着说：“我看会的。第一，江南三区近几年商品经济发展很快，但同这种发展速度不相适应的是交通太不方便，一份催货的电报都要走两三天，要把货快速发出更是难上加难。而龙港占据了有利的地理位置，正好弥补了这种缺陷。第二，城乡差别起码在几十年内是难以消除的，富裕起来的农民，只要允许的话，他们也想成为城里人，关键是需要我们提供一个良好的环境，各种优惠政策。”

当过县委宣传部理论科长的陈定模，深深懂得舆论的重要。1984年7月14日，《温州日报》头版刊登了标题为“龙港镇也来一个对外开放”的决定，公布了镇委发布的八项优惠政策：来龙港经商建厂的，一律在土地、能源诸方面提供方便，并在经济上适当放宽；医生、教师及各种能人，优先安排建房用地，帮助调动配偶工作，安排子女就学……紧接着，镇委又组织了13支宣传队，开赴全县12个区镇，宣传龙港的优势、前途和各种优惠政策。

钱库镇剧院，四乡八邻的农民像潮水似的涌来。海报早贴出去了，今天，他们是想亲自来听一听熟悉的陈书记是怎样来宣传龙港的。

陈定模走到台上，环视了一下台前挤得满满登登的群众。他想起来了，4年前，自己刚任钱库区区委书记时，就是站在这个台子上，向全区农民发出“全面实行包产到户”的号召。那一年，全区结束了“倒挂”的历史，第一次超额征粮40万斤。以后，区委借改革开放的东风，大力发展商品经济，“钱库”终于同它的名字相符，变得富庶起来。

面对着父老乡亲，面对着腰缠万贯的农民们，陈定模挥动着手臂，用他那富有煽动性的话语侃侃而谈……

“过去，我在这儿当书记的时候，你们不是老埋怨乡下偏僻、交通不便吗？现在，龙港的大门敞开等着你们去。龙港水路四通八达，公路马上就要修造，我敢说，谁先占着龙港，谁就得了宝地，你办厂开店，做生意，跑运输，保证天下客人都会往你那儿跑……

有个中年汉子站了起来：“听说到龙港得先在那里盖房子，这不等于要我们花3万元买个龙港镇的户口？”

陈定模一笑：“哦，花3万元你就心痛了？我没白要你嘛，你还可以得幢房子嘛，你反正要花那么些钱盖房子，盖在城里不比你盖在乡下好多了？还有，我听说有些人为了培养下一代，把孩子送到温州、上海去读‘议价生’，这样好是好，但就是路途太远。等龙港建好以后，我们那里也有一流的学校、一流的教师，你们的孩子可以就近入学。我再举个做生意的例子，宜山三兄弟办了个森力人针织内衣厂，大家都是熟悉的。前些日子他们好不容易联系上在上海第一百货公司搞产品展销，可后来七耽误八耽误，愣给耽误了。上海请帖寄出来一个多星期，他们才收到。火急火燎把货装上机动船，‘嘭嘭嘭’，两小时的水路到龙港，摆渡，过江，到鳌江镇租零担车，车没了。人家说：‘明后天来看看吧’这一耽误又是两天，等找到了车，展销会的日期早过了。如果在龙港就不会受这份罪了，邮电不会误事，车船随叫随到……”

钱库被卷进了“龙港风”之中。

龙港。“欢迎农民进城办公室”外面，人头攒动，水泄不通。喊叫声、推搡声交杂在一起。一只只着急的手臂，一张张兴奋的脸庞，装着几万元钞票的袋子争着往窗口内塞，不断有人喊：“这是我的，龙翔路156号！”“记下，快记下，就是这个名字，两间。”

头一天一结算，现款整整560万元，等于一夜间搬来了个大银行。

6000多户农家（当然也包括少数其他人员）被吸引到龙港落户来了，他们不是一般的农民，而是农村中先富起来的能人。他们正在砸碎封闭和保守观念的桎梏，将是龙港腾飞的基础。

一批批脸上充满着兴奋和喜悦的农民，站在《龙港建设规划图》前，用手指点着将来属于自己的位置，畅谈着龙港的未来前景。

一位农民专业户在门前贴出了这样的对联：“能人云集龙港起腾飞，英才辈出新镇绘宏图。”

农民进城问题解决了。但是，几万人拥进城里要水要电，要市场，要道路，孩子需要上学，病了还得有医院……总之，如何使公共设施与群众建房同步进行，一个新的难题又摆在了镇委面前。

资金，资金，还是需要资金。龙港镇委有的只是土地而没有钱。

“劳动是财富之父，土地是财富之母。”这是马克思在《资本论》中引用过的话。只是不知为什么，在眼前的中国，土地和财富之间无法画等号。

陈定模又悄悄在经典著作里去寻找依据。“土地所有制的存在决定着地租。”哦，这是恩格斯说的。“什么叫地租呢?”终于，他又在《政治经济学辞典》里找到了“地租”这一条目：“地租，土地所有者凭借土地所有权而获得的收入。”好，棒极了！土地属国家所有，那么国家为什么不能利用类似地租的方式获得收入呢?

陈定模兴冲冲找到了副镇长陈林光，阐明了自己的新发现：“现在我们整天讲发展商品经济，我想把土地作为一种特殊的商品来开发，利用价值规律，让土地创造价值。谁在龙港用地建房，谁就有义务出城市公共设施费。我们要一反过去的做法，个人盖房把国家的土地给占了，反过来城市建设的包袱又扔到国家怀里。”

陈林光瞪大两眼，倾听着陈定模这些新鲜的论点。

经过一番调查、论证、计算，一个新的决定公布了。镇委把规划图中的不同地段划分为六个等级，征收公共设施费，用于“三通一平”，建设镇内桥梁、公共厕所、供水工程等。规定一等的每间（占地42平方米）征收公共设施费5600元，二等的4600元，三等的3500元，四等的3000元……还有办学、改造老街等费用60万元，也是无偿集资。

城市公共设施费的公布，又在龙港掀起了一场风波。

“龙港是北京？上海？什么公共设施费，你以为我们是财神爷？”

“自己掏钱造桥筑路，哪家的规定？”

“这是‘敲竹杠’，我们不住了，退地基！”

“对，退地基！”

镇里的工作人员坐不住了，如果这么多人都退了，龙港的建设岂不成了一句空话！

陈定模从苏州出差回来，刚进办公室，便有人急切地说：“陈书记，你才回来，大事不好了，好几百人闹着退地基！”

这时，那些嚷着退地基的农民得到陈定模回来的消息，也跟着来到了镇里。

陈定模不慌不忙地说：“大家不愿交公共设施费，我看并不是不可以。不过，请诸位先想一想，你们盖好了房子，总得走路、喝水、用电吧？还得拉屎、倒尿，排污水吧？孩子上不上学？病了去不去医院？这笔公共设施费，没有七八百万元恐怕下不来吧？”

“这些费用其他地方不是国家都给包了吗？”有人问。

“好，我们等着国家给，”陈定模掰着手指说，“就算国家每年给50万元，天大的面子了，你们算算，起码需要15年才能把这些设施建设好。我等得了，你们等得了吗？15年以后再用水？15年以后孩子再上学？15年之内保证不得病？你们要是做得到，我马上宣布取消征收公共设施费！”

原来吵吵嚷嚷的人群，顷刻间变得鸦雀无声。他们是在心里拨拉着小算盘，被陈定模的道理说服了。

“不退啦！”不知是谁大声说道。

随着一阵笑声，人群散去了。

“离乡背井”，这是形容穷困潦倒、走投无路的一句成语。多少年来，农民一旦离开了赖以生存的土地，便一定是穷苦的象征。

而现在，龙港却树起了招兵买马的大旗，公开号召农民离开窄小的土地，离开偏僻的山乡。

这是怎样激动人心的一幕幕——

他来了，金乡老城乡的蔡祖威。他的身后是一支小船队，他的妻子儿女全来了。

蔡祖威祖辈靠打鱼、种地为生，几代人穷得叮当响。他赶上了好政策，可以不种地了，跑起了供销，业务还挺不错。只是老城那地方太闭塞了，人家一听说连公路都没有，直皱眉头。

进龙港，他头一批报名。临走时，把承包田转让给别人，对了，那把父辈留下来的锄头也送了人，表示了他与土地决裂的决心。

船靠龙港码头时，他亲自点响了一挂鞭炮。脸上没有一丝离别故土的痛苦感，而是充满了对新生活的渴望和信心！

薛继勤来了。这位宜山区江山乡的编织袋专业户，龙港还没建镇，他就看中了这块地方，悄悄买了地皮，只是那时是不合法的。

走前，把花3万元盖的四层楼降到1.1万元卖了。他觉得乡下不仅交通不方便，得“红眼病”的人还特别多，看哪家赚了钱，好些人心里就不舒服。

到龙港就好了，这里都是专业户，能人云集。谁先富（只要富得合法），谁光荣。

他像是拥有一片更辽阔的海域。

杨宗好来了；

方崇钿来了；

杨安柱来了；

陈康煜来了……

他们的到来，证实了列宁的一段名言："商品经济不大发展（或完全不发展）的国家的人口几乎全是农业人口……因此，商品经济的发展，就意味着越来越多的人口同农业分离。"

有人把中国农村贫困的一个重要原因，归结为众多的农业人口长期被可怜地禁锢在窄小的耕地上。而今，龙港人率先摆脱了这种束缚，勇敢地从土地中分离了出来。

能否说，龙港将是中国农村城市化的一个雏形？

我在期待着一个新的龙港的诞生……

第四章　贫与富的咏叹调

“商品生产带来巨大变化，苍南金星村富得淌油”，1986年1月22日，《浙江日报》以这个带些夸张性的标题，报道了苍南县金星村社员发展商品经济生产、发家致富的情况。是看报看花了眼？是道听途说？还是为了某种政治上的需要？不知从何时开始，“金星村”三个字被悄悄删去了，而“苍南县富得流油”却越传越广。于是省里、市里好些部门以及那些没来过苍南（或者只是走马观花地来过苍南）的外地人，只要一提及苍南，便觉得这里到处流金淌银，老百姓人人腰缠万贯。

作为一名苍南人民的儿女，我何时不在盼望着自己的家乡能“富得流油”。但是，当我用双脚踏遍了家乡的山山水水之后，我得出这样的结论：苍南离“富得流油”还有一段十分遥远的路程……

一份贫困乡[①]的调查报告

昌禅乡贫困情况调查报告

全县十个贫困乡之一的昌禅乡，属纯山区乡，全乡

① 当时，人均年收入低于200元的乡为贫困乡。

35平方公里，九个行政村，1404户，6275人，耕地3708亩（其中旱地2112亩），人均耕地0.45亩。

由于自然条件和其他方面的原因，该乡的经济发展还十分缓慢，据调查统计，全乡有贫困户917户，占总户数的三分之二。其贫困的具体表现：

一是住草房、破漏房的多。全乡住草房、破漏房的共有150户225间。高洋山村82户，其中，住草房的22户，住古庙的两户；枫脚村154户，62户住草房。农民曾程玉家三间草房，1985年已破漏，至今无法修理。

二是单身汉多。高洋山村20—50岁还未结婚的有51人，占这个年龄段126人的40%。如社员郑略田5个兄弟，最大的48岁，最小的25岁，因家庭困难，至今只有一人成家。

三是欠债、缺粮的多。全乡欠债户560户，欠债最多的1000多元，少的200—300元。高洋山村村长郑集皇，今年1月为娶儿媳欠债1300元，每月要付利息30多元。

四是订小亲的多。因家庭经济困难，有男孩的家庭怕孩子长大了讨不起媳妇，儿子只有几岁就给定亲，每年付一点彩礼；而有女孩的家庭，拿点彩礼以解生活上的燃眉之急，其中有的把自己的女儿订给人家，将彩礼拿来为自己的儿子定亲。订小亲的彩礼一般一岁100元。据统计，全乡15岁以下的女孩已定亲的521人，更有甚者，刚生下几个月的女儿也给订了小亲。

五是学龄儿童没上学的多。全乡1441个学龄儿童，其中有429人没入学。

六是冬天无法御寒的多。全乡共有1000余人无法御寒（无法御寒指无棉袄又无毛线衫），占总人口的16%。枫脚村农民黄丹如，一家四口，没一件棉袄、毛衣，本人九年没剪一寸布。

除上述六个表现外，还有卖儿卖女的。为生活计，1980—1984年，全乡共有16户人家卖孩子，1986年还有三户人家。陈家擂后坑自然村杨华焦，因欠民间高利贷500元，每月要交25元利息，债台高筑，1985年3月，忍痛将感情很好的妻子变卖700元还债。

县委办公室调研室

县山区经济开发办公室　联合调查组

1987年6月17日

我久久地望着这份调查报告，心中有种沉甸甸之感。虽然标题上已注明这是一份调查报告，我却老怀疑它的真实性；我多么地希望这份报告的调查时间能是在新中国成立初期或者是三年困难时期，然而令人痛心的是，调查报告的末尾分明写着：1987年6月17日……

拱桥内村与马仙娘娘庙

4月6日。一大早便落起了毛毛细雨，江南这没完没了的梅雨天，给人一种莫名其妙的烦躁感。

我们撑着伞，踏上了去矾山埔坪乡拱桥内村的崎岖山道。

拱桥内村是著名的革命老区，抗日战争时期，浙江省首任省委书记刘英曾率部在那一带活动过。

从埔坪乡的小街经过时，陪同我的矾山区委宣传委员和文书让我等一等。过了一会儿，他俩从一家商店里出来，文书提着一只大竹篮，竹篮里装着两筒面条、一包粉干、一个菜花和一块肉。文书告诉过我他老家就在拱桥内村，我想，这篮子东西可能是他给谁捎的吧。

山越爬越高，路也越走越滑。

近中午时，我们走进了一个叫三百丘的自然村，说是自然村，其实不过是一排旧平房，十几户人家。

首先发现我们的是一位坐在门前的老阿婆，她亲热地把我们请进屋里，又问文书："来同志了？这位穿军装的同志是从哪来的？"

"同志！"我的心一热，在北京，在首都，"同志"这种称呼似乎大有可能被"师傅"所代替，而在这个偏僻的小山村，在这位老阿婆的口中，我却听到了如此亲切的"同志"两个字。

文书告诉老阿婆："这位同志远着呢，是从北京来的。"又对我说，"老阿婆姓余，已经77岁了，是位1936年入党的老党员。"

不一会儿，村里的大人小孩全来了，他们打量着我这位远方来客，并轻声议论着。按他们纯朴的理解，我既然是从北京来的，必定是中央派来看望他们的。

一提起战争岁月，这些老人们的话匣子打开了。他们可以讲出一大串曾经在这里住过的老同志的名字，甚至连一些人的绰号都记得一清二楚。

问及他们现在的生活情况，一阵沉默过后，老阿婆说："我比他们好多了，过去闹革命时，我每个月交三个铜板作党费，现在政府对我们这些老党员蛮照顾的，每个月发16元生活补助费，我一个人吃的用的全有了。"

中饭是在老阿婆家吃的，几位大婶大嫂在灶间忙了一通之后，桌上摆起了炒粉干、煮面条和菜花炒肉片。

我正为给这位革命老人添了麻烦而觉得不安时，老阿婆却在一旁连声道歉："对不起、对不起啊！黄同志是从北京来的，拿不出什么招待你，连吃的都得你们自己带来。"

这时候，我才明白，早晨文书提着的那篮东西，原来是为我中午准备的。趁旁边没人，宣传委员悄悄告诉我："山区特别穷。突然来几个人，他们一时拿不出吃的。我们无所谓，你从北京来的，总不能让你吃地瓜丝。"

我无以对答，夹了几筷面条，便觉得肚子已经饱了。

午后我们继续往拱桥内村走。

山道崎岖，毛毛雨仍在落着。

我们边走边谈，忽然，宣传委员转脸问我："老黄，你这次是来写书的，你敢写穷吗?"

"写'穷'?"我有些不解。

宣传委员说："现在，报上凡是宣传温州、苍南的文章，都给人一种富得不得了的感觉，其实温州还有三个贫困县，苍南还有十个贫困乡，有些地方还穷得很哩!"

"你们不怕写穷吗?"我反问了一句。

"有富写富，有穷写穷，那才叫真实。"文书答道。

我想了想，在心里默默说了句："但愿吧，但愿我能反映出真正的苍南面貌!"

呵，这就是拱桥内村，这就是那个在战争年代曾用自己的心血养育过革命的拱桥内村。

蒙蒙细雨中，小山村显得寂静又冷清。

我们走访的第一家，是一位叫刘发布的老人，老人已经71岁了。当年，刘英住他们家时，他才21岁，刚结婚不久。

这是一间不知住了几代人的低矮的旧瓦房，没有天窗，屋内光线昏暗。一张老式木床，床上挂着的土布蚊帐千补万纳。简单得不能再简单的锅灶，离锅灶一米远就摆着一只连盖都没有的尿桶。见不到碗柜，七八只粗碗随便地倒扣在一张破桌上。

刘发布搓着手，显得有些局促不安，他不知该怎样接待我们好，甚至连几张椅子也是临时从邻居那里借来的。

同老人寒暄了几句后，我问他："粮食够吃吗?"

"我们两个老的一年要500斤米、400斤地瓜丝，吃还是够吃的。"

"零用钱呢?"

"过去还可以到矾矿挑挑矾石卖，现在没地方挑了，不过好在山头人，除了有时看看病，其他开销不太大。"

我原想同他的老伴余桂香聊几句，刘发布说："你同她没得讲的，早先，家里住着共产党，老要提防国民党兵来查找，老是担惊受怕，脑子受了刺激，留下病根，这么些年了，到现在说几句话还颠三倒四。"

刘发布带我们参观那间刘英曾经住过的破草房，用手一一指点着当年刘英睡哪里、在哪儿吃饭，遇到敌人突然袭击时从哪儿转移……岁月虽然流逝了，但老人对于革命者的一片深情仍溢于言表。

我从心底涌起了一股对眼前这位老人的敬佩之情。

告别了刘发布，我们又走进村支部副书记刘尚南的家。老刘正患眼病躺在床上。

屋顶有些漏，外面下着小雨，里面滴答着水珠。更让人看不下去的是，这么冷的天，床上铺着的竟还是草席。

我见他双眼肿得睁都睁不开，便劝他抓紧时间到医院看看。

刘尚南苦苦一笑，说："不要紧的，过段日子自己会好的。就是不晓得为什么，从早晨开始头疼得厉害。"

他的老伴悄悄告诉我，这几天家里连一分钱都没有了，请一位民间医生看过一次，花的两元钱还是从邻居那借来的。

我请他谈谈在战争年代做过的事，刘尚南摆着手："我就是帮助站站岗、放放哨，没什么说的，没什么说的。"

这些像山一样深厚，像山一样沉重，像山一样纯朴的老区人民，没有怨言，没有牢骚，哪怕就是有点期盼或要求，他们也像是在自言自语："新中国成立前我们这里黑咕隆咚，现在这里一到晚上还是黑咕隆咚，什么时候，电要是能通到我们这里就好了……"

我没有走遍拱桥内村274户人家的每一户，但我已经真切地感受到，几十年过去了，这些在战争年代曾用自己的双肩承担过革命的老区人民，依然没有摆脱饥寒之苦。

雨仍在淅淅沥沥地下着，忽然，我觉得那滴滴答答的雨声，像是在代表这块贫瘠的土地向人们愁苦地诉说着……

从山上下来，经过山脚的马仙娘娘庙旁时，宣传委员对我说："进去看看吧，里面的香火旺着哩！"

果不其然，庙里人头攒动，青烟缭绕。

传说，马仙娘娘原为一民间良医，那一年春天，这一带突发瘟疫，贫苦百姓死者无数，尸横遍野。马仙娘娘闻讯后，匆匆赶来，为民治病，解民痛苦。她见当地缺医少药，毅然留了下来，繁衍子孙。后来，当地人建此马仙娘娘庙，以此纪念，永保平安。

我仰视着被装扮得富丽堂皇的马仙娘娘塑像，禁不住有些"妒忌"，一个构想出来的偶像，竟拥有如此之多的虔诚的朝拜者。

我们的那些革命先烈呢？我们的那些老区人民呢？论贡献，绝不亚于马仙娘娘，然而，人们是不是已经将他们遗忘了？

穷之思

一路上，我都在思考，同一个县，同一个县委领导，同样的政策，为什么这些群众就摆脱不了贫困的折磨？

有人作过分析，苍南的贫困乡多为山区，而山区穷主要穷在交通不便，人家要来同你做生意，一听说你那个地方连公路都没有，就吓跑了。挺南乡不通公路，每天近百担的柴草、竹木、粮食及其他农副产品全靠农民用双肩挑出来；上级分配给一桶柴油需要六个壮劳力抬回去。昌禅乡的枫脚、高坪山，离矾山镇10多公里，而且山路崎岖，坡度高陡，行走艰难。农民挑一担柴草去市场卖，割一天，卖一天，一担柴草最多值4元，减去街上吃一顿中饭要花几角，日工值不到2元，如果有公路，卖柴草可以用车拉，工值会大大提高。

有人说："山区群众穷就穷在没有副业，光靠种田还能发财?"

在三百丘村，我专门为此调查过一位社员。

李若意，曾在海军部队当过兵，回家后没有门路，只好老老实实在家种田。1987年，他种了三亩地，共收大米1500斤、地瓜丝1000余斤，约值人民币750元。成本：种子50元；化肥200元；农药24元；牛租50元；农业税30元；农具修理费30元，共计384元。就是说，李若意辛辛苦苦忙了一年，收入还不到400元。

我算完后，问他："这么点收入，种田还有什么劲头儿?"

他反问我："农民不种田，还能干什么?"

我说："经商嘛，你可以去做生意呀!"

李若意苦笑了一下，说："做生意得有本钱，再说，我也没做生意的脑瓜。"

这位本分的庄稼人，脑子里除了种田，没有任何一点其他想法。

还有人说，山区教育落后，缺乏人才。如挺南乡40%适龄儿童，由于家庭生活困难无法上学。赤溪区中学没有专科教师，英语、物理、化学、生物四门功课，曾有两门无法开课。新中国成立30年来，挺南乡没出过一个大学生，1987年，全乡只有两名学生上初中，有的学生上了初中、高中，见家乡那么困苦，能离开的都远走高飞了。

要说富，谁不想富？有大米饭吃，谁还会吃地瓜丝。那年，龙沙乡下宅村农民，想想种田收入太少了，便费了九牛二虎之力，种植了几十亩果树。但由于栽培技术差，成活率低，再加上缺乏管理经验，没钱买化肥，几十亩果树至今没结多少果。一户社员听说种蘑菇收益高、能赚钱，于是借了300元，从外地买来菌种，学着人家的样子种起了蘑菇，谁知这里山高天冷，他又不懂得怎么保温，结果白赔300元不说，连蘑菇的样儿都没见到。他沮丧地说："唉，看来我们山头人是穷定了。"

郝建秀同志在谈到加快老区治穷致富步伐问题时说："打麻雀还要买弹弓呢！没有一点本钱，发展生产也是一句空话。"有些贫困农民反映："过去是贫雇农说话响，现在是有钱的专业户说话响；过去是扶贫，现在是扶富。我们贷点款，人家还怕我们不还。"

应该说，几年来，县委对于扶贫工作还是重视的，1985—1987年，县政府从地方财政中下拨给十个贫困乡的周转资金共计106万元，为了使扶贫款达到更高效益，他们采取了新方法：一是改单纯救济为开发性生产扶持；二是改分散使用为重点用于发展因地制宜商品生产；三是改无偿使用为有偿使用。这"三改"，说明县委已经注意到，对贫困乡光"输血"不行，还得帮助他们建立"造血"功能。

分析贫困的原因，在我看到的材料中，都谈到了交通不便、教育落后、人才缺乏、资金不足，而对于如何更新贫困山区群众的观念，改变他们长期以来所习惯的养牛耕田、养猪过年、养鸡换油盐、砍柴换酒钱的自给自足的生产方式几乎没有提及。

我以为后者比前者更为重要。

我想写写后者。

42名凤阳后生仔上杭州

纯粹是一种巧合，安徽省有一个曾经因为贫困而名闻全国的凤阳县，苍南县也有一个穷得出名的凤阳乡。

凤阳乡是个少数民族乡，28个自然村分布在几十个大小山头上，全走遍要三天，离乡政府所在地最近的有15公里。全乡1078户、5188人，其中畲族占一半。

畲族自称“山哈”（“山客”之意）。传说，远古时代畲族人的祖先盘瓠曾帮助皇帝平息了外患。他谢绝了皇帝恩赐的金银财宝，偏偏挑选了勤劳人需要的大山。于是，他的后代便世世代代在大山中过着“无忧无虑”的生活。传说明显带着诗化和理想化的色彩。其实畲族人世居深山，是阶级、民族压迫的结果。在漫长、黑暗的社会里，为了逃避统治阶级的剥削压迫，畲族人只能远离城镇，躲进深山穷谷，以求生存。

有人把凤阳的贫困归结为“六多二缺一无”。“六多”即单身汉多、住草房多、欠债多、卖儿卖女多、订小亲多、病灾天灾多；“二缺”即缺粮、缺资金；“一无”即无文化。

1986年7月，由浙江省建筑总公司物资处副处长谷孝德带队的省委工作组到了凤阳，他们是来帮助乡党委整党的。

谷孝德跑过的地方不算少，然而，他万万没有想到在浙江省内，竟还有如此贫困的地方。走进社员低矮的草房，摸一摸床上的旧被子，被子里的棉絮像铁般硬。揭开锅盖，不是满锅的地瓜丝，就是清水煮白菜。有的人家猪、羊与人还共居一屋。谷孝德的眉心拧紧了，都说共产党是劳苦大众的大救星，但1986年凤阳乡人均收入仅146元，连温饱问题都没解决，他的脸在发烧，心在颤抖。

谷孝德思考着，该怎样为贫困群众尽自己的绵薄之力？

经过多方联系，谷孝德终于为乡里联系到20名青年到省第一建筑公司当合同工的名额，他认为此举有两大意义：一是派些人出去，可以马上赚回一些钱，以解燃眉之急；二是派出的都是年轻人，到大城市开了眼界，学了本事，将来回来可以带动一大批人致富。

再闭塞，“上有天堂，下有苏杭”这句话，村里人还是知道的。听说可以到杭州当工人，每月基本工资60元，补贴和奖金另算，后生仔们一个个全“疯”了。那几天，乡政府里像唱大戏似的，人来人往，乡长、书记走到哪儿，人们便跟到哪儿，20个名额，“僧多粥少”，条件定得比当兵还严。丁堡村的李圣营，眼睛近视，按规定不行，他急红了眼儿，后来硬是靠开后门弄了个名额。

金秋十月，天高气爽。25名凤阳后生仔来到了杭州市（有5名是硬挤上来的）。省一建派人将他们带到工地上，建筑工人不可能住洋房，工棚是竹子搭的，凑合还能凑合。工作服等劳保用品也全部为他们准备好了。工资还没发，可以先借些饭、菜票。干的主要是小工的活儿，扎钢筋、卸车、用小推车拉石灰。

谁也没有料到，3天以后，便有人悄悄跑了；半个月后，去的25个人全部逃了回来。问他们原因，有的说天气热，活儿累；有的说连房子都没得住，得住工棚；还有的说杭州人讲话像唱越剧一样，听不懂。总之一句话：不习惯！

谷孝德气得说不出话来，脖子上的青筋一根根全鼓了起来。书记、乡长更是火冒三丈，恨不得拿枪把这些“逃兵”给毙了。

而那些没去成的后生仔借机吵着：“他们回来，我们去，再苦再累也没关系！”

好些人又找到了谷孝德。

看凤阳群众实在是太困难了，谷孝德硬着头皮答应再联系联系，不过再不敢联系一建了，好在杭州还有其他几个建筑公司，好在省一建没把这件事传出去。

11月，凤阳乡又组织了（应该说是又挑选）17名后生仔，这回去的是省四建，乡里为了稳妥起见，派专人把他们送到杭州。

不到一个月，有14名后生仔又中途跑了回来。

谷孝德差点没气晕过去。

乡里还能说什么？他们只觉得实在对不起这位来自省城的热心人。

在凤阳采访时，我很想见见那些从杭州跑回来的后生仔。乡里找来了李圣营和肖怀中。

李圣营就是眼睛近视、体检没通过，后来好说歹说硬挤去的那一位。小伙子长得挺机灵的，还是个初中生。

我问他为什么待不下去，他抓了抓后脑勺，有些不好意思地说："当时去的时候听说是当工人学手艺的，没想到干的是粗活儿，搞搬运。住得也很坏，十几个人一个房间，还是竹子搭的。一天干活儿8个小时，硬碰硬，要求还特别严，小推车拉石灰溢出来还要罚款。在武林门干活，走在街上闯了红灯也要罚款……还有，吃饭得走两里路，杭州人说话又听不懂，山头人苦虽苦，但自由惯了。一个人带头跑，其他人也跟着跑了。"

肖怀中说："在杭州干活儿得乘公共汽车，还得转好几次车，我们穿的工作服脏兮兮的，上车后，那些杭州姑娘一见便躲得远远的，有的还直瞪眼。挣点钱，受这么大气谁受得了？"

乡领导不知谁在旁边插了一句："'龙窝不如狗穴'，这些人只有吃地瓜丝的命！"

我问回来的现在都在家干什么，他们说没什么可干的，整天在家里闲着。

"对了，第二批去的不是还有3个没回来吗，那留下来的3个现在干得怎么样？"

肖怀中告诉我："留下的不坏，听说现在每个月能挣一百七八十元。以后搞不好还能出国（当劳务工人）。"

"你们不后悔？"

李圣营淡淡一笑："后悔是后悔，不过，后悔有什么用。"

我默然了。

千百年来，畲族兄弟因避开统治者的压迫而选择了群山，而群山却日益变成生存与发展的障碍，成为滋生贫困与落后的泥塘。

凤阳呵，你意识到了吗？

几天后，在县妇联采访，妇联主任黄美雪也谈到了类似情况。

为帮助解决贫困山区姑娘们的生活困难，1986年3月，县妇联出面联系，从马站区城门乡挑选了20多位姑娘，送到宜山森力人针织内衣厂当工人。又从桥墩区挑了20位送到江山商标印刷厂。然而，没过多长时间，送去的基本都跑了回去。论原因，同那些凤阳后生仔说的大同小异。

“三班倒，谁受得了？下半夜还得起来干活儿，困得连眼皮都睁不开。”

“搞什么计件计酬？完不成定额还得扣钱，弄得人整天紧张得要死！”

“那个森力人针织内衣厂，名字挺好听，去了才知道是三兄弟个人办的，给他们干活儿，跟解放前为资本家干活儿有什么差别？”

……

我突然想起了报纸上曾经刊登过的我国西部移民工程的情况：为了彻底解决甘肃中部定西地区和宁夏西南部西海固地区的老百姓的贫困问题，国务院决定拨款20亿元，从1983年开始，用10年时间，将这两地区的70万人，迁往较富裕的河西走廊和黄河河谷灌区落户，然而，由于受传统旧观念的影响，他们甘愿在当地穷得吃不上饭，也不愿迁走，以至于这项工程进展缓慢……

我在思索着：扶贫扶贫，这个“贫”字难道仅仅指物质方面的贫困吗？它不应该包含人们观念的贫困吗？

富裕引向贫困区的一次试验

让贫困走向富裕这么困难，如果把富裕引向贫困会怎么样？县委副书记尤祖平在心里这样问自己。为了加快山区脱贫，他兼任着赤溪区的党委书记。这位从部队回来的转业军人，对山区人民有着很深的情感。

尤祖平找到了正在开展“一手致富、一手扶贫”活动的县妇联，县妇联为他推荐了湖前镇西桥村妇代会主任潘志巧。

潘志巧原是一名民办教师，1978年因公负伤，后提前退职休养。为了治病，她先后到温州、上海等地求医寻药，结果背上了5000多元的债务，家庭生活几乎到了穷困潦倒的地步。党的十一届三中全会以后，广大农民纷纷步入商品生产的行列，湖前镇成为远近闻名的塑料编织袋产销基地。那时候，村里好些人在外面跑供销，并很快走上了致富的道路。潘志巧的爱人在县水利局工作，收入不高，想要尽早还清欠下的债，还得靠自己。从没出过远门的潘志巧犹豫再三，思虑万千。1983年2月，她向人家借了300元，从上海登上西去的列车。怕在外头人生地不熟遭人欺侮，怕一个女人家单枪匹马出去跑业务村里人说自己不正经，潘志巧走时还带上了16岁的儿子。刚到武汉，乘公共汽车时，儿子突然走失，当时他身上没带一分钱，急得潘志巧直哭。幸好，那地方离他们住的地方不远，儿子自己走了回来。每天在外面跑，找了几十家化肥厂，均未挂上业务。这时候，潘志巧深深感到跑业务对于女人来说，比男同志要难多了。口袋里装着一包好烟，进了工厂供销科，却掏也不是不掏也不是，不掏吧，怕人家说你跑业务小气得连根烟都敬不起；掏吧，又怕人家觉得一个女人抽烟不正经。常常是手心都捏出了汗，烟还是没勇气拿出来。至于请人家上饭店吃饭，那更是连想都不敢想的。武汉没联系上业务，潘志巧不死心，又往县里跑。最后，终于在湖北省钟祥县找到了磷肥厂，通过几次洽谈，与该厂签订了一批编织袋合同，发货后赚了2000多元推销费。此后，她靠信用、质量，陆续与河南、河北、江苏、安徽等地十几家工厂挂钩建点，5年共销售编织袋近千万个，完成产值600万元，成为苍南县女能人之一。

作为一位女人，当听说贫困山区的妇女穷得来例假连卫生巾都买不起，做结扎手术连条换洗的裤衩都没有时，潘志巧震惊了。她本想多捐献一些钱物给她们，尤祖平告诉她，送钱物不如教她们编织技术，教她们致富方法来得更长远。

那年秋天，潘志巧带着全镇妇女捐资购买的900多斤编丝，带着自己高薪聘请来的一位师傅，来到了凤阳乡。

织编织袋先要做编织机。书记、乡长动员了多少次，底下却迟迟动不起来，不是这家喊没有木料，就是那家叫缺乏零件，其实，是他们的心里有着本能的疑虑："靠编编袋子就能挣钱?""我们笨手笨脚的，能学得会吗?"……

那段时间，潘志巧今天到这个山头动员，明天去那个山头说服，嘴唇起了泡，鞋底都磨破了。

尤祖平来了，他本来是想看看妇女们学了这么长时间学得怎么样了，没料到拖了快一个月，连机子都没做几台。尤祖平火暴脾气上来了，当着乡长、书记的面，把办公桌擂得山响。

最后，不得不由乡里先拿钱买了十几台机子。

潘志巧原打算有了机子，就把妇女们组织起来统一培训，待掌握了一定技术后再分户加工，这样既能缩短培训时间，又可减少编丝消耗。但那些妇女见有了机子，就来了兴趣，你一捆我一把把编丝统统拿回家里自己搞。山区居住分散，加上少数民族语言难懂，潘志巧请去的那位师傅用了一个半月时间，费了九牛二虎之力也没把妇女们教会。顶堡村社员肖怀殿，家庭困难，乡里专门把机子送到他家里。他见老婆学了好几天也没学会，气得把机子都掀翻了，说："只有七分命，别享一斤福。山头妇女只配砍柴、拔猪草。"

好多人泄气了，可潘志巧没灰心。她又动员自己的姐姐上山教，这位年近60岁的老人，在山上一住就住了三个月。

快到春节时，凤阳妇女第一次高高兴兴把自己编织的价值千元以上的袋子送到了湖前镇。潘志巧开包一看，惊呆了：这些袋子有的四边长"胡子"，有的两层连在一起打不开，有的到处开小口……这种质量的袋子，厂方是无论如何不会要的，按规定潘志巧可以不收。不过，她咬咬牙，还是收下了（这些袋子以后只能当包袋皮用），而且算加工费时，反而每条比别人高2分。她知道山区妇女生活的艰难，她不愿意挫伤她们刚刚萌发的积极性……

如今，凤阳乡编织机已经发展到近300台，1987年光编织袋加工费收入全乡达8.5万元。

如今，贫困山区的妇女都知道湖前有位潘志巧……

下魁山在诉说……

站在马站区魁里乡的下魁山上，柔和的春风轻轻地吹拂着，吹得满山的柚子树、杨梅树、柿子树的叶子发出悦耳的沙沙声响。我倾听着、倾听着，倾听下魁山诉说那已经过去的一段历史……

魁里以盛产一种名贵的水果——四季柚而闻名。相传260多年前，下魁周之德在四川任中军副府期间，因父病，告假回乡探望，随带四川文旦数只，供父亲品尝。老人很觉合口味，加上汤药调理，热退咳止，病况逐渐好转。家属大喜，视为妙药。后周之德任满返里，有意带回文旦树苗两株，植于庭前。等到长大，果实比四川原产还大。乡人喜其品种好，纷纷求取枝条嫁接，渐渐繁衍扩大。因四川文旦引种到马站后，一年开花四次，乡人改称它为四季柚。四季柚果大、皮薄、汁多、味甜美，1985年，在北京全国水果评选会上，名列全国柚类第二位，荣获中央林牧渔业部优质水果奖。

魁里人民世世代代靠水果业为生，家家户户种果树。至新中国成立初期，多的户有果树五六十株，少的也有几株。合作化时，全部果树划为集体，为扩大山园面积，砍了一些。

“大跃进”时期，果林遭受第一次劫难。大炼钢铁、大办食堂、大办集体养猪场，其他树烧光了，便砍果树烧。上头领导认为，老百姓能吃饱饭就不错了，还吃什么水果！

据中魁村支部书记林魁姜回忆，当时老百姓想不通，觉得把果树砍了，等于刨了祖宗留下的根业。公社便组织了个30人的林业队（实际上应该叫砍树破坏队），专门负责上山砍果树，那两年，下魁山的果树被砍掉80%。

树砍了，山变得光秃秃。上头号召开荒种地瓜，由于缺肥，地瓜长得像土豆似的；上头又要求种剑麻，剑麻倒是长了，可销不出去；后来不知哪张报上登说养蚕可以赚钱，又把剑麻刨了种桑树，蚕没养成，连成本都没收回，便又改种黄花菜……

年年折腾，一年比一年穷。

老人们感叹："这是报应啊！"

是的，这是报应，这是大自然对人类的愚昧和无知的报应。

十一届三中全会以后，上面又号召种果树，但社员的积极性不高，他们不是不知道种果树能赚钱，而是害怕政策又会变。

1982年，中央规定山林归个人后30—50年不变，老百姓吃了"定心丸"，不用谁号召，他们自己抢着种。

林魁姜笑着说，如今光他们村就有四季柚6500株、杨梅5000株、荔枝4000株、柑橘500株、柿子500株（包括还不能结果的）。1987年，水果收入平均每户300元，5年后，估计可增加到2000元。

魁里乡的群众好像黑夜里在大森林中迷迷糊糊走了好长一段路，天亮了，他们才发现自己竟然绕了个大大的圆圈，又回到了原来的出发点上——只是当年的青年，至今已近暮年；当年的孩子，至今已是壮年。这段路程实在走得冤枉！

好在中国的老百姓老实、厚道，他们在被领错路后，不记仇，无怨言。他们唯一的希望就是以后别再瞎折腾。

和下魁山紧挨着的是半山，半山上有个26户人家的半山自然村。

那些年，生产队长林逢现最发怵的是到公社开会，每次开会他都像小媳妇似的低着头，躲在没人注意的角落里。他怕公社领导发现他后又要说："全国都解放了，就你们半山没解放。"

"半山没解放"是指新中国成立后，其他地方的果树全部划为集体了，就半山的果树一直归社员个人自己管。区委、公社工作组做了多次工作，可社员就是不交。有两回实在顶不住，当着工作组的面把果树交了，可是到了采摘季节，依然是各家摘各家的。

所以，"大跃进"那年砍果树砍得那么厉害，半山的果树一株没砍；"文化大革命"时闹得那么凶，半山的果树一株没少。

半山是幸运的，"山高皇帝远"，由于它的偏僻，连"左"的魔爪也奈何不了它。

我在半山采访时，一位非常老实的老农民突然冒出了这么一句："不管怎样，有东西总比没有东西要好，有衣服穿总比没衣服穿要好，有饭吃总比没饭吃要好，是吧？"

我被他通俗和精辟的总结所震撼！

"金钥匙"

凌晨4点，正是人们遨游梦乡佳境的好时候，岱岭却是另一番情景，这里灯火点点，人声此起彼伏，男女老少差不多都在这一段时间里涌向自己的劳作场所——蘑菇寮，精心采摘那白莹莹、金灿灿的朵朵银蕾……

这是我的一位已经转业到县里工作的战友，一篇发表于《温州日报》、讴歌他的家乡岱岭乡散文中的一段。

我决定到畲族民族乡——岱岭走一趟，一方面是由于它是县里有名的蘑菇生产基地，另一方面却是因为它过去也是穷得叮当响的贫困乡。

地处鹤顶山麓、笔架峰底的岱岭，也是个革命老区，早在20世纪30年代这里就成立了贫农区，畲汉两族人民为翻身解放求富裕，已经奋斗了整整半个世纪。

岱岭虽是山区，但属典型的亚热带气候，雨量充足，山土疏松，适宜于各种作物的生长，有利于多种经营的发展。然而，在那个“左”的年代里，适合于发展却不叫你发展，把人的手脚捆得死死的。东宫村人口600多，只有水田185亩，种完了田想搞点家庭副业，不准，连房前屋后的一点甘蔗、芋头都被当成“资本主义尾巴”给割了。青年人没事干，只好拿赌博作为业余生活，1978年，该乡人均收入仅只有51元，相当多的农户吃地瓜丝都维持不了全年。

政策放宽了，可以放手干一干了，岱岭人睁大了两眼寻觅。像金乡那样搞标牌、搞虹膜，像宜山那样搞腈纶加工？不行，资金不足，技术水平低加上信息又不通。弯路没少走，苦头没少吃，几经周折，他们终于在1981年找到了蘑菇这棵“摇钱树”。

遗憾的是我来的时候已过了采菇时节，未能亲睹我的战友在散文中所描述的那个美好场景。不过，从社员房前屋后空地上那一间间方型蘑菇寮，从农民兄弟的一张张笑脸上，我感觉到了这里的变化。

乡长雷志芬告诉我，去年岱岭全乡种植蘑菇近7万平方米。全乡1000多户，种植蘑菇的就有700多户，总产值超过百万元。在收菇的高峰期，全乡每天投售5万—10万公斤，多的农户一天售菇四五百公斤。一篮篮、一筐筐鲜蘑菇装上汽车和拖拉机，运往罐头厂加工，然后再销往国内各大城市，甚至销往美国和欧洲等发达国家。

岱岭人在改革的大潮中觉醒了，这种觉醒使他们找到了致富的“金钥匙”。

第五章　共产党员们

有人在参观温州后留下了这样一句话："这里像是个独立的小城，什么稀奇古怪的东西都有。"

有人从南方出差回来，曾半开玩笑半认真地对我说："在你们家乡，恐怕找不到像党章中规定的那样的共产党员了。"

于是，在采访期间，我特意留心了一下苍南的共产党员们。

龚振广的选择

去年冬天，首都的一家报纸在一篇反映温州改革的通讯中写道："……当然，那时，一心一意坚持那种抽象的'社会主义原则'的也不乏其人，苍南县新西河村的龚振龙（应是龚振广）就是其中一位。这位老实厚道的村干部，在他管辖的地方，竭尽全力排除了一切'资本主义干扰'，也排除了任何脱贫致富的可能。村里穷气逼人，老龚却感到问心无愧，因为他绝没偏离过'社会主义轨道'。然而美中不足的是，老龚的妻子却没有他那么高的'社会主义觉悟'，老龚当了20多年干部，他的妻子竟拉着孩子讨了20多年的饭。显然，这对老龚的'社会主义'是一个极大的讽刺。而那时有的人认为，这恰恰衬托出老龚'社会主义立场'的坚定……"

这个老龚，就此在我脑海里留下了深刻的印象。

这次采访正好要到新西河村，我便首先提出要见见龚振广。

苍南县腈纶纺织品市场离新西河村不远，实际上这里已经成了全国最大的腈纶纺织品市场。

乡里领导派人好不容易才找到龚振广，他已经退休了，正受聘在市场里当管理人员，忙着呢。

矮小的个子，消瘦的身材，黑黝黝的脸上布满了一道道刀刻似的皱纹，如果不说，你绝对不会相信他才54岁。

我笑着说："老龚，你名气大着呢，北京的报纸还介绍过你。"

听我这么一说，乡里的领导觉得挺纳闷，老龚自己更是丈二和尚摸不着头脑："北京的报纸，写我？……没有的，没有的。"

"真的，报纸说你坚持要走'社会主义道路'，老婆出去要饭，你不去。"

老龚琢磨了半天，有些想起来了，点了点头，说："想起来了，去年是来过两位记者，找我谈，他们还真给写了？"

老龚是典型的农村基层干部，土改时当民兵连长，1953年当村主任，第二年入了党，在村里是入党最早的人了。1955年村里成立党支部，他任支部书记，除了"文化大革命"靠边站那几年，他这个支部书记一直当到1984年退休。

没有读过书，字也不认得几个，不过，由于长期受党的培养、教育，老龚脑子里有两根弦绷得紧紧的：一是坚持走集体化道路；二是时时警惕"资本主义复辟"。比如说吧，搞农业就只能种粮食，种瓜种菜便是“资本主义”；搞多种经营养猪还凑合，养牛养羊就不行，而且养猪也有限制，你养三两头可以让你姓“社”，多了就姓“资”了……这些规定，老龚都能接受，都觉得有理。

新西河村有着悠久的土纺土织历史，从老龚还是个孩子的时候，不，可能比这还要早，这里家家户户就都纺纱织布。只是后来不知怎么搞的，土纺车成了极为可怕的东西——“复辟资本主义”的工具。

那些年，老龚这位党的支部书记的主要任务是，每天瞪大双眼，竖起耳朵，严密注视着“资本主义复辟”的新动向。闻到哪家纺车响，或派兵遣将，或亲自出马，将其收缴、砸烂。

全村老百姓，死守在有限的一点土地里，种田又没有积极性，地里的草长得比庄稼还多，一个整劳力累死累活干一天工分只有几毛钱。人们活不下去了，只好外出要饭。不到200户人家的新西河村，长期外出要饭的竟达30多户。越穷，老龚越觉得走集体化道路的重要性；越穷，越觉得割“资本主义尾巴”的必要性。

那天中午，老龚从公社开完会回到家里，一进门，便感到气氛有些不对头。老婆正在收拾东西，像是要出远门的样子。

“哦，你要到哪去？”老龚问。

他老婆眼眶里含着泪，没好气地说：“去哪儿？讨饭去！”

老龚大吃一惊：“什么，去讨饭？”

他老婆泪水直流：“家里已经断粮好几天了，不去讨饭，等着饿死？”

劝了半天也没劝住，老龚只好说：“你去吧……不过，我不能去。”

他老婆说：“你为什么不能去？人家好些男的都去了。”

老龚长长叹了口气：“我是党员……党员哪能去讨饭……”

于是，老龚的老婆出去讨饭，老龚自己在家里干“社会主义”。

……

这时，不知谁插了一句：“老龚，当时你为什么觉得不能去讨饭？”

“这不明摆的，”老龚说，“党员出去讨饭，这不往共产党的脸上抹黑吗？”

其实，老龚的“社会主义道路”并没坚持走到头。在改革的感召下，他来了个一百八十度的大转弯，自己也搞起了商品经济，而且还搞得挺起劲。家里增添了铁轮机、模机、纺纱机、织布机、开花机，1987年家庭副业收入1万多元，“万元户”早当上了。

我同老龚开起了玩笑：“老龚，按你过去的观点，你们家现在这么干，恐怕早叫‘资本主义复辟’了？”

老龚没有辩解，只憨厚地笑了。

李孔宗的精神

北京吉普车在羊肠似的简易公路上盘旋了一个多小时，才把我送到了这里。五凤乡八亩后村，这个拗口的名字，我默默在心里重复了六七遍，总算勉强把它记住了。

但是，当我站在村办茶场前，望着眼前满山遍野绿油油的茶树和那一片连一片的杉树时，我的心激动起来了——因为跑了好些地方，迎接我的几乎都是光山秃岭。

怪不得县里领导一再交代我要到这里来看看，一定要写写李孔宗；怪不得有人称李孔宗是群众的带头人，山区的一面旗帜。

位于浙闽交界五岱山巅的八亩后村，属深山区。这里穷是穷出名了，土改时评成分，评来评去，怎么也评不出一户地主或一户富农。

俗话说“靠山吃山，靠海吃海”，可这里的山像和尚的脑袋，要树没树，要茶没茶，连烧的草都不好找。地表都是山地，收成要看老天爷的脸。

18岁就当生产队长的李孔宗，农闲时便带着社员出去搞副业，那时候唯一的副业就是到福鼎白琳那边割草卖，累死累活一天割它一担草，从山上挑到山下卖它个块把钱。

去的次数多了，李孔宗在心里琢磨着：白琳那地方也是山区，就是因为发展了茶叶，老百姓的生活比我们强多了，我们也有山，我们为什么不能种？

1970年，城里的“文化大革命”闹腾得最厉害时，李孔宗带着张家其、王永坚等5位社员，住到马王庙里，他们决定开荒种茶。

时值严冬。凛冽的西北风刮得小庙呼呼地叫。白天开了一天荒，可夜里躺在铺得薄薄的稻草上，冻得难以入睡。他们只好依偎在一起，一筒接一筒吸着水烟，默默等到天亮。他们也谈将来，不过绝没有什么宏图大业，只企望多种些茶，多种些树，将来的日子能稍微过得好一些。

一切都是默默无闻；

一切都不带任何英雄色彩。

从5个人发展到15人，最后又发展到全村。

18年过去了，八亩后村现有茶园678亩，杉林1000亩，1987年全村总收入近70万元，其中茶叶收入34万元。预测5年后，这里的茶叶产量可达4000担，产值125万元。至于那1000亩杉林里的10万棵杉树，在木材越来越贵的将来，更是一个“绿色的小银行”。

我的手头有这样一份资料：地球表面最初曾有过76亿公顷的森林，覆盖率为60%。然而现在地球每年消失的森林竟高达1500万公顷。中国的森林面积为17.29亿亩，覆盖率仅为12%，我们的森林与日益贫乏的世界森林相比，更显贫乏，而减少的速度又格外惊人！

在这种对比中，更让人感到八亩后村所包含着的意义。

“我们喊了多少年的植树造林，树就是种不起来，可你们这里为什么树能越种越多?”我问村里的会计。

会计挺朴实地说：“农村有个特点叫人看人。一个村里有人会赌博，大家便跟着赌博；有人会养兔子，大家便跟着养兔子。我们村的书记爱种树，社员便跟着种树。”

“还有，是不是因为你们这里的社员特别老实，好说话?”

“这么讲也不是，社员看领导，关键看领导怎么引导。1980年，农村开始搞承包责任制，好些地方把集体财产都分了。当时我们村有12万元集体积累，有些社员觉得别人都分了，我们也可以分。李孔宗让党支部和村委会讨论，讨论了好几次，最后，大家都说：这些钱是全村社员几十年辛辛苦苦积累起来的血汗钱，分掉容易，再积累就难了。经过这几年的扩大再生产，我们村的集体积累已经从1980年的12万元增加到现在的34万元。”

几十年来，李孔宗把自己的一切都献给了八亩后村的一座座大山，山上的一棵棵树、一株株茶。他虽当干部却从不多吃多占。家里盖房子，钱不够，他宁可借3000元高利贷，也不从集体拿一分钱。

李孔宗是很有眼光的。从1980年开始，他们从集体积累中拿出1.6万元建了4个教室，办了一所完全小学，并每年发放办学经费，全村儿童上学分文不取。村里每年还拿出2000元，负担4位民办教师的工资补贴。从1984年开始，设立了奖教金和奖学金，鼓励优秀的教师和学生，学生的成绩在全区各乡小学中名列前茅。他们懂得，育林重要，育人更重要，八亩后村的希望寄托在这些孩子的身上。

李孔宗带着我穿游在一望无边的林海间，夕阳被树冠遮住了，潮湿而又清新的空气令人心旷神怡，鸟儿在树杈上跳来蹦去，叽叽喳喳地唱着欢快的歌儿。

望着李孔宗那瘦瘦黑黑但又异常坚实的背影，忽然，我觉得他就是一座山。他难道不是一座山吗？

项祖委的胸怀

当个体经济似潮水般涌来，并展示着它们蓬勃的生命力时；当不少国营、集体企业由于管理不善，败阵在家庭工业的竞争中时，钱库区项东村办的苍南县日用制品厂，年产值却达441万元，纳税46万元。

光凭这点，便令人刮目相待。

土改的时候，14岁的项祖委是村里的儿童队长，他拿着一杆红缨枪，整天像影子似的跟着土改队长。土改队长是杭州人，戴着眼镜，满肚子都是学问。他告诉项祖委："到了社会主义就好了，那时候，楼上楼下，电灯电话，整天吃香喷喷的大米饭就大肥肉……"

项祖委当上了治保主任、民兵队长、支部书记，他盼来了社会主义，但社会主义没有带来大米饭和大肥肉。

项东村不到150户人家，困难户占了三分之二，其中还有十几户常年在外面讨饭。生产搞不上去，人均收入仅40多元。

共产党员干什么？项祖委常常在心里问自己，共产党员不就是为人民服务吗？你服务了这么些年，人民群众还是过着如此清苦的日子，那还要你服务什么？项东村的现状，使他心如刀绞。

1972年春节后，项祖委找到了村里的能人项延龙（由于家庭出身不好，项延龙连会计都不能当），商量办一个厂子。

项延龙用忧郁的目光望着他，说："办厂可以，就怕上头说咱们不走正路。”

项祖委说：“只要厂能办起来，其他你不用担心，一切有我顶着。”

村里连一分钱都没有。3名党员加3名大队干部，又找了24名社员，每人集资30元凑够900元，办起了村里有史以来的第一个企业——日用制品厂。

他们做瓶盖、塑料筹码、标牌。一年后，盈利了。

区里、乡里老有人指责他们路走歪了。

项祖委老向上面解释：“你们放心好了，我们没有其他目的，就是想让社员生活过得好一点，能吃饱饭。”

创业是艰苦的。厂里资金不够，项祖委动员妻子把家里养的猪卖了。为推销厂里的产品，他经常在外面跑，可会计却发现他很少去报销旅差费。

不过，看到工厂一天天在发展，看到社员不用每日再为三顿饭发愁，项祖委的脸上露出了宽慰的笑容。

灵活、开放的政策，给农村带来了生机。项东村周围不少有本事的党员干部，有的带头承包集体企业，有的当专业户、有的自办家庭工厂……他们很快富了，成了万元户。

都知道项祖委的能量，有人早“瞄”上他了。龙港麻纺厂以高工资请他出山，被他谢绝了；工艺印刷厂要他搭股当股东，他也没答应。他说自己的事业在项东，他说什么时候连村里的社员都比他这位支部书记富了，他才算完成自己的使命。

有人称项东村是“温州模式”里的“苏南模式”。“温州模式”主要以家庭、个体经济为基础，而项东村集体经济巩固，走的是一条共同致富的道路。

条条道路通罗马，路多几条有什么不好呢?

几年来，项东村从集体积累中拿出30万元，修筑了一条长200米、宽9米的新街；兴建了一座千个座位的农民影剧院；引来了自来水；还办了幼儿园、夜校……

1987年，项东村的人均收入达800元。如果按照当年那位土改队长“楼上楼下，电灯电话，整天吃香喷喷的大米饭就大肥肉”的“社会主义理论”，项东村已经进入社会主义了。

“不，我们还是社会主义的初级阶段”，刚学过党的十三大文件的项祖委说得很坚决，“农民的温饱问题解决了，不过，离小平同志讲的那种小康水平还差得很远。”

带头人脑子清醒比什么都重要。

看得出项祖委的干劲还挺足，项东村的好戏一定还在后头……

潘志光的胆略

看来，消息是传开了。

那几天，遇到他，老有人问:

“志光，你家真雇人了?”

“雇了。”

“雇了几个?”

“两个。”

“哪儿的?”

“沿江乡的。”

“工钱怎么开?”

“还不到月底，到时反正是多劳多得。”

区里、乡里的领导都知道了。有关心的，有担忧的，也有觉得他做得过分了的。

“志光，听说你家里找了雇工?”

“找了。”

“这事你怎么不谨慎些?”

“我是考虑了又考虑，我觉得我们党员不带头，恐怕好些人不敢雇。这对于我们湖前商品经济发展有好处。”

“你就不想想你劳动模范的身份，劳动模范都雇了工，那还叫什么劳动模范?”

“我不过是自己忙不过来，请了帮手，她们按劳取酬，多劳多得。”

……

当各界人士正喋喋不休地在争辩雇工到底应不应该允许存在时，湖前镇西桥村共产党员潘志光却率先带头在自己家雇了两位女帮工。

湖前镇是苍南县的老典型。只是，墙上的奖旗一年年多了，社员的生活却一年不如一年，1979年以后，农民们把眼光转向了商品经济。当他们得知“国家将减少进口化肥，大力发展国内化肥生产”的信息后，依靠原有的基础，搞起了塑料编织袋加工业务，并且很快使这里成为国内一个大市场。

西桥村740户人家，其中从事编织业的竟有近500户。

那时候，供销员订回了业务，主要靠家家户户自己织，由于人手有限，加上数量又大，常常是顾此失彼，严重影响了业务量的再扩大。好些人家萌生了雇工的想法，不过一提及雇工，便让人马上联想到剥削，联系到电影《半夜鸡叫》里的周扒皮。毕竟是社会主义了，国家还能允许它的存在？虽然江南一些区镇已经有人找了雇工，但那也是些“傻大胆”干的，谁能保准明天就不被取缔？于是，你看着我，我望着你，心想归心想，谁也不愿当出头鸟。

那天，村中几位专业户又在悄悄议论这件事。

潘志光说：“我们不能先试试看吗？再说，我们现在雇工同解放前地主、资本家雇工完全是两回事。我们是忙不过来，请他来帮忙，实际上是买劳力，他出了多少力，我们付给他合理的报酬，双方自愿，都有利益。”

有人接过了话茬：“志光，你讲得挺在理的，你不带个头吗？不是老讲党员要起模范带头作用吗？关键时候怎么就不带头了？你要是雇了，我们都雇！”

潘志光被“激”得半天说不出话来。

不愧是条硬汉子。3天后，潘志光从比较贫困的沿江乡雇来了两位姑娘，管吃、管住，还按件计酬，付给加工费。

村里的专业户见有了榜样，纷纷从邻乡（大多是贫困乡）找了帮工。

“当时你没觉得这么干有可能要犯错误吗？”我问他。

潘志光摆了摆手，说：“没想那么多。我这个人，只要自己觉得有理的事，就会不管三七二十一的去干。前些年，抓阶级斗争，我们党员都带了头；现在提倡发展商品经济，党员更应该带头。事实证明，当时找些帮工，对商品生产有好处；还有，我们找的帮工，多数是从贫困乡来的，这样也带动了贫困乡的发展。”

1984年，潘志光当选为西桥村支部书记。在他任书记的4年中，西桥村在致富的道路上迈进了四大步：1984年全村人均收入650元，1985年人均收入970元，1986年人均收入1100元，1987年人均收入达2050元。

西桥村党支部还发展了12名新党员。潘志光告诉我，这12名新党员几乎都是专业户。

“哦，这倒是挺有特点的。”我说。

潘志光说：“现在农村同过去不一样了，特别是在我们湖前，你发展党员还找那种‘老黄牛’，找那些一点商品经济脑袋都没的，以后怎么起先锋模范作用？有人跟我开玩笑：‘老潘，你们发展的党员，怎么都是能赚钱的？’我说：‘能赚钱有什么不好？只要他赚来的钱是合法的。’当然，我们也不会降低政治标准，像潘志巧，一个女同志，这几年搞了600多万元编织袋业务。她自己富了，没有忘记贫困山区的妇女，亲自到凤阳乡传授编织技术，教她们致富方法。陈忠生也是这样，帮助邻居两户困难户致富，使每户人家一年都能收入3000多元。”

“你自己怎么样，听说也是镇里的专业大户？”我又问。

“我？”潘志光笑了，“这几年赚个十来万恐怕也是有的。在我们这里，你要是太穷了，人家不会选你当干部。他们会说：‘你们党员同我们不一心，你们留一手，想等政策变了好整我们。’”

这是一种多么独特的逻辑。

我忍不住也笑了。

金钦治的理论

“你想了解什么是‘温州模式’？找他去，他会给你详细解释。”

“去年，《农民日报》在温州市搞了次理论研讨会，他有个发言，引起与会者浓烈兴趣，大伙儿称他是苍南的‘土理论家’。”

“别看他已经退休了，他的参政意识极强，什么事都管”。

我刚到县里，好些人向我这样介绍金老。

我在金乡采访了7天，他整整陪了我7天。待最后，我想正儿八经采访他时，却没时间了。

不过，这位老党员的一些独特的见地已经在我的脑中留下了深深的印象。

“温州模式”的成因

还在北京时，我便想过这样一个问题：“为什么‘温州模式’会产生于温州这块土地，而不是出现在其他地方？”到了金乡，我又向金老提出了这个问题。

金老没有马上回答我，沉思了片刻后才说：“有一次，县里通知我，说是省委领导要来金乡听汇报，让我准备一下，既要有系统性，又要有条理，还要简明扼要，不能啰唆。我想了好几个晚上，想出了三个字：‘逼’‘创’‘放’。”

“‘逼’‘创’‘放’？这三个字是什么意思？”我有些

不解。

“先说头一个‘逼’字。温州人多地少，人均只有四分五厘地。金乡连这点都达不到，人均二分八。人活着要吃饭，要就业，靠这么点土地肯定养活不了自己。而金乡人历来就有经商务工的传统，他们一到生活过不下去时，就想起做生意，你再‘一打三反’，你再怎么‘割资本主义尾巴’，金乡人的商品经济观念总是消除不了，金乡的家庭工业也清除不干净。”

“金乡几万名从业人员、几千名供销员，他们在商品生产的大海里闯荡，谁也没有本事指挥他们。你能指挥他们往哪儿发业务信、推销产品、选购原料？不行，根本办不到。金乡的群众说：‘这都是我们自己干出来的、创出来的。’于是，有了第二个字：‘创’。”

“那么，第三个字呢？”

“第三个字还是好理解的，”金老说，“金乡穷了这么些年，可十一届三中全会以后才几年，老百姓就富了，为什么富得这么快？还不是靠改革开放政策。这一‘放’，群众没有束缚了，可以痛痛快快去干了，于是，一下子富了起来。”

“逼”“创”“放”，形象而又准确地概括了金乡人（应该是温州人）几年所走过的道路。怪不得这“三字经”被作为“温州模式”的成因广为流传。

温州的“帽子”之争

1987年6月，《农民日报》在温州组织了一次理论研讨会，参加会议的有国内理论界一些著名的专家学者，温州的部分农民企业家、专业户和基层干部。

金钦治也参加了。

会上有一场关于温州姓“资”还是姓“社”的讨论。历经磨难的温州人，多少年来头上压着一顶资本主义的“黄帽子”，现在，难道不应该给他们一顶社会主义的“红帽子”，让他们名正言顺地发展商品经济吗？

一讲到“帽子”，酸甜苦辣，金钦治心头便会翻涌起一股难言的滋味。在基层当了几十年的干部，没有比他对金乡更为了解的了。有几年，到码头和路口去堵截外出讨饭的群众，成为他和区委其他领导的工作之一。连起码的温饱问题都解决不了，堵能堵得住吗？有一次，搞粮食征购，金钦治带队到林家洞村。那个常年靠吃贷款和返销粮的穷地方，老百姓一见来了工作队，吓得像“日本鬼子”进村似的把仅有的一点口粮东藏西塞。他们走到一户姓吴的社员家，吴社员正要把一箩筐谷子往里屋藏，一见金钦治他们，便整个身子趴在箩筐上，大嚷起来：“你们造孽呀，抢我口粮，你们是国民党！”金钦治呆立在那里，一时间竟一句话都说不出来……

“我来说几句，”金钦治再也抑制不住了，站了起来，“讨论温州的改革，讨论温州到底应该戴什么‘帽子’，我看还是要从实际出发。一看是不是有利于生产力发展，有利就大胆改革，就试验下去。二看是否有利于解决剩余劳动力问题，过去金乡镇待业青年和剩余劳力几千人，待业青年闹事要工作，抢过新上任的镇长的饭碗，让他吃不成饭。如今金乡镇有2900户人家办起了家庭工厂，不仅全镇人人有工作，还消化了外县外乡的许多剩余劳力。三看是否有利于增加群众的收入。现在农民家庭企业和联户企业雇工的收入一般都超过国营企业工人的收入，这有什么不好呢？四看是否有利于把农民家庭企业和联户企业都带动起来，让他们把剩余资金都投入再生产，在产品上上档次，争效益。如果对这几个方面都有利的话，就应该鼓励、支持，为它开绿灯。”说到这里，他有些激动了：“当然，谁要是以为扣上顶‘黄帽子’，就能使商品经济绝迹，那就大错了，因为商品经济自有一套兴衰存亡的法则。其实，戴不戴‘红帽子’也无所谓，这么些年不是也过来了吗？我们只希望，能摆脱各种‘左’的干扰，能让我们理直气壮地在发展商品经济的道路上前进！”

话音刚落，回报他的是一阵热烈的掌声。

关于童工问题

温州社会的童工问题越来越引人注目，而一提到童工，必定要点到金乡。

我请金老谈谈对这个问题的看法。

金老笑着说：“我们习惯于引经据典，我先引用一位知名人士对这个问题的看法。全国政协副主席、著名社会学家费孝通教授到温州考察时，曾来过金乡。有记者问他对童工怎么看，他说：‘不要把资本主义童工观念套过来。一家人在一起，小孩子帮帮手脚，像我在金乡镇看到的那样，小孩子帮大人用铁丝穿塑牌洞眼，同玩玩一样，不是什么体力劳动。做帮手，也有学技术的一面。但是，如果劳动条件很差，当然要改变。还有，义务教育要采取措施，保证落实。’”

“你呢，你自己对这个问题是怎么看的？”

金老说：“家庭工厂的发展出现了童工，有的同志为之大吃一惊，认为必须立即制止。这些同志出于关心青少年的身体健康和文化教育而提出中肯的意见，无疑是正确的。可是我不明白，在城镇发现童工就必须立即制止，而农村的童农为什么就允许其存在呢？农村的孩子五六岁就开始放牛割草，你也说不上他是不是童工。有些事不让孩子干，在家闲着还不是闲着？还有，就是我们的教育事业跟不上社会的发展，金乡的初中招生数只占小学毕业生数的60%，高中招生比例仅占20%。你既然保证不了人家上学，我看整天在家闲着还不如出来干些活儿。”

我插了一句：“你这个观点还挺大胆的。”

金老说：“上次，国家教委来人调查，我也谈了自己的观点，后来被批了一通，说我公开支持童工。其实，我不是提倡要搞童工，只是觉得这是个比较复杂的问题，我们应该根据不同的情况不同对待，而不能搞一刀切。”

关于经济发展的方向道路、关于雇工经营、关于合同转让、关于农民供销员、关于精神文明、关于农村的根本出路等诸多理论问题，金钦治都有他自己独特的见解，限于篇幅，无法一一阐述。

我想，如果我们每一位共产党员，都能像金钦治一样，用自己的头脑思考，敢于坚持自己的观点，那么我们这个党，一定会变得更加朝气蓬勃！

10位共产党员语录

袁芳烈（温州市委原书记、浙江省高级法院原院长）：

过去几十年的工作，我们已经有过惨痛的教训，政策和策略一定要符合人民的愿望。多一点正面引导，少一点一棍子打死，才能逐步把经济引向起飞。

有人问我在温州工作的这几年有什么经验，我开玩笑说：“少管或不要管就是经验”。当领导的自己对一些问题还没吃准，就去管人家，就这也不行那也不行，那肯定要坏事。金乡信用社刚搞浮动利率时，引起了上级部门的激烈争论，有的领导认为这是胡闹，多次指令停办。我带了市农业银行的行长去调查，觉得这种方法很好，对温州的经济发展大有好处。行长觉得不好办，说上面有精神要求取消。我笑着说：“我的行长同志，你不要去讲推广嘛，就说试点，试点总可以吧？到处搞试点，目的不也达到了吗？”

董朝才（温州市委书记）：

“温州模式”是理论界对温州农村商品经济发展新路子的一个概括的提法。它的内容是指以家庭经营为基础、以家庭工业和联户工业为支柱、以农民购销员为骨干、以专业市场为依托，与村乡集体经济密切结合的双层合作经济。

在广阔的中国农村发展商品经济可以有许多启动点，温州选择了一个比较切合当前农民自身状况的，也是最有效的启动点，即以一家一户或联户为单位办工业。这种家庭工业既不同于传统的家庭手工业，也不同于资本主义原始积累时期的工场手工业。它是根据国内外市场的直接要求，运用机械化半机械化生产手段，生产各种各样的小商品，并按照现代社会化生产的基本原则，进行广泛分工分业，绝大多数产品都要经过几十乃至几百个家庭工厂的协作，才能进入消费市场。这是一个特点。

温州家庭工业的另一个特点是既不同于我国各地的乡镇集体企业，也不同于资本主义的私人企业。这些家庭工厂和农民购销员，通过温州特有的“挂户经营”形式，与集体企业或全民企业联结在一起。就其内部关系来说，它是单家独户或是几家联营的独立核算单位；就其外部关系来说，又是合作经济组织统一结构中的一个层次，是整个社会主义经济链条中的一个环节。

当然，“温州模式”不应成为模式化，它应该在改革中不断发展。目前，在温州出现的股份制，就是温州人民一种新的尝试……

胡万里（苍南县委原书记、杭州市人大常委会原副主任）：

1983年5月，我调到苍南。刚上任不久，就遇到这样一种情况：随着商品经济的发展，农村出现了一种新型的专业户——购销专业户。他们走南闯北，东购西销，不少人发家致富了。但同时，非议和责难也来了。有人认为致富，就要靠拿锄头、流汗水、种庄稼，而购销专业户靠的是油头滑脑，走的是歪门邪道，搞的是损人利己的一套。我们经过调查，发现这批人多为农村中的能人，是农村中最活跃的“细胞”，他们使苍南农村商品经济显得生气勃勃。在全县一次干部会上，县委大胆为他们评功摆好，称他们是为发展农村经济而走遍千山万水，历经千辛万苦，想尽千方百计，花费千言万语的有功之臣！以后的事实证明，这批人带动了整个苍南商品经济的发展……

邓伦修（苍南县委宣传部部长）：

作为一名宣传、理论工作者，我经常考虑的是怎样用理论来为实践服务。但苍南百万人民的改革实践，却常常使现有的理论感到困惑。如果把理论形容为一把弓，把实践形容为一支箭的话，常常是理论的弱弓挽不起实践的强箭。

比如雇工。随着商品经济的发展，当时的农村中自发地出现了雇工。按现有的理论推导：雇工—剥削—剩余价值—资本—资本家。我们也吃不准，怎么办？到马列著作里去找答案吧。马克思曾以雇工八人为例说明从小业主到资本家有个数量界限，那意思是雇工人数7人以下还可以，8人就不行了。这有点太死抠数字了。实际情况是一家一户的小规模经营不见得比雇工经营先进，雇工人数少的不见得比人数多的先进。于是，在一段时间内，我们没急于表态，下结论，而是做些调查研究。党的十三大提出了社会主义初级阶段的理论后，现在这个问题比较清楚了。事实证明在一些主要的领域消灭了剥削的情况下，剥削形式在一定范围内和一定程度上的存在，对发展生产仍然会有一定的好处。

所以，苍南县的历届领导，有个比较好的传统，一些问题如果自己在理论上还弄不清楚，便不急于采用行政手段加以干涉，允许它有个存在的过程。这样，保护了群众的积极性和创造性，使改革能够沿着比较健康的道路走下去。

叶宗潮（苍南县教委主任）：

这几年，苍南的教育事业不断在发展，学生的入学率、初等教育普及率以及全日制小学在校生人数年年都在增长。不过，作为教委主任，我对不足考虑得更多一些。我的脑子里好像常常晃动着这样两组数字：一是1987年，全国学龄儿童入学率为98%，苍南只有93%；二是1987年，全省人均教育经费25元，苍南只有11元。

有人在苍南转了一圈以后对我说："你们县的教育呈一种橄榄型，一头是那些腰缠万贯的富裕户，望子成龙心切，为了子女能考上大学，不惜一切本钱；另一头是那些还没富起来的群众，为了尽快富起来，宁愿让子女当童工赚钱，也不肯让子女上学。"作为商品经济比较发达的苍南，它的教育也带上了商品经济的烙印。

"有饭先让孩子吃，有房子先让教师住。"说这话的一定是有识之士。过去，我们有位领导还提出这样的口号："把教育叫响，把教师叫香。"这也是颇有远见的。

新中国成立前，温州出过许多著名的数学家，有人说那是因为温州人穷，搞其他的不行，研究数学不用本钱，有几张纸就行了，没有纸在地上也可以演算。现在，我们的生活慢慢好了，我们还能出姜立夫、苏步青吗？

教育是“软件”，它的效益不是三年两年就可以见到的。但是，苍南能不能真正腾飞，教育是基础。

“百年大计，教育为本。”什么时候，我们的各级领导能把这八个字牢牢印在脑子里就好了。

李其渺（湖前镇镇委书记）：

湖前镇1987年社会总产值5300万元，上缴工商税201万元，全镇人均收入上千元。湖前是富起来了。有人说：“湖前富了，你这位书记的日子也好过了。”我告诉他，穷地方的干部有他们的难处，而我们富裕地方的干部也有我们的烦恼。

刚刚解决了温饱问题的农民，手中突然有了大把大把票子，他们便面临着一个如何消费的问题。有的农户有了钱，便把钱全用在造房子、建坟墓以及吃、喝上。你让他出去玩，让他去旅游，他还没这种习惯。

这两年，我们做了一些引导工作，引导他们把资金投入再生产，引导群众集资修公路、办学校、建水厂，取得了一些成绩。不过，要彻底清除农民头脑中的小农思想很不容易。举个小例子，湖前街上到处遍布私人小茅坑，这些茅坑既不卫生，也有碍观瞻。镇里想把这些茅坑全部扒了，然后再统一建几座公共厕所。可为了扒掉这些茅坑，简直比闹一次“革命”还难，有的农户嚷嚷：“几十年都使用这种茅坑，不挺好的吗？”有的则说：“我家富了，全靠茅坑地基的风水好，你们这一拆，不把风水给破了？”弄得你哭笑不得。所以，我觉得对农民的教育问题，提高农民的素质，在我们国家，将是一项长远而又艰巨的任务！

王某某（一位不愿透露姓名的党员）：

听说报告文学是专门写真实的，那好，我给你提供两个问题，你敢写吗？你要真写了，我佩服你。

第一，党风问题。在温州，在苍南这些商品经济比较发达的地方，党风问题更应引起我们的高度重视。群众反映：过去开后门有条烟、有瓶酒就行了；现在开后门，厉害的送金戒指、金项链。我们有个别干部，因为手中掌握某种大权，油水算是捞足了。其实群众心里最有数，他们只是不讲。

第二，江南[①]和南港[②]的矛盾问题。你在县里跑了两个月，恐怕也听说了。不知什么原因，也不知从什么时候开始，江南和南港莫名其妙闹起了矛盾。这种矛盾甚至反映到党代会、人代会上，江南代表选江南人，南港代表选南港人，搞得十分不愉快。这是十分庸俗的地域观念和小农意识，苍南人自己跟自己闹矛盾，实在让人笑话。我看责任在领导，有个别领导本身屁股就坐歪了，所以，群众也跟着学样儿。

---

① 江南：指龙港、宜山、钱库、金乡，位于平原四区。

② 南港：指灵溪、藻溪、桥墩、矾山、赤溪、马站，位于山区六区。

如果县委能把这两个问题解决、处理好，苍南的工作将会有新的起色……

金以忠（马站镇魁里乡小学教师）：

命运对我是够不公平的，才刚刚22岁，我就患了不治之症，下肢完全瘫痪，小便失禁，经常发高烧……

在最痛苦的时候，我也产生过死的念头，但是一想到党组织和家乡的父老乡亲为了挽救我的生命所付出的代价，想到我的那些天真可爱的学生，便觉得自己的生命已经不仅仅是属于我个人所有。

我活下来了，但如果只是为了延长生命而活着，让国家、社会和亲人养着我，那又有什么意义？我渴望着上讲台，我终于坐着轮椅“走”上了讲台。

活着是艰难的，一堂课下来，全身的骨头像散了架似的，全身的每一个细胞都疲乏到了极点，好几次，我觉得死神已经在向我招手。

除了教学，我报读了中国语言逻辑函授大学，又自学了英语，还学着写小说……其实，我何尝不明白，生命给予我的时间不会太多，但我坚信：人的生命长短是以时间来计算，不过生命的价值却不是由时间来衡量的……

杨安柱（龙港镇编织袋专业户）：

有人对我说：“龙港镇盖七层楼的只有三家，你杨安柱算一家，到时候政策一变，有你受的！而且，你还是名中共党员。”我笑着回答他：“我杨安柱花了近20万元盖了这幢七层楼，就是想用实际行动来拥护党的政策，告诉大家：政策不可能再变了，我党员都不怕，你们老百姓更不用担心。”

有人问我怎么富起来的，我说，一靠党的政策，没有十一届三中全会以来的好政策，我杨安柱个人有多大能耐？二靠勤劳，在外面跑业务，除了抬棺材没干过，其他什么苦我没受过？三靠老关系，这种关系并不是用金钱，用请客送礼就可以建立起来的。我这个人不搞偷税漏税，国家给了那么好的政策，我们再偷税漏税，良心都过不去。

对了，我也是当兵出身的，当了几年兵受益不小，一是眼界比较开阔，二是不会瞎干。

1987年9月，村里的党员选我当支部书记，开始我不愿干，怕精力顾不过来。后来还是干了，觉得作为一个党员自己富了还不够，还有责任带领大家一块儿富。

吴在贵（灵溪镇参茸专业户）：

你问我为什么要入党，好些人也这么问我。有的说，你个体户好好赚钱就行了，入什么党？有的甚至还以为我是不是有什么政治野心？

现在社会上不能说全部吧，起码大多数是这样看的，你一位个体户要说自己也信共产主义，恐怕谁也不会相信。

其实人是最复杂的，我自己就觉得人活在世上一辈子，除了钱，应该有别的追求，应该有一种理想，我要求入党，就是抱这种目的。

有次我看电视，看见有位个体户在自己的摊位上挂只小牌，上面写着："共产党员某某某，保证不缺斤少两。"这样做实在太好了。

入了党，人家对自己的看法不一样了，我自己对自己的要求也应该更高，最起码不能给共产党员丢脸……

第六章　广角镜前漫记

我像是站在一面广角镜前；

站在一面历史与现实的广角镜前。

多少次，我这样问自己：苍南何曾出现过如此生气勃勃的景象？何曾有过这么一支色彩斑斓的农民商品生产大军？

多少次，我觉得自己是在读一幅画卷，一幅包罗万象、恢宏浩大的画卷。

面对着密密麻麻的三本采访本，有些素材，一时我不知道该分到哪一类，写进哪一章，而又实在不忍心将它们遗弃。于是，只好笨拙地将它们照实记下……

像谜似的参茸市场

如果不是亲眼所见，我怎么也不会相信，苍南县城所在地灵溪镇竟然会有这么大一个经营参茸的市场。参茸出东北，这里离东北可相距好几千公里呢。

走进参茸一条街，两旁是几十家清一色的参茸店。大力参、生晒参、顶光参、加工参……我从来没见过这么多的人参。参茸可制成药，在这里，“人参蜂王浆”“参茸蜂王浆”“双宝素”是用箱子装的，一箱一箱堆在一起，堆得满屋都是。

朋友告诉我，这里的补品不会比东北贵，比北京肯定要便宜。我问过几家后，发现果真如此，一盒通化白山制药总厂出的向阳牌“参茸王浆”（部优产品），在北京买要8元，这里6元5角即可买到了。

到处可见来进货的车辆，有福建的、江西的，连上海、广州的货车都来了。

我急于想揭开这个谜，为什么不产参茸的灵溪镇，竟能成为国内一个数得上的参茸市场？

灵溪群众一直有着经营药材的传统。新中国成立前，这里就有天生堂、葆寿堂、顺生堂、乾德堂、来安堂、乾元堂、市昌国药号、锦春国药号八大家药店，经营批零业务。新中国成立后，国家对人参、鹿茸等贵重药材实行指令性分配，灵溪镇分配额仅占全县3.1%，远远不能满足市场的需要。党的十一届三中全会以后，灵溪由于人多地少，农村剩余劳力大批外出，走南闯北，承包工程，推销纺织品、草席、竹器等商品。有些人悄悄从东北带回少量人参、鹿茸，卖给药店。在交易中他们尝到了甜头，有了经验和本钱，逐步转为专项经销参茸。后来，有人索性长期住在东北人参产地进行人参加工，然后带回灵溪交易。1985年，灵溪镇财税所检查发现，通过邮寄到灵溪的红参、别直参多达3.5万余斤，值价2800万元左右。

不过这一切，都是悄悄地在地下进行交易。

与其默许在地下进行交易，还不如堂堂正正将他们请到地上。灵溪镇的领导是开明的，经过有关部门的批准，近50家参茸批（发）零（售）商店组成的参茸药材市场，于1987年6月15日正式开业。

经营大户李志华，36岁，做参茸生意已有20年。他告诉我，开始主要从安徽、上海买点人参（一次斤把重），偷偷带到福建转卖。后来，听人说东北产人参，但不知道具体地方。1971年，带了300元（那时候，就算是很大的生意了，一路上怕钱给查出，分别藏在好几个地方），跑到长春，买了3斤红参带回，赚了100多元。以后，他索性常住东北，在产地收购，在产地加工。

“你们是用什么办法，从东北‘抢’来了这个市场?”我关心的是这个问题。

李志华笑着说：“不是讲大道理，首先应该感谢党的政策，由于党的开放政策，才使我们这些专业户有了施展自己才能的可能。国营公司去进参，要通过省站、地区站、县站，中间环节多，每站加利润，价格必然高。而我们个体直接去产地进货，没有中间环节，即便加上运费，价格也低于国家牌价；此外，国营公司看不起小生意，我们则采取薄利多销，像‘鲜人参王浆’一盒只能赚5分，‘天麻王浆’一盒赚1毛，我们都干；最后，还有个巧妙利用资金的问题。有些货，我们不用付现金，在银行办托收，货到后，我们马上卖掉，而银行的托收单还没寄到，利用这个时间差，利用这些现金，我们又可以做一笔生意。”

“最快的一次你们用了几天时间?”

“今年1月，我从东北长白山乡镇企业局进了700公斤红参，从收到货到卖光，只用了三天。昨天到了1400多件‘天麻王浆’，到今天上午已经销完了。”

既然这里的价格与东北差不了多少，且品种齐全，那么广东、上海的商店，又何必千里迢迢去东北进货？加上这里还为住宿、包装、运输等诸方面提供方便，因此客商慕名而来，满意而去。

镇委书记王汝亮告诉我，根据发展趋势，参茸市场将逐步由经销成品走向联营加工。东北一些制药厂来这里考察后，准备在这里创办参茸王浆药厂，把东北提炼好的成品药汁，运来这里加工包装后就地销售，以提高经济效益。已有外县、外省几十家药商申请来灵溪开店。因此，他们考虑用集资办法，盖一座全国最大的参茸贸易大厦。

如果你想做参茸药材生意，请到灵溪去吧！需要说明的是，我不是在为家乡人做广告，而是那里的确值得你去。

洪某某破产记

1986年，他曾经被评为“苍南县十大新闻人物”之一。

1987年4月19日，《温州日报》曾在头版头条这样报道过他：

苍南县观美乡凤岳村养猪专业户洪某某，兴办大型家庭养猪场，目前瘦肉型猪存栏1100头，年饲养量可达2500头。

洪某某，43岁，从1984年开始从事专业养猪，几年来投售商品猪数量列全市前茅。他从养猪积累的钱中拿出4万元，建了35间新型的猪圈，达700平方米。饲养实行定量定时，每天1头猪投放0.5公斤青菜和2公斤混合配方饲料，使猪均衡长膘……

这才过了多长时间，这一切却成了一场悲剧、一场闹剧、一场讽刺剧！

我想见见他。只是，我们的见面只能被限定在县公安局看守所的提审室里。

在武警战士的押送下，他慢慢走来了，胆怯地瞥了我一眼后，在我面前的水泥凳上坐了下来。他的头发很长，脸露菜色，两只眼睛怕见光似的眯缝着。

一阵沉默。突然，他哀求道："你们能帮我买包烟吗？我这里还有几毛钱，你们帮我买包烟行吗？"

他就是洪某某？

他就是那位曾经显赫一时的风流人物？

父亲、祖父、曾祖父都是以卖小猪为生，洪某某肯定是受了影响。读了4年小学，在家干了几年活儿，17岁，他也开始做起了卖小猪的生意。浙江、福建到处跑。整整23年，通过他的手卖出的小猪有几万头，钱赚了不少。

不知是觉得卖小猪太辛苦了，还是没多大发展前途？忽然有一天，洪某某决定养猪。1983年养了81头，年底一算，除去一切开支，净赚7000元。

洪某某尝到了甜头，心大了，1984年花了4万元，盖了30多间猪圈，养了350头猪。因资金不足，在民间借了高利贷(月息3分)，结果亏了1.2万元。

那时候，专业户吃香得很，洪某某也算是养猪专业户了。领导说："你索性办个畜牧场吧，这样，以后好给你贷款。"于是，洪某某又办起了畜牧场。他自任场长，长子任会计，次子任出纳，职工除了妻子、女儿，还雇了几位农民。

卖小猪毕竟不能等同于办畜牧场，管理几百头“猪八戒”并非轻而易举。不过，洪某某胆子大，自信得很。

1985年9月，他一下子购进400头仔猪，花了3.6万元，饲养过程中死了50头，损失4000元。剩下350头，养8个月，需付混合饲料费8.8万元，青饲料费7000元，防疫费3000元，雇工工资3500元，加上付私人借款的利息近5万元……支出近20万元。而成猪出售后才得款10.6万元。不到一年，还亏了近10万元。洪某某出了一身冷汗，好在他自己不说，谁也不知道。

可能是因为他养猪的规模大，洪某某一下子成了远近闻名的“养猪状元”。参观、学习、宣传他的人络绎不绝。而洪某某自己呢，已是骑虎难下（也可能根本就不愿下），只好是打肿脸充胖子。

1986年再养380头，又亏本9.7万元。

这才仅仅养了四个年头，他已经亏了近18万元。

洪某某毕竟不是家有金山银山的百万富翁，严重的亏空逼得他只好大量借款，向银行、信用社借，向个人借，借了新债还老债，“拆了东墙补西墙”。人们被他身上一块块如“苍南县十大新闻人物”“温州市劳动模范”的金色招牌及报纸上一篇篇宣传他的文章迷惑住了。为他借贷做担保的有副区长、乡长、书记、主任、股长、银行职工等。

1987年2月，洪某某又买进580头小猪。他并没死心，事到如今，他也只能硬着头皮养下去。

不过这时候，有些人已经察觉他负债的情况，他想借钱没那么容易了。由于资金不足，无法购买饲料，猪经常处于半饥半饱状态。

到了夏天，要债的人多起来了。有时一天找上门来的多达十几人，洪某某实在招架不住，只得到处躲藏。

7月21日，区里召集了由银行、信用社、食品站等单位参加的协调会。根据区里前几天的调查结果看，洪某某欠贷款13万元、饲料公司2万元和部分私人欠款共约18万元。为了不使这位红得发紫的典型人物垮台，领导希望暂缓收回已经到期的贷款，刚开始，银行与信用社不同意，经过多次交涉，只好勉强同意。

纸终究是包不住火的。协调会以后，要债的人更多了。洪某某此时哪还有精力去顾那些猪，畜牧场处于半瘫痪状态。

区里再次组织进行调查，这一查，连查账的人都吓了一跳。洪某某在几年间向12个信用社、1个营业所、1家银行贷款33笔，计43.1万元，已还19.6万元，尚欠23.5万元；欠3个单位公款12.3万元；欠21位私人款15.6万元，共计欠款51.4万元。

事实证明，洪某某已经到了资不抵债的地步。

被洪某某借过钱的那些人急了，四处追寻着他的踪迹。洪某某如丧家之犬，吓得东躲西藏，惶惶不可终日。

为了不使事态进一步扩大，9月7日，县公安局将其收容审查。

洪某某被收容后，怕他的猪让逼债人抢走，区乡又派人在猪圈旁日夜看守。最后决定将所有的生猪拍卖，拍卖那天不得不让公安干警帮助维持秩序……

一场闹剧终于到此结束。

然而，此案遗留下的问题，处理起来非常棘手。

采访洪某某事件中，许多人向我提出了一个又一个的问题：

洪某某是属于诈骗，还是属于经营不善？

洪某某养猪4年，亏本41万元，即便他的猪全死光，也不至于亏这么多，这里面是不是还有其他什么名堂？

洪某某出名后，他的妻子被评为“三八红旗手”，儿子当上了“新长征突击手”，家庭被评为“五好家庭”，这正常吗？

有位领导为洪某某的一笔1.5万元贷款作经济担保，洪暴露后，有人问这位领导应负什么责任，他答道：“我个人只负领导责任，不负经济责任。”经济担保人不负经济责任，怪不怪？

洪某某的浮沉，难道同一些领导的官僚主义作风无关吗？

……

我无法对这些问题一一作出回答。

不过，请放心，历史是会作出公正的回答的。

企业家之梦

你还是个孩子。真的，此时你坐在我的面前，尽管一支接一支地抽着进口万宝路，但从你的神态、你的动作中，我依然觉得你是个孩子。

在北京，像你这般年纪的小青年，多数正在读大学或在工厂里当学徒。可你说，你想当一名企业家。你还说，苍南有一批像你这样的十七八岁、十八九岁就想当企业家的小青年。

“文化大革命”折腾得最热闹的1968年，你降生到人间，虽然出生的年代不怎么理想，不过你的年龄却让人感到嫉妒。

17岁初中毕业，成绩不大好，索性不读书了，到父亲食品公司的家属印刷厂当临时工，打字、绘图，干了一年。1987年3月，父亲退休，让你顶替，机会多好啊，堂堂正正的国营企业职工。可你兴趣不大，没过3个月便办了停薪留职的手续。要干就自己痛痛快快地干。那时候苍南还没电脑打字，你筹借了8000多元，买了部四通2400型电脑。又花2000多元买了2部缩印机。为了扩大业务，又想买胶印机。一台胶印机要近2万元，你父亲不同意了。年轻人干点事业可以，不过心不能太大，投进去2万元，要是亏了本怎么办？你没灰心，慢慢给父亲做工作，做了整整3个月，老人想通了。你赶到辽宁营口胶印机厂，自费培训了1个月，然后，买回了一台胶印机。

“龙港电脑打字室”的招牌就挂在你们家的门口。你本来想做个大广告牌子立在十字路口上的，父亲不同意，说树大招风，你遵从了他的意见。

电脑打字室下设打字部和胶印部，总共雇了13个人，你自任经理。“要是在新中国成立前，你成了资本家啰”，我同你开起了玩笑。你忙摇头笑了，孩子般地笑了。

13个人都是你雇来的。打字员每月工资130元，中午管一顿饭，忙时，还会加奖金，就这样有些人还不想干。

到现在你一共投资6.3万元，这些钱基本都是用高利贷形式从民间借来的，开始每月利息要付1000多元。现在还有2万多元没还掉，你信心很足，说很快可以还光，到那时候，就可以松口气了。你说自己对钱看得并不重，更看重的是事业。

从什么时候开始的？你发觉自己的知识越来越不够用了。你抱怨自己过去为什么不好好读书，为什么不多读几年书？现在想学习了，却没时间，业务一多，忙得晕头转向。是的，也够难为你的，联系业务靠你，采购原材料靠你，交际应酬靠你，一切都离不开你。好在你精神头儿很足。怪不得毛泽东会说："世界是属于你们的""（你们）好像早晨八九点钟的太阳……"

问你有对象了吗，你点点头，腼腆一笑，告诉我已经有了，对象就在打字部。你说龙港十八九岁的小青年，一般都有了对象。

你有9个好朋友，按北京的说法叫"铁哥们儿"。你们成立了一个"九九社"，每月的9号轮流做东欢聚一次，或到"龙港酒家"，或在谁的家里。你们还办了个文学社，有自己的刊物《龙港人》，遗憾的是只办了一期就停了。

忽然，话题一转，你又告诉我对现在的打字室的规模不甚满意。正考虑把胶印机卖掉，再投资6万元，买一部大的彩印机。准备在敖江、灵溪再设两个点。你还是那个观点，要干就痛痛快快干一场。

我觉得温州青年的事业心、务实精神比起北方的同龄人要强，你想了想，说，如果真是这样的话，那一定是被环境所逼的。

我理解你指的环境就是一种氛围，就是改革与竞争的气氛，对吗？

杨儒，我真诚地祝愿你成功！祝愿你成为一名有作为的企业家！

畸形婚姻悲喜录

这也是婚姻吗?

当他（她）们还是七八岁、十来岁的孩子时，便由大人做主，用一根传统的、愚昧的“绳索”将他和她捆绑在一块儿，于是，在世俗的目光中，他和她之间已经产生了婚姻关系。

在苍南，这叫订小亲。

他姓方，25岁，钱库一家合股企业的厂长；她姓黄，20岁，金乡郊外乡人。小方和小黄曾是小学同学。

1985年，小方同朋友在南京办了个塑胶厂。不久，小黄随几位姑娘一起去南京小方的厂里做工。同乡、同学加上志趣相投，他俩悄悄播下了爱情的种子，海誓山盟，互许终身。只是，在激动与幸福的同时，他们又陷入了深深的痛苦之中。原来，小方在15岁时便由父母包办订了小亲，而小黄也在8年前由父母做主将她许配给了她的表哥。

消息不慎走漏，一封急电，小黄被父母叫回了金乡。而小方为了爱情也豁出去了，连厂都不顾，不久也回到了家乡。

他们依然在悄悄地相爱着。

经过一番努力，小方终于与原订的女方解除了婚约。当小黄也向父母提出解约的要求时，却遭到无情地拒绝。

多少次，这对恋人相对无言，只能以泪洗面。然而，爱是不能扼制的。那一天夜里，他们私奔了，逃到了小方的姑妈家。

仅仅过了一个星期，小黄又被家人发现并给带走了。

1986年11月底，小黄被强行嫁给了她的表哥。婚后，双方根本无感情可言，小黄屡遭表哥丈夫的打骂。

1987年8月，小黄提出离婚的要求。11月25日下午，她再次来到钱库婚姻介绍所，要求代写诉状。当她回到娘家时，夫家的人已经在等着她了。

小黄被带回了夫家，她知道将遭受更为严厉的惩罚。当夜，趁夜深人静之时，又一次出逃到婚姻介绍所，请求避难。

第二天早晨，小方在去吃早点的路上，被小黄丈夫带来的二三十个人团团围住，容不得他申辩，一阵拳打脚踢，小方被打得血流满面，昏迷过去。

就因为订小亲陋俗，这一对恋人付出了极其沉重的代价！

请再看一起叫人哭笑不得的解除婚姻案。

解约合同书

（原件）

立解约合同书人，甲方缪克富，男性，住海城乡河尾村；乙方，方杏梅，女性，住海城乡章良村。甲乙双方在1975年由父母包办订婚（姑对嫂），现在男女双方已到结婚年龄，女方抗拒这桩婚姻。经多次调解无效，男女双方同意解约。经双方干部、堂房及老人调解，女方拿出人民币4300元整给男方，事后男婚女嫁各得自由，任何一方不得干涉。

另外，男方之妹缪细钗，在1982年与乙方之兄章才汤结婚，已生一子。在结婚时因是姑对嫂，缪细钗未收男方聘金。现经调解，男方章才汤拿出人民币4400元补给女方家聘金，仍旧保持夫妻恩爱，家庭和睦，亲戚友谊，任何一方不得讽言冷语，保得百年偕老、五世其昌，为家庭发达兴隆而努力。

解约人：甲方　缪克富
乙方　方杏梅
保持恩爱人：章才汤
缪细钗

在这份合同书上，人已经被作为商品似的进行买卖，哪还有什么婚姻自由可言？

1987年5月，县司法局、县妇联曾对龙港区海城乡、宜山区云岩乡农村订小亲情况进行了一次调查，两个乡共有8—15岁儿童、青少年5820人，其中已订婚1373人，占23.6%。

订小亲导致早婚早育，这些青少年长大后，相当一部分尚未到法定结婚年龄，家长就强迫他们结婚。云岩乡在1985年、1986年356名结婚青年中，没有登记的就有188人。如该乡鲸头村吴某，19岁时，就与他姑妈的15岁女儿结婚。又如女青年林某，结婚时才17岁，现已生育两个孩子。

这些由大人包办的婚姻，诱发了许多民事纠纷。两乡在1985年、1986年所发生的365件民事纠纷中，属于解除婚姻纠纷的就有134件，牵涉到婚姻的有30件。

订小亲中有一些属于中表婚（表兄弟姐妹之间的婚姻），近亲结婚，严重影响了子女的身心健康，影响了人口质量。海城乡东庄村陈某、林某是一对姑表亲结婚，婚后生了五个子女，其中有四个是痴呆儿。

县司法局曾对1985年发生的39例非正式死亡事件进行分析，其中有12例皆因订小亲所致。宜山区平乡青年吴某，13岁时父母包办许配给江山乡张某为妻。吴长大后，不满包办婚姻，而与本乡另一青年私订终身，遭到父母的打骂，吴悲愤之中，投河自杀身亡。马站区蒲城乡陈某，自幼以姑换嫂形式被订给云亭乡金某为妻，婚后双方毫无感情，导致家庭破裂，陈最后自杀。

这也称为婚姻吗?

这显然不能称之为婚姻。

多少年了，虽然也有少数青年为挣脱这根传统的、愚昧的“绳索”的束缚，进行过斗争。但是，绝大多数订了小亲的青年，抱着一种“生米已经煮成熟饭”“命运就这么安排”的麻木不仁的态度继续生活着。

是改革与开放的大气候，给了他们勇气，为他们增添了力量，使他们懂得了作为一个人应该怎样来掌握自己的命运。

宜山区司法办公室的陈文亮告诉我，随着商品生产的发展，越来越多已经订了小亲的青年（其中女青年占三分之二）觉醒了。他们纷纷提出解除婚约的要求。司法办1984年底成立至今，已经帮助解除了近400对这种畸形的婚约（不包括各乡、村自行解除的，那个数字比这要大得多)。农村有个不成文的规定，凡是女方提出退婚的，女方得偿还男方送去的全部彩礼，还要赔偿彩礼的议价利息，定亲的时间越长利息也就越多，尽管这是不合理也不合法的规定，但姑娘们手中有了钱，为了婚姻自主都愿意拿。

宜山区女青年小黄，16岁时订了小亲。这几年，她在外面跑业务，走了很多地方，开了眼界，越来越感到同定亲对象没共同语言，提出解约。男方不同意。黄某自愿拿出1800元送给男方，最后终于解除了婚约。

铁龙乡女青年小吴，刚刚9岁，便稀里糊涂由父母包办订给了江山乡一青年。慢慢大了，才知道那个男人竟比自己大12岁。小吴提出解约，男方不同意，说他已经33岁，解了就再也找不到了。小吴态度坚决，说："找不到说明你没本事，谁叫你过去欺骗了我？"她给了男的一些钱，也解了。

1987年，司法办公室帮助云岩乡和苍桥乡三对六位青年解除了包办婚约。后来，他们下去调查时，发现还是这六位青年，重新组合了一下，组成了三个新的家庭，都生活得很幸福。

我在司法办采访了半天，发现凡是来这里要求解除婚约的姑娘（那半天，没男青年来），都落落大方，而且，好像事先都学过《婚姻法》似的。

她来了，步履匆匆，一进门便急迫地问："同志，我要把那件事解了，找谁办理？"

老徐有意朝我努了努嘴："找他吧，他是从北京来的。"

我这身军装加上"北京来的"，引起了她的重视，她忙说："那就请你做主吧，同志，帮我解了。"

我说："你是哪个乡的？先谈谈你的情况？"

"我是云岩乡的，叫赖某某，19岁，12岁那年，大人包办给订了小亲，男的比我大7岁。现在我想把这件事解了。"

“既然不同意这门婚事，为什么过去不提出来?”

“过去我还小，不懂事，现在我懂了。再说，如果退聘金，我家里穷拿不出来，现在我自己都可以拿得出。”

“你现在在家里做什么活儿，一个月有多少收入?”

“在家加工编织袋，一个月能赚百八十元。”

我故意说：“小赖，你是不是现在有钱了，就看不起人家，这样，你不怕有人骂你‘陈世美’?”

“不，这同陈世美不一样。”她忙解释，“陈世美是当了状元以后不认妻，我同他一样吗?要说赚钱，我那位定亲对象现在在外头做服装生意，钱多得很。”

“他有钱，你为什么还看不上他?”

“有钱不一定就能在一起生活。反正吧我看不上他，我宁肯找一个没钱的但自己喜欢的。”她又说，“同志，《婚姻法》第4条规定，结婚必须男女双方完全自愿。我不愿意，这件事就应该批准解了。”

我笑了。

老徐给了她一张表格：“你回去先把这张表格填了，有些情况我们还得调查一下。”

她拿着表格走了，看得出她是充满着信心走的。

但是，当像她这样的一批青年勇敢地挣脱那根传统的、愚昧的“绳索”束缚，获得婚姻自主的时候，几乎在同时，又有一大批比他们更小的弟弟、妹妹又被这根“绳索”捆在了一起。而且，越是贫困的地方，这种陋俗越是风行。

还是那句话：不摆脱贫困，一切都是空的……

捐赠者

1987年5月，大兴安岭遭受特大森林火灾。

5月29日，一道电文从龙港镇飞向黑龙江省人民政府办公厅。

电文内容如下：

惊悉大兴安岭惨遭火灾，深表同情。我受益于党的富民政策，特向灾区人民捐款万元，以示慰问。

电文署名：杨宗好。

杨宗好是龙港镇一名棉麻纺织专业户，得益于改革开放政策，走上了富裕道路。他自己富了，并没忘记社会公益事业。

1984年，他购买国库券2万元；

1985年，他向学校捐款1.3万元；

1986年，他又向学校捐款2000元；

1986年，龙港建大桥，他再一次捐款……

在灵溪镇，花炮销售专业户朱照水也热心公益事业。

当年灵溪镇中刚创办，他就捐款1.5万元；

1987年六一儿童节，他给苍南县小送去500元。

朱照水又在想，怎么通过捐赠的资金调动教师和学生的积极性呢？经过协商，他宣布，向苍南县小和灵溪镇中，各捐资1万元，让学校存入银行设立奖教奖学基金，用每年的利息，分别奖励教师和学生。

在苍南，类似这样的捐赠大户可以找出一批来。不过，我在采访中却发现，对于他们这种举动，人们褒贬不一。

褒者有之，认为他们有觉悟，富了不忘国家、社会和人民；而贬者也有，觉得他们“捞”得够饱了，就应该“捐”一点、“赠”一些。

1987年，《民主与法制》杂志两位记者在温州采访，他们是这样看待这个问题的：

“作为新闻记者，我们接触这些事例，总不禁面红心跳，想想我们的宣传吧，我们很注意把拾到的一分钱、几十元钱交公赞扬其为共产主义思想，而面对捐款千元万元的个体户，态度却那么淡薄，就是作了一些宣传，往往吞吞吐吐，显得苍白无力。这公平吗?”

有意思的是，我手头的一份材料表明，深圳蛇口青年对这个问题也有自己独特的见解。他们认为“许多个体户把收入的很大一部分献给了国家，办了公益事业”的行动是“左”的阴影徘徊下的战栗，不应赞扬。他们觉得在目前的情况下，一些个体户这样做并不是出于自愿，而是对“左”的思想心有余悸的表现。应当承认个体户在赚钱的同时，已经为国家作出了贡献。个体户只有理直气壮地将劳动所得揣入腰包，才能使更多的人相信党的政策的连续性和稳定性。而不是鼓吹那种无端占用他人劳动的“左”的残余。

还是让我们来接触一下捐赠者自己的心态吧。

朱照水，43岁。初中未毕业遇三年困难时期，休学在家干农活儿。1968年开始跑小买卖，卖过麻绳、酱油、扇子，曾被作为“弃农经商的黑典型”进过“学习班”。后来在藻溪鞭炮厂、桥墩鞭炮厂、水头鞭炮厂跑过供销。1983年下半年起，自己独立做鞭炮生意。1987年11月办了苍南县日用杂品公司，自任经理。近几年来，每年的经营额都有100万元，税收共缴100多万元。

他并不忌讳这几年赚了几十万元，不过，谈到个体户赚钱，他觉得远不是像一些人想象得那么容易。就说鞭炮吧，鞭炮市场的竞争非常厉害。过去只要签订了合同，货一发去马上付款。现在不行了，货发去后一般先付50%的款，剩下50%要等春节后（鞭炮销售季节主要在春节期间）再付，如果春节期间货还销不完，便还得拖下去。1986年，他给牡丹江发去28万元的货，可过了春节还剩下17万元的货没销掉，为了加快资金流动，他只好忍痛让对方削价20%处理，光这笔就损失了3万多元。

“我们赚得多，开销也大。”朱照水说，“我家里9口人（3位老人、4个孩子、夫妻俩），现在东西这么贵，每月光正常伙食费就要1000元，我自己请客喝酒送礼的应酬费差不多要2000元。你有钱了，人家对你的看法也不一样，我一进菜市场，卖东西的人就说：‘好了，财主来啦！’有些东西我嫌贵，他马上会说：‘你有钱，怕什么？’所以，我出去买东西都要比别人贵。”

“这几年帮助办教育、办社会公益事业等捐资，你一共花了多少钱？”

“五六万元吧。”

“你能真实地谈谈你的这种举动，是出于真心，还是迫于压力，或者有其他什么因素吗？”

朱照水沉思了片刻以后，说：“这个问题比较复杂，的确不是一两句话就能说清楚的。我富起来以后，经常在想，如果不是党的政策好，我即便再有本事，也不可能富到今天这个地步。人不能没有良心，看到苍南新建县没几年，财力紧，不可能拿出更多的钱用于教育事业，我拿出一些钱，是出于真心，完全是自觉自愿，很舍得。只是，这里面也经常带着一种矛盾心理。你捐了，别人会说：‘他有钱，出这么点还不是像从身上拔根汗毛。’你要不捐，又有人要在背后骂你：‘那么有钱还那样小气，死了还能把钱带进棺材里去？’所以想想，做人也是挺难的。”

忽然，朱照水问道：“黄同志，以后要是再遇到这种事情，该怎么处理呢？”

我望着他。我应该怎么回答才好？

一位靠竞选上来的团委书记

4月29日，在龙港镇第一次团代会上，共青团员夏青，以最佳的施政方案击败了其他7名竞选者，被直接选为镇团委书记。再由他提名，选举产生了6名委员，组建了镇团委。用这种办法组建镇团委，目前国内尚属首例。

——摘自温州市委《党务信息通报》

轮到他演说了。

约莫165厘米的个头儿，作为男子汉稍显矮了些儿，不过，作为竞选者，那双炯炯有神的眼睛，却使人对他充满信心。

他走到讲台上，友好地环视了一下台前的105名代表，开始了他的10分钟的演说：

> 各位代表，你们好。我演说的题目是：《假如我当选为镇团委书记》。先自我介绍一下，我叫夏青，不仅姓夏，是夏天生的，更重要的天生有颗年轻人火热的心……

代表们对他的精彩开场白报以热烈的掌声。

夏青是幸运的，他赶上了一个好时机。热血青年最向往民主，民主果真来了。团镇委书记要用竞选形式产生，谁有本事谁干，谁有本事选谁。竞选！像美国竞选总统似的，太刺激了！

夏青今年23岁，1980年高考时，因差2分未考上大学。后被招进龙港工商银行当会计，现在已经是助理会计师。

可能真因为是夏天生的缘故，他热情奔放、交际广泛、精力充沛。听到竞选的消息，浑身上下的每个细胞都鼓胀了起来。有人持异议：“银行工作多稳定，跑去当青年头儿有什么劲儿?”他说：“这是个机会，我想就此来证实一下自己到底有多少实力!”

按老百姓的说法，这叫“自己争官当”（虽然团镇委书记比七品芝麻官还要小好多好多）。其实，争官当有什么不好，关键是看你当个什么样的官。竞选消息公布后，报名者踊跃，他们中有机关事业单位的干部、国营企业的职工、居民区的待业青年，还有农村的基层干部。这些龙港青年的精英，都想参加这场比素质、比智慧、比胆量的角逐。

经过资格审查和分区初选的筛略，12名竞选者参加了由知识面测试、团日活动方案设计、团日活动实施三项组成的素质考查。

知识面测试一改传统的书面问卷形式，而像中央电视台曾经搞过的那种知识竞赛一样，12名竞选者抽签后分3组先后进入赛场，接受主持人的测试。试题分必答和抢答两部分。他们中多数人以其丰富的知识、敏捷的思维以及潇洒的风度，赢得了观众的钦佩和评委的赞赏。但也有人临场慌张、应变失措，导致不断失误。

团日活动实施测试，是在12名竞选者交来的由他们独立设计的12个风格各异、形式别致新颖的团日活动方案的基础上，看看他们的组织、协调能力以及实施效果。

几天里，12名竞选者“八仙过海，各显神通”，有的以务实为主，义务修理电话机、开展邮局业务咨询服务；有的则轰轰烈烈，举办一场歌舞晚会；有带领团员、青年植树的；也有搞“访能人、话改革”专题活动的。五花八门的团日活动实施，洋溢着趣味性、知识性，充分显示出竞选者的智慧与才干。

夏青在这三项考查中，以总分88.3分，暂时名列第一位。

过了三关，有4名战将被“杀”下马去，其余8名竞选者作为镇团委书记的竞争者进入竞选演说。

演说次序是按演说者的姓氏笔画为顺序的，夏青的“夏”字，笔画最多，因此他最后一个上台。人家讲过的内容他不好再重复，包括人家已经用过的一些精彩的词句他也不好再用，就像在国际比赛抽签时，他抽了支极不理想的签。不过，夏青有着极强的应变能力，有那种临危不乱的大将风度。

开场白过后，夏青谈了自己的设想，假如他当选为团委书记，他将要改革团的领导、组织机制，要用软科学办法来处理团的工作，要改变目前缺乏青年人特点的团日内容……当然这一切都要立足于龙港这块土地，要带有这座刚刚诞生不久的朝气蓬勃的农民城的特色。

“各位代表，如果我被你们赏识，有幸当选的话，我一定能成为你们的好朋友，成为你们的同伴与‘司机’，并为你们献上我最尽善尽美的服务，和你们同赏青春旅途上的阳光和鲜花。”夏青微微笑着，稍稍停顿了片刻，又说：“我想起了美国总统尼克松在竞选时，对他的选民说：‘你想要电冰箱吗？请投我尼克松一票。’我也想对各位代表说一句：‘你想使自己的青春变得更加朝气蓬勃吗？请投我夏青一票。’”

够精彩的!

这是当代青年民主意识和参与意识的显露。

演说结束后，代表们进行预选，从8名竞选者中选出两名书记候选人。

夏青入选了。不过，当他望着坐在身旁的对手苏维峰时，心头突然间涌起一股说不清的滋味来。

他们是志趣相投、形影不离、无话不说的好朋友，而且，他们在龙港青年中都拥有一定的号召力。

得知对方也报名参加竞选后，苏维峰对夏青说：“夏青，我好像有一种预感，这场角斗，最后将会在你我之间进行。”

夏青故作认真：“如果真是那样，我决不会刀下留情，一定要杀你个人仰马翻！”

苏维峰双手抱拳：“一言为定，兄弟到时也别怪我无情。”

果然，一切都被言中了。

他们站在讲台前，将要经过最后一关的考验——和代表们进行20分钟的对话。

一个问题比一个问题独特；

一个问题比一个问题尖锐。

一位中学生问：“现在龙港青年受资产阶级思想影响很厉害，夏青，要是你当上团委书记，你打算怎样教育他们？”

夏青想了想说：“这是一位小人物提出的一个大问题。我认为资产阶级思想并非全是没落、腐朽的。它也有某些可供借鉴的东西。所以，我们先要分清楚是受什么样的思想的影响。还有，我觉得团委书记应该是青年们的朋友，在这个地方我不赞成用‘教育’这个词儿。”

还有最后两三分钟。

一位代表问苏维峰：“小苏，你在刚才的演说中说自信能击败所有的对手，但从现在情况看，你的形势落后于夏青。在这最后时刻，你还打算拿出什么有效的武器来击败夏青？”

苏维峰笑了，他说：“在竞选前，我当然要这么说。如果在你们面前的是一名毫无斗志的竞选者，难道你们会选他吗？但通过整个竞选过程，事实证明，我不如夏青。我现在郑重建议，为了把我们龙港团的工作搞好，希望大家都投夏青的票。”

回报他的是一阵雷鸣般的掌声。

两双既是对手又是朋友的手紧紧地握在一起，久久不愿松开。

夏青当选了，这是靠竞选上来的团委书记。

夏青是幸运的，竞选使他获得了施展自己才干的机会。

而人们从夏青的身上，感受到“民主”这两个字，正以更快的速度、在更广泛的范围走进我们的生活之中……

尾声：相聚在20年后

那时候，我们都还是位于凤凰山下的平阳一中校园里的高中生。由于那场连一点心理准备都没有的“文化大革命”的突然降临，我们不得不提前分手。

分手时没有想到过20年后还有这么一场聚会，谁也没有想过。

五一劳动节，我们原平一中高一（2）班的同学在县城举办了一次同学会。

来了，来了，都来了！

谢作敏、吕景前、章华辉、周美微、饶道旺、林征千……多数人我一下子便能喊出他们的名字。

有些则需要想一想，不过，还是想起来了：苏忠权、黄品洲、方培新、陈可钱……

有几位我忘了，怎么也想不起来，真的忘了。

我们毕竟相隔了整整五分之一个世纪。

你望着我，我望着你，一时谁也不说话。

是在回忆？是在思考？还是过于激动的心绪还平静不下来？

那时候，十八九岁，多么年轻；而现在我们已开始步入人生的中年；

那时候，多么稚嫩；而现在每一张脸庞上都留下了成熟的印记。

我提议每个人都讲讲自己的经历，我觉得20年，每个人的经历都会是一部书。

讲了，都讲了，虽然极其简练，三五句，一二十句，简练得就像在填一份履历表。但是，我读懂了，我都读懂了。

章华辉，你老笑眯眯地盯着我，你是不是也想起了临别前我们的那次夜谈？你出身于书香门第，爸爸是有名的高级工程师。你从小的愿望是上大学，以后当个化学家。在班里，你的成绩一直名列前茅。“文化大革命”来了，学校停课了，再也读不成书了。那天晚上，我们从小卖部买来一茶缸黄酒，坐在学校前的那座石板桥上慢慢地喝着（这是我第一次喝酒），你有些醉了，突然，痛苦地问我：“传会，书不能读了，以后我们能干什么？”冬天，我当兵走了；第二年，你也当了兵。还记得吧？有一次我们竟在福建三都农场不期而遇，你买了好些罐头款待我。退伍后，你进了温州渔业公司，现在你已经是教育科长了，你还做化学家的梦吗？

郑正灶，不谈谈你这个班里当时的调皮大王，是怎样当上桥墩镇的副镇长的吗？前些日子我在桥墩采访时，不少人跟我说到你，夸你有魄力，敢于坚持原则。你还真有两下子！

李玲君，我们的老团支部书记，当年的学雷锋标兵。你不知道吧，你在我们心中留下的一直是个不爱穿花衣服的姑娘的印象。那时候，你穿得朴素极了（生活也很困难），每件衣服都打着补丁，而且样式还特别“土”。你在班会上还为我们做过“讲用”，讲如何用毛泽东思想战胜小资产阶级思想，你完全是出于真诚，我们也都受了教育。今天你也穿上花衬衫了，终于穿上了，我真为你高兴。

蒋青炎，你可是老多了，生活的担子压在你的肩上是不是太重了些？真想不到你已经是四个孩子的父亲。好在现在政策活了，你说起码温饱问题还能解决……

20年了，几多风雨，几多甘苦，不过，我们大家都走过来了。

话匣一打开，便再也收不住了。我们又像回到了当年，像当年那样亲热，像当年那样无拘无束。

“征千、道旺，你们两个现在分别是苍南县和瑞安县的干部科长，你们就不能开开后门，给老同学弄个一官半职干干？”

“景前，你现在研究什么业务？不能给我们提供点信息吗？”

“延彬，听说你岳父从台湾回来探亲了，还是一名少将，作为国民党高干，他对大陆到底怎么看？”

“传会，给我们谈谈北京情况，现在物价为什么涨得这么厉害？”

“当教师工资这么低，品洲，这几年你怎么不去经商？”

……

谢作敏站了起来，“这次重逢，相隔了整整20年；我提议20年后，即2008年，我们再欢聚一次，怎么样？”

“20年后？”一位女生惊讶地说：“我不一定能活到那一天！”

“20年后，我正好是60岁。”

“20年后，我们都当爷爷、奶奶了。”

这时候，吕景前对我说：“传会，你这次回家乡来写《中国一个县》，我建议你20年后，再回来为苍南写一本书。”

“对，20年后你应该再为苍南写一本书！”好几位同学跟着说。

20年后，令人向往的20年后。

20年后的苍南会变成什么样呢？我在心里遐想着……

黄县长已经退休了，他也许受聘到苍南县展览馆当顾问，闲暇时亲自为青少年讲解在改革开放的年代里，苍南曾经历过的风风雨雨（对了，他或许会拉上年已八十的金老，对青少年们说：“你们有什么理论问题解决不了，可以请教我们的‘土理论家’”）。

金乡的小商品已经跻身于国际市场，外商的订货单每天像雪片似的向这座古镇飞来。缪存良、叶文贵、殷为宗忙极了，每年都要往欧洲、北美、东南亚市场跑几次，以搜寻最新的市场信息。那个小小的科技服务公司，已经装备上了先进的电脑，并与世界信息中心直接发生了联系。

凤阳乡、拱桥内村的农民摆脱了贫穷的困扰，他们在解决了温饱问题之后，已进入小康水平。

方培林的方兴钱庄还办吗？办。只是已经改名为“方兴金融公司”，并在上海和广州设了代办处。

农民城龙港镇早就改为龙港市了，它成了浙南与闽东的商业要地。

……

呵，未来，令人向往的未来。

尽管前面的道路不会平坦，但我坚信：苍南终究要前进，终究会前进！

如果有那种可能，20年后，我真应该再为苍南，再为苍南的父老乡亲写一本书。

书名呢，是不是暂且定为《2008：苍南》？

1988年3—5月采访于苍南

1988年5—8月写于北京海军大院

中国的“挑战者”号

——首例农民告县长案始末

上 篇

1988年8月25日。灵溪镇。全国26家新闻单位44名记者蜂拥而至。旁听证的黑市价高达200元。

灵溪镇，浙江省温州市苍南县县城所在地。

这个不足4万人口的小镇，哪有过今天这样的热闹？哪有过今天这样的引人注目？

从清晨开始，人们便潮水般地朝着位于公园山下的灵溪电影院涌去。

在炭火一样沸沸扬扬的人群中，到处可见一道道关切的目光、冷峻的目光、好奇的目光以及躁动不安的目光。

人们像在等待着什么、盼望着什么、思考着什么、寻找着什么……

人群中，凡是持有门票的（准确地说，应该称为旁听证），显得神态自若，甚至还带点得意；而那些踮起脚尖、伸长脖子，用焦躁的目光左顾右盼的，则肯定是还没有拿到票的。

其实，早在3天前，整个县城便陷入了一场“票仗”之中。为了获得一张票，大家八仙过海、各显其能。或依靠自己的地位，或利用各种关系，不惜使出浑身解数。那几天，从区、镇打往县城各部、委、办的电话明显增多，而通话的内容多是企望得到一张票。某局，15名工作人员仅分得9张票，局长便委派平日里最有外交能力的李某出去周旋。李某凭借巧舌，又为局里拿到了6张票，喜得局长恨不得当场涨他一级工资。某部某科，6名办事员只分得3张票，僧多粥少，不得不采用民间原始的抓阄儿方法，来决定3张票的所有权问题。

票！票！票！

有人扯着嗓门喊叫：

“谁有多余的票?”

“有多余的票吗？我出50元买了。”

“我出100元!”

“谁有多余的票？我买了!”

……

一位手指上戴着一只像螺丝帽大的金戒指的小伙子，正在同一位摆香烟摊的老头儿进行交易：

“怎么，130元还不行?”小伙子问。

老头儿不屑一顾地摇了摇头。

“你要多少?”

老头儿慢悠悠地伸出了两根指头。

“200元？你也太贪心了。”小伙子说了句。不过，他随即从票夹子里掏出200元，往摊面上一甩，接过老头儿手中的旁听证，转身走了。

以防不测，电影院只开了一扇小门。门旁，由身着灰色法官服、佩带“执勤”臂章的法院干部和全副武装的法警组成两道“人墙”。持票者只能侧着身子从“墙”缝中穿过。

一些无票的人拥挤着、呼喊着，一次次向小门拥去，又一次次被法警挡回。

小小的灵溪镇何曾有过像今天这样热闹的场景？

难道是当今世界上最负盛名的男高音帕瓦罗蒂要在这里举行公演？

难道是令无数青年人折服的大影星刘晓庆要在这里露面？

或许是这里要搞什么“人体绘画大展”和类似“中国超人”的气功表演？

不！与帕瓦罗蒂、刘晓庆无关，与“人体绘画大展”和气功表演也无关。这个偏僻的小县城，起码在几年内还暂时和这些表演与大展无缘。

灵溪镇今天格外地引人注目，是因为再过半小时之后，我们共和国首例“农民告县长案”，将要在这里公开开庭审理。

一位作家用文学的语言把这桩官司形容为中国的“挑战者”号。

新华社、《人民日报》、中国新闻社、中央人民广播电台、《法制日报》、《浙江日报》、浙江电视台等中央、省、市26家新闻单位44名记者云集灵溪镇。他们不辞劳苦、蜂拥而至，一个个神情亢奋，绝对是掂出了这场官司的分量，预感到它将要引发的轰动。

本案的受理者温州市中级人民法院原先是把开庭地点定在县法院审判庭的，后考虑到只有450个座位的审判庭实在无法满足旁听者的要求，又将开庭地点移到了有着1032个座位的灵溪电影院。

庄严的国徽悬挂在淡蓝色的屏幕上方，舞台中间为审判席，右边是原告席，左边是被告席。

电视台和司法部门的4台摄像机呈一字形架在舞台前。身上挂满了照相机的摄影记者穿梭往来，各自选取着最佳的拍摄角度，使本来就够严肃的气氛变得更加严肃。

1032个位子一瞬间便座无虚席，被挤得满满登登。

天气太热，整个电影院像个蒸笼似的。

7点55分。

7点58分。

人们不停地望着手腕上的手表，显得有些不耐烦。

8点整。

书记员走到书记席前，用有些颤抖的声音宣布：“温州市中级人民法院受理原告包郑照等8人诉苍南县人民政府损害赔偿一案，将要开庭审理，请旁听群众坐好位子。”

整个电影院立即变得鸦雀无声。

书记员宣布了法庭纪律后，开始传唤：“传原告包郑照、赵如宝（包郑照妻子）、包松柱（包郑照长子）、包松村（包郑照次子）、包杏梅（包郑照次女）、包松燕（包郑照三女）、林陈女（包松柱妻子）、王玉红（包松村妻子）到庭。”

当法警拿着传票来到电影院门口时，包郑照一家正和几位司法干部争辩：

“1000多张旁听证，才给了我们10张，太不公平了！”

“我们家来了这么多亲友，怎么入场？”

“县政府共要去了600张旁听证，是不是想以势压人？”

……

原告以旁听证分配不公为理由，拒绝入场。

书记员无奈，只好先传唤被告：“传被告苍南县人民政府法人代表黄德余到庭。”

黄德余戴着眼镜，身穿白色短袖衬衫，神态自若地从门外走来。刚才，他一出现在电影院门口，便有不少干部热情地围过去同他握手寒暄，有的还跟他开起了玩笑。走到门口时，两位武警战士把他拦住了，旁人介绍道："他是县长，我们的黄县长！"黄德余忙摆了摆手，说："今天我是被告，被告！"

当堂堂的百万人口的一县之长，以被告的身份走向法庭的被告席时，步履无论如何也是轻松不起来的。

其实，在民事诉讼过程中，被告与原告具有同样平等的法律地位。但中国老百姓在感情上还不习惯于"被告"这个名词，似乎只要一牵涉被告，便会联想到杀人犯、强奸犯、贪污犯……

待原、被告双方的诉讼代理人入席后，书记员又请审判长、审判员入席，并向审判长报告："报告审判长，本庭刚才已向原告发出传唤，但8名原告均未到庭。"

温州市中级人民法院副院长、本案审判长李玉林不慌不忙地说："按照《民事诉讼法》有关规定，本庭第二次传唤，请法警送达传票。"

片刻，法警又返回："报告审判长，原告拒收传票。"

审判长微微蹙了蹙眉头，不过，他依然显得很沉着："刚才，本庭依据《民事诉讼法》第112条规定，对原告进行了第二次传唤，但是，原告无正当理由拒收第二次传票。现休庭5分钟，如原告再不到庭，本审判长将按撤诉处理。"

原告的诉讼代理人楼献律师坐不住了，他匆忙从台上走下，快速朝门外跑去。

显然是楼献律师做了工作，过了一会儿，不知谁喊了声

“来啦”，记者们“轰”地拥了过去，闪光灯乱闪一片，摄像机“嗡嗡”作响。

走在最前头的是61岁的包郑照，老人身子硬朗，但目光显得有些混浊，酱紫色脸上刀刻般的皱纹像张网似的笼罩着一片愁云，那又长又乱的胡子起码有一两个月顾不上刮了。特别引人注目的是包老汉右手托着的用竹子做成的水烟筒，这只带着浓烈乡土气息的水烟筒，凸显了他的农民身份。

包郑照的后面跟着他的长子包松柱和次子包松村。

两位女儿和两位儿媳搀扶着包郑照的老伴赵如宝，作为原告，她们完全可以理直气壮些，但是，不知是因为心中感到委屈，还是怯于这种众目睽睽的场面，5个女人走上法庭时都在轻声地啜泣着。

9点15分，在整整拖延了一小时一刻钟之后，法庭进入调查阶段，首先由原告宣读起诉状。

包松村在宣读起诉状时，显得十分激动。

案由：

为被告违法炸毁原告三间三层楼房，侵犯公民合法财产权利和非法拘禁原告，侵害公民人身权利以及严重危害公共安全案。

请求事项：

1. 依法确认原告三间三层楼房的合法财产权利；

2. 依法判令被告恢复原告三间三层楼房的原状，并赔偿原告的经济损失，恢复名誉；

3. 依法追究本案主要责任人，承担必要的法律责任。

事实与理由：

1985年8月5日，原告遵照苍南县人民政府苍政发〔1984〕第133号文件批准的舥艚镇建设总体规划，经镇建设审批办公室派员实地勘查丈量后，批准原告在舥艚街陡门东首内河干滩上新建三间三层楼房，占地面积为126平方米，并按照规定向镇城建办缴纳708元“地价款”。原告新房建成后，根据政府通知，于1986年10月27日依法向苍南县房管处舥艚镇房管站办理了房产产权登记。上述事实表明，原告新建的三间三层楼房，建房手续完备，房屋产权权属明确，应依法得到国家法律保护。

可是，被告无视上述事实和法律，偏信谗言，不择手段地变原告合法建房为违章建筑，竟于1987年6月30日下发苍政发〔1987〕81号“关于强行拆除包郑照违章房屋的决定”。该决定于1987年7月2日送达原告后，7月4日就实施强行拆除，公然剥夺法律赋予公民不服行政处理，有权申请复议和向人民法院提起诉讼的权利。更为严重的是被告竟然以权代法，于7月4日清晨带领武警70余人及县区镇干部300余人，对全街和舥艚河实行全面封锁后，采用爆破手段，连续17次爆炸，炸毁原告合法新建的三间三层楼房后半部分，并严重破坏了原告屋内的生活设施，致使原告的房屋、经济和精神蒙受重大的损失和损伤。此外，被告还将原告家属共8人实施捆绑和人身侵害后一人一间关押在镇政府，非法拘禁达12小时之久，使原告一家人的人格受辱，人身致伤。

……

《中华人民共和国宪法》第41条第3款规定：“由于国家机关和国家工作人员侵犯公民权利而受到损失的人，有依照法律规定取得赔偿的权利。”……故此，为保护公民的合法财产权利和人身及民主权利不受侵害，维护国家法律尊严，特根据《中华人民共和国土地管理法》第52条及《中华人民共和国民事诉讼法（试行）》第20条第20款之规定，向您院提起诉讼，请依法判决如上诉讼请求。

此致

温州市中级人民法院

具状人：包郑照（等）

1987年7月15日

一位哲人说过，“诉讼是一杯苦酒”。

现在，原告包郑照老汉率家人端起了这杯苦酒；

现在，黄德余代表县人民政府也端起了这杯苦酒………

充满争议的三间楼房

暂且让我们走出法庭，把镜头转向舥艚海堤。

舥艚海堤位于金乡区管辖的舥艚镇，本案所争议的包郑照家三间三层楼房，就盖在这条长达500米的海堤上。

至今保存完好的五只石碑，刻记着这条已历经700余年沧桑的海堤的历史。

苍南县江南平原自古水旱不常，洪涝风潮灾害严重。南宋嘉定元年（1208），县令汪季良在舥艚潭头海口、阴均山麓修筑一条挡潮海堤，古称阴均埭；又在魁江入海处建造一座排涝水闸，古称阴均陡门。阴均埭和阴均陡门内蓄河水灌溉，外御咸潮入侵，使江南地区旱涝无患。当地乡民感激汪季良治水有功，称其为“阴均大王”，立“阴均庙”奉祀。到清嘉庆十四年（1809），乡贤吴履墀，因觉“遇暴雨山洪涨发，争趋一门不能速泄，且无法容纳，往往有房溢之患，使稻禾屡浸于水；而无雨又不敢多蓄水，晴久易成旱患”，便捐家产在阴均陡门以西之燕窝埭上，又修造东魁陡门。自此，舥艚海堤两端各有一座水闸，犄角而立，同时启闭，泄水时间减半。

由阴均陡门、东魁陡门、阴均埭、魁江组成的舥艚海堤综合性水利工程，发挥了挡潮、蓄淡、灌溉、排洪多种功能，造福于人民。历史上虽多次遭受台风、大潮、洪水的侵袭，但由于人民爱护、年年培修、岁岁加固，加之官府刻石立碑，明令保护，故得以保存完整。

新中国成立以后，人民政府视水利为农业的命脉，多次拨款加固海堤，改装、拆建了阴均、东魁陡门，并于1962年在阴均陡门旁新建了舥艚新闸，使舥艚新老三座水闸共有10孔，净宽36.6米，基本上满足了排洪需要。1964年，又在海堤上建造了一条500米长的防洪堤，同时疏河浚浦，使这座古老的水利工程焕发了青春，发挥出更大的效益，成为苍南县江南平原挡潮、蓄淡、排洪、灌溉、供水的中型水利枢纽工程，保护着四区两镇50万余居民和20余万亩农田。

“文化大革命”波及舥艚海堤。当地人多地少，房宅地一直紧缺，一些乡民便擅作主张，在海堤南北坡及河道上抛石填基，毁堤建房。几年间，200余间房屋拔地而起，这座重要的水利设施，竟变成了一条繁华的街市。

一天两次潮和舥艚街上一天两次的嘈杂的海鲜交易声，淹没了舥艚海堤发出的痛苦的呻吟。

新中国成立后的第三个年头，包郑照一家从乡下搬到了舥艚镇。同这里的多数乡民一样，鱼汛时，他随船出海打鱼；不出海时，便在家操持农务。子女多、负担重，加上那时候的政策把人的手脚捆得死死的，一年忙到头，日子仍过得紧巴巴。

1968年六七月间，包郑照见许多人在盖房，心也痒了。可一时找不到地基，便在舥艚海堤新闸50米处的内河一侧迎水坡上，盖了一间草房，一家人在草房里住了8年。1975年春节前，包郑照又将草房拆了，改建成三间占地105平方米的二层砖木结构的楼房（包家的三间老房子）。那时候，包郑照认为，别人都在盖房，他也应该想办法盖，何况他家的子女比别人家多。至于在海堤上盖房合不合法，他压根儿没有想过。

1978年冬，具有里程碑意义的党的十一届三中全会召开了。党中央吹响了改革开放的号角，中国革命的航船驶上了一条新的征程。在发展商品经济的大潮中，苍南县同温州其他一些县一样，率先从封闭的格局中走出来，从僵化的观念中走出来，从贫困的境地中走出来……

掌握了自己命运的农民们开始慢慢富起来了。

包郑照也尝到了先富起来的滋味。他的几个子女已长大成人，长子包松柱自己跑起了供销，专搞编织袋和塑片业务，收入颇为可观；次子包松村高中毕业，应聘到镇里工作，当上了水利管理员；三子包松琪应征入伍，还提了干部。包家在舥艚镇成了有脸面的人家之一。

夕阳西下，渔帆归港。一天的劳作结束后，包郑照老汉总爱抱着水烟筒，在房前屋后转悠着。当人的腰包有了钱以后，连思维方式都会改变。曾经住过茅草房的包郑照，忽然不满足于眼前的三间老房子了：低矮、样式陈旧、面积也不够大。他眯缝着双眼，一边吸着水烟，一边在心中盘算着：紧挨着老房子东头的堤坡还有一片空地，拉些石块填上，估计填出三间房基地问题不大。趁着家里还有些钱，索性再盖三间房子（中国的农民有了钱之后，似乎首先想到的两件大事就是盖房子和娶媳妇），这回要盖就盖它气气派派的三层楼……

极富务实精神的包郑照说干就干，立即率家人贪黑赶早、抛石填土，在老房子旁又填出了三间房基地。

然而，舥艚海堤上的这场“盖房热”，却直接威胁着海堤的安全。几百间房屋的重量增加了海堤的基础负载，一旦超越堤基承载力，就将导致基础滑动毁坏。同时，在堤坡上填河建房，缩小了河道过水断面，使河道过水流量减少，也有可能酿成涝灾。

有关部门终于发现和注意到这个问题。

1983年9月，县水利局和舥艚镇人民政府联合成立了河道清障领导小组，对舥艚海堤的违章建筑进行了清理和整顿。鉴于海堤上的房屋多数建于“文化大革命”期间，鉴于那个可以理解的特殊年代，领导小组决定将这部分违章建筑先冻结起来，等候处理，并予以罚款。包郑照家建于1975年的三间老房子被罚款300元（每间100元）。对那些已经填好或正在填的房基地，领导小组在其临水界布设界桩，控制向外继续填河，不准今后再搞违章建筑。包郑照家尚未全部填好的新三间房基地，也被打了两根界桩，一根打在后墙间约1.5米处，一根打在东边墙脚约2.7米处。

“盖房热”稍有收敛，一场风波似乎暂时平息了。

不过，包郑照始终没有放弃盖新房的念头。

他在观望，他在等待。“枪打出头鸟”，中国老百姓似乎都深谙其中奥秘。

两年过去了。这时，包郑照的次子包松村已由镇水利管理员改任负责宣传工作的镇委委员。

1985年8月1日，由包松村出面，以包郑照的名义，向舥艚镇城镇建设办公室申请建房。镇政府和镇城建办领导在包松村的多次请求下，口头同意包家建房的申请。随后，镇城建办工作人员郑某某带人丈量了包家所填的地基面积，包家缴纳了708元的“地价款”。8月5日，郑某某又以镇城建办的名义为包家写了一份“批复通知单”：“包郑照同志：经研究，同意你在舥艚街（舥艚海堤）陡门东首内河边建三间三层楼房，面积126平方米，请在8月上旬动工兴建，特此批复。”

因害怕夜长梦多，包家一拿到“批复通知单”，立即动工筹建三间新楼。可是，天下没有不透风的墙，新楼混凝土基础刚浇筑完，县水利局发觉了。1985年9月4日，县水利局向舥艚镇人民政府发出了信函，要求立即制止包家非法侵占河道的行为。信中指出：“贵镇干部包松村同志最近又填河作宅基，这是非法行为，在群众中影响很坏，反映强烈。请通知其本人，立即停止施工，并按省有关河道清障之规定，按照‘谁设障、谁清障'的原则，彻底清除，恢复河道原貌。特此函告，请支持处理，为盼。”

镇长朱克通接到信函后，立即将水利局的要求向包松村作了传达。包家未予理睬，继续施工。

1986年阳春三月，在一阵鞭炮声中，包郑照家新的三间混凝土砖木结构小楼落成了。在长蛇般的海堤上，显得非常气派。

正当包家沉浸在新屋落成的欢悦之中时，4月初，远在北京的中共中央、全国人大常委会、国务院、中央防汛总指挥部、水电部，却分别收到了署名为舥艚镇人民代表的上诉书，上诉书中紧急呼吁有关领导保护舥艚海堤的安全，要求依法对包家毁堤填河的行为进行处理。

4月28日，中央防汛副总指挥、水电部部长在上诉书上批示：“请该省水电厅派人调研查处。”

5月7日，全国人大常委会办公厅信访局致信浙江省人民政府办公厅，“要求派人查处，清除河障”。

受省政府办公厅、省水利厅之托，温州市人民政府防汛指挥部、市水电局于5月20日派出负责同志和《温州日报》记者会同苍南县水电局、金乡区、舥艚镇负责同志，进行实地调查。而后，由温州市防汛指挥部专题写出舥艚海堤设障调查及处理意见的报告，上报有关部门。省水利厅正式下发〔1986〕135号文件，提出“自1983年设置河道界桩以后，侵占河道建造的建筑物（包括包松村家新建房屋违章部分），一律按违章户拆除。在此以前的违章建筑，明显影响行洪者，也要予以拆除”。

5月22日，《温州日报》在头版位置发表了《舥艚镇水利设施遭受严重破坏》的报道。副市长、市防汛指挥部总指挥何荣飞当即批示：“看了《温州日报》的报道，感到问题很严重。今年汛期即将来临，请市防汛指挥部和水电局的负责同志，苍南县委、县政府领导共同负责，并责成舥艚镇委、镇政府，务必在6月底以前解决水利设施遭受破坏的问题。否则，出了问题，要追究有关人员的责任，特别是要追究舥艚镇委、镇政府的直接责任。”

苍南县政府接到何荣飞副市长批示后，再次派人调查，并于5月30日写出报告：“……群众反映包松村同志身为乡干部，填河建房，这是十分错误的，违章之处，应予拆除，并建议舥艚镇政府要给予包括松村同志严肃批评教育。”

7月16日，金乡区公所、舥艚镇政府、县水利局又一次对包松村填河建房提出处理意见。

7月31日，县纪律检查委员会亦写出调查核实报告。

整党期间，区、镇党委书记多次找包松村谈话，希望他能协助做家人工作，尽快将违章建筑拆除。包松村态度强硬：“我家房子是通过合法手续建造的，决不会自动拆除。”

于是，此事又拖到了1987年。

在屡做工作无效的情况下，4月24日，金乡区委、区公所以及舥艚镇委、镇政府决定，限包家10天内自行拆除违章建房，否则，将由政府强制拆除，包家如不服本决定，可向法院起诉。包松村回答：“我们不起诉，谁来拆我家的房子，我们就告谁。”

10天过去了，包家按兵不动。

包家到期不清障，又不向法院申诉，看来只得由政府向法院申请强制拆除了。5月5日，舥艚镇人民政府向县人民法院递送了《迫切要求县人民法院强制拆除包松村填河建房的报告》。报告指出：包松村身为镇里干部，公然违反省人民政府〔1982〕35号河道清障的通知，毁堤填河建房，侵占堤防河道126平方米，经多次教育，拒不自行清障。为此，金乡区公所、舥艚镇政府于4月24日作出决定，并通知包松村本人和家庭主要成员，限期10天内（至5月4日止）拆除填河违章建筑，现已超过限期，包家仍不拆除。为坚决清除河道设障，保护广大群众利益，特恳求县人民法院强制拆除包松村填河违章建筑。

县法院领导接到报告后，作了批阅，并通知镇里再补充一些材料。镇里将补充材料寄出后，县法院却一直没有收到。不知这是个偶然的差错，还是里面藏着其他什么因素？

此事又拖了下来…

爆炸！爆炸！

1987年，兔年。本该十分温顺的“小白兔”，忽然变得焦灼不安。

1月，受“厄尔尼诺”影响，我国东北大部分地区日平均气温下降8摄氏度到14摄氏度，而江南平均气温出现了35年来的最高值。

2月26日，青海西北部发生6.2级地震。

3月15日，哈尔滨亚麻厂发生重大爆炸事故，死亡47

人，受伤185人。

4月22日，双鸭山开往齐齐哈尔的98次特快列车发生爆炸，当场死亡11人。

进入5月，大兴安岭的森林火灾，更使中外震惊。

鉴于大兴安岭火灾的教训，防汛工作引起了中央的高度重视。在短短不到一个月的时间内，国务院连续下发了三个关于防汛的文件：国发〔1987〕35号《关于听取防汛工作汇报的会议纪要》、《李鹏副总理在中央防汛总指挥部召开的防汛汇报会上的讲话》、国发〔1987〕45号《关于清除行洪蓄洪障碍，保障防洪安全的紧急通知》。文件口气一个比一个强硬，“各级人民政府范围内的清障任务，要和防汛任务一样，由各级人民政府的主要领导人负责，组织有关部门和地区同心协力抓好。”“如果由于清障不力，而在汛期发生重大险情或者事故，特别是对那些以邻为壑、拒不清障，造成上下游、左右岸灾情加重的地方，要追究其主要领导人的责任。”

6月，又临每年的台风季节。

6月26日晚7点，浙江省防汛防旱指挥部召开全省防汛清障紧急电话会议。

苍南县邮电局的电话会议室里，县防汛指挥部指挥，副县长黄特今率指挥部全体成员，农委、水电、城建有关部门的负责人，正襟危坐，听取副省长许行贯的指示。

许行贯要求各级政府以大兴安岭火灾为教训，层层包干，坚决完成清障任务。如果因为拒不清障或清障不力，在汛期发生重大险情和事故的，该哪一级负责的，就要追究哪一级领导人的责任。有的设障单位及个人，拒不执行清障命令而又影响大局的，应强制拆除。

省电话会议结束后，温州市政府紧接着作了具体的部署。何荣飞副市长在讲到清障问题时，态度非常严厉地点到了苍南县，他问："苍南县舥艚镇包松村家违章建筑的房子拆了没有？如果已经拆了，很好；如果还没有拆，限你们在一个星期内强行拆除。这个'钉子户'要是拔不掉，你苍南县政府、舥艚镇政府还有什么权威……"

黄特今如坐针毡，正在记录的手微微颤抖着，额前沁出了汗珠。

会议一结束，黄特今急忙敲开了县委书记周方权家的门（黄德余县长外出开会不在家），汇报了省、市领导的指示，听着听着，周方权的眉心锁紧了，他也意识到问题的严重性。

次日，周方权亲自出面，召集副县长、政法委书记、纪委书记、法院院长、公安局局长和水电、城建等部门负责人参加的联席会议，进行专门研究。

包家从前年8月盖房至今差不多近两年了，两年间，县里、区里、镇里数十次同包家成员谈话，动员他们自行拆除，包家无动于衷。今年4月，区、镇又正式通知他们10天内自行拆除，包家依然按兵未动。该说的都说了，该做的也都做了。软硬办法都用了，可包家软硬都不吃。

据气象台预报，4号强台风已在太平洋以东洋面形成，强台风有可能在温州方向登陆，洪水、大潮随时可能发生。省、市领导丑话都讲了，到时真有个三长两短，就不仅仅是政府的威信问题了……

与会者全都把目光集中于周方权身上。

周方权坐在沙发上，默默地吸着烟，拧眉思索着。

过了一会儿，周方权侧身问法院院长：“老李，这件事如果在你们那里立案，由法院强制执行行吗？”

李院长回答：“在法院立案可以，不过时间太短了不行，起码要一个月。”

“一个月？”周方权摇了摇头，“一个月，来不及了。”

又是一阵沉默。

“拆！”周方权把烟蒂狠狠地按在烟灰缸里，终于下定了决心。

接着，会议做了四项部署：第一，县政府马上作出强行拆除的决定，书面送交包郑照全家，限7月3日前自行拆除。如包家自己不拆，将由县里强制执行。第二，将强行拆除意见用传真电报请示市政府。第三，由黄特今副县长组织政法委、公安、城建、水电等部门，及区、镇干部、职工执行强制拆除任务。第四，届时由县法院派员到现场，监督工作人员依法办事。

6月30日，苍南县人民政府的决定正式送达包郑照家。决定全文如下：

关于强行拆除包郑照违章房屋的决定

舥艚镇居民包郑照于1985年9月在原住房东首填河126平方米，建造三间三层混凝土砖木结构楼房一幢。在建期间，县水电局发函责令停工待处理，包家无视县水电局通知，突击施工建成。该房建成后，县水电局派出工程技术人员会同金乡区公所和舥艚镇人民政府负责同志，多次实地勘测核实，该房确属违章建筑，影响河道行洪排涝。为了保护水利设施安全，金乡区公所、舥艚镇人民政府、市规划局、市水电局和县水电局、县城建局先后多次通知、责令限期自行拆除违章房屋，包郑照不顾各级政府的三令五申，至今未予拆除，引起社会强烈不满，影响极坏。现根据国务院国发〔1987〕45号《关于清除行洪蓄洪障碍，保障防洪安全的紧急通知》精神，县人民政府决定：强行拆除包郑照的违章房屋，由舥艚镇人民政府执行。由此而造成的一切损失和后果均由包郑照本人负责。

苍南县人民政府

1987年6月30日

看来这次要动真格了。

包家陷入了一片紧张之中。

包郑照老汉坐在矮凳上，一筒接一筒地抽着闷烟，两只眼睛布满了红红的血丝。

老伴在一旁不断地用衣襟抹着泪水，不时地长吁短叹。

闻讯赶来的亲朋好友有的破口大骂政府不公，有的悄声出谋划策。

包家里拿主意的还是包松村。舥艚镇青年人不少，青年中高中生也有一些，但唯独包松村被招聘为镇里的脱产干部，足见其精明与能干。现在，面对政府强硬的决定，拆还是不拆，家人和亲友都在等着包松村的态度。

“与其让政府动硬的，还不如我们自己拆，这样损失要小一些。”有人轻声说道。

“凭什么要拆？在海堤上盖房的有几百家，为什么偏偏要拆我们家?”马上有人反驳。

“不拆能行吗?”有人顾虑重重。

“不拆，就是不拆!”一直坐在屋角不吭声的包松村站了起来。此刻，他像一只困兽似的满脸憋得通红，“我们盖房是经过镇城建办批准的，是合法的，县里凭什么拆?老百姓虽然无权无势，可也不是泥做的，当官的想怎么捏就怎么捏。”

“松村，胳膊扭不过大腿，民与官斗，要吃亏的。”有人劝道。

包松村冷笑了一声：“等着吧，我等着他们来拆!”

这一夜，魁河边包家的灯亮了一通宵……

灵溪镇。

这几天，黄特今也是在异常紧张中度过的。这位毕业于浙江农业大学的中年知识分子，原为瑞安市农业局局长，不久前才调到苍南县任副县长。她没想到，就位后参加上级召开的第一个会议是防汛会议，执行的第一项任务就遇上这么颗“硬钉子”。

“老黄，拆房子是最得罪人的事情，你刚上任不久，一定要慎重考虑。”

“舥艚这地方宗派活动厉害，有一年法院在那里召开公判大会，连犯人都被抢走了，你千万要小心!”

对于这些好心人的劝告，黄特今只是笑笑，她想得更多的是如何把县委交给自己的这项任务执行好。

根据县联席会议决定，这次强行拆除，不是将包家的三间新房子全部拆掉，而是先拆其阻水最严重的部分（即楼房后部的部分建筑，共约11.12平方米）。如何既把这部分拆掉又不损坏其他建筑，黄特今与水电、城建有关人员反复进行了研究——只能采取定向小爆破的办法。可谁能承担这种小爆破任务呢？又费了一番周折，他们终于在桥墩水库建设工地上找到了能承担定向小爆破的专业技术人员。

7月3日，是县政府所给期限的最后一天。

上午，县政府办公室将《关于强行拆除包郑照违章房屋的紧急报告》的急电发往温州市政府：

> 县政府决定于7月4日上午赴舥艚镇强行拆除包郑照违章房屋。拆除方法采取爆破法，特作紧急报告。

下午，市政府办公室回电：

> 93号《传真电报》悉，经请示市人民政府领导，同意按县政府决定办，强行拆除，具体办法由县政府自己决定。

吃过晚饭，黄特今又一次召集了有关部门负责人会议，检查落实情况。考虑到从县城到舥艚镇汽车无法直达，中途还得换乘河船，为不耽误时间，会议决定所有执行任务的人员当夜10点先到钱库镇集中。

7月4日上午7点整，各路人马包乘数只小客船，浩浩荡荡赶赴舥艚镇。

一些事件参加者或目击者是这样描绘当日情景的：

黄特今（苍南县副县长）：

执行任务那天，我们组织了水电局、城建局、公安局、金乡区公所、舥艚镇政府等部门的负责同志、干部、职工共300多人参加，其中公安干警50多人。

早晨7点，全体人员准时到达舥艚镇。

在镇政府四楼会议室里，由我做了动员。我主要讲了为什么要强行拆除包家的房子，传达了周方权书记的指示，提出了注意事项，宣布了有关纪律。

参加工作20多年，还是头一次执行这种性质的任务。这里面牵扯到政策问题、纪律问题，稍出差错，就可能造成不可弥补的损失。加上来的人员又比较杂，所以，我这个现场总指挥的心一直悬着。

不过还好，拆除工作从上午9点开始直到下午6点结束，整个现场秩序井然，纪律严明，没有出现什么意外情况。

赵有根（舥艚镇镇委书记）：

当天，分配给我们镇里的工作是负责将包郑照一家人劝离现场。可以想象，如果不把包郑照家里的人劝离开，到时他们又哭又闹，拉拉扯扯，就根本无法执行爆破任务。

我带着一帮人到了包家，当时他们家只剩下包郑照老两口，三个女儿，最小的儿子和两个儿媳妇。

包郑照站在门口，手里拿着镇城建办的批准书，见我们去，气抖抖地说：“我们家的房子是经过镇里批准盖的，这是批文。老百姓辛辛苦苦挣点钱，盖几间房子容易吗？你们想拆就来拆，这还讲理不讲理？”

我劝说：“老包伯，该讲的我们都讲了，县里的决定你们也看到了，房子是一定要拆的，现在你先跟我们到镇里去吧。”

他的老伴一听我们要带他们走，马上躺倒在地上，又哭又闹：“我不走……这是我的家……要死我就死在这儿……”

几个女儿和儿媳一见，也哭成了一团。

没有办法，她们一耽误就整个全耽误了，我们只好让几位女同志一边劝着，一边架着，把她们送到镇里。

后来有人乱传，说镇里的干部一路上对包家的人拳打脚踢，我敢保证，这是绝对不可能的事，我们不可能连这么点政策水平都没有嘛。

到了镇里，我们安排包郑照一家在四间办公室里休息，工作人员给他们送了开水，中午又送了面包等食品。这期间，包家的一些亲友也来看望，并送来一些吃的东西。

下午6点，拆房任务完成后，我们又把他们送回家里。

饶道安（苍南县城建局局长）：

按照县里部署，拆房的具体实施由我们局和水电局执行。我们从县建筑公司找了十几名技术人员和工人，又从桥墩水库工地请来了三名爆破技工。

包家的楼房是钢筋混凝土混合结构，每层楼都有混凝土圈梁。为了保持暂不拆除那部分的完整，我们对每层圈梁都要用小爆破松动，再切割其中钢筋，所以，拆起来很费劲。

那天，我记得一共放了17炮。放第一炮时，由于没有经验，房屋玻璃还被震掉了两块。后来，把所有的门窗都打开，就好了。

去时，县里打了招呼，各单位要自己准备吃的，我们带的是蛋糕和汽水。

我问：“听说那天有些人趁机喝了包家开的小饮食店的不少汽水和啤酒，是不是这样?”

饶答：“不可能。那天现场的气氛严肃得让人感到害怕，谁还敢去偷喝包家的饮料。再说各单位自己都带了食品，我们带去的还没吃完呢。”

小黄（苍南县机关工作人员）：

拆房我也去了。

公安局在海堤两头设了岗哨，禁止无关人员来往。河上还派了小艇在巡逻警戒。

那天天气死热，炮声一响，加上气氛紧张，身上老出汗。

姓包的那家盖的新楼房的阳台延伸到街道中间，下雨时，过路人一不小心，脑袋就会被包家阳台的流水滴到。而当地渔民有一种迷信说法，认为出海前屋檐水滴到头上是非常不吉利的。所以，包家新房子一盖好，跟着就有人告状。

不过，老百姓向来有一种同情弱者的心态。他们一见政府动了真家伙，真要把好端端的房子给拆了，便又可怜起包家。觉得人家花了七八万块钱盖了三间房子也是很不容易的。特别是那些妇女，一见包家的人哭，她们也陪着抹眼泪，给人一种悲悲惨惨的感觉……

林某某（舥艚镇青年）：

政府来拆房，我们都去看了，不让靠近，我们就站在河对岸看。

你问老百姓有什么看法，这个问题一两句话讲不清。由于各人站的立场不同，看法也不一样。

比如包家的亲戚朋友肯定是支持包家骂政府的。

也在海堤上盖了房子的那些人，看到政府来拆包家的房子，便觉得说不定哪天也会来拆自己的。同病相怜，他们势必也反对政府拆房子。

也有人认为包家盖房子是经过镇城建办公室批准的，老百姓不懂什么土地法、水利法，领导批准我盖我就盖。既然经过批准，你现在又派人来拆房子，你们当官的说话还算数不算数？

还有人觉得政府派兵用炸药炸房子太过分了（他们不了解是从水库请来的技术员），只见过政府帮老百姓盖房子，没见过政府用炸药炸老百姓的房子的。

当然，也有站在政府一边，支持政府的。这海堤再不整治非毁了不可。谁都可以在上面盖房子，那还有王法没有？政府不是没做工作，是你包家不听嘛！再说，现在不出事无所谓，有一天真出事了，海堤有个三长两短，最先遭殃的是在海堤上盖房的那些人。凭良心说政府这样做不是跟谁过不去，最终还是为了老百姓好。

一阵阵爆炸声象征着一种威严。

一阵阵爆炸声把整个苍南大地都给震动了。

据有关部门统计：在7月份半个月的时间里，全县清障工作有了突飞猛进的发展。河道清障达300多处，清障面积约5000平方米，其中，清除毁堤砖窑100多座，清除填河建房100多间，还清除了阻水码头、阻水桥梁、堆场等障碍建筑近100处。

不过，苍南县委、县政府的领导们未曾料及，也是这一阵阵爆炸声，引来了一场长达一年之久、轰动国内外的官司。

中　篇

诉讼：路漫漫……

爆炸声消失了。

拆房的队伍撤离了。

魁河又变得安静了。

太阳将要下山。落日的余晖映照着包家三间残缺不全的楼房，仿佛这里刚发生过一场小小的战争。

包郑照老汉哭了，他依然托着那只水烟筒，像一尊石雕似的呆立在河旁，默默地注视着眼前这幢曾凝聚着他们全家心血和希望的楼房，豆大的泪珠顺着布满皱纹的脸颊直往下落。

又是几天几夜激烈的争论。

又是几天几夜痛苦的思索。

包郑照和家人终于下定了告状的决心。

告状！与自己的父母官对簿公堂，决个输赢！

包家勇敢地作出这样的选择，虽然这种选择是痛苦的，虽然包家当时不一定意识到法律是保障自己权益的最佳手段。

7月4日房子被炸，15日，包家便写了控告状和上诉状。他们将控告状散发，上至中央、省、市，下到县里有关部门。

告状，首先想到的是去县人民法院。包松村走进了县法院的大门，递上了状子。三天以后，法院民庭这样答复他：“你告的是县人民政府，而我们本身行政上属县政府领导，所以这个案子我们无法受理。不过，你们还可以找上级法院。”

县法院的上级法院是市法院，包松村又连忙乘车赶到温州，将状子送进了温州市中级人民法院。拖了一天又一天，市中院也未受理。

后来我在市中院采访时，专门就这个问题问过有关同志。他们告诉我，当时《行政诉讼法》尚未公布，法律条款上没有明确规定这样的案件要归属于法院管辖，所以此事便拖了下来。

县、市两级法院均未受理，给包家造成了一定的心理压力。不过，他们没有死心，8月上旬，包松村又到了省城杭州。

经人介绍，他找到了浙江省联合律师事务所第四所律师、《经济生活报》法律顾问楼献。其实，在这之前，包松村已经将《控告书》寄给了《经济生活报》，只是未曾引起报社重视。

听了包松村的叙述，看了材料，楼献当时的直观感觉是，县政府这么做从法律程序上讲是错误的，拆房应该通过法院。

包松村希望能得到楼律师的帮助。

楼献沉思了一番之后，觉得当务之急是如何想办法让法院受理这个案子。他表示愿意助一臂之力。

8月15日，楼献以《经济生活报》法律顾问的名义，给省政法委员会写了报告。

关于苍南县政府炸毁民房的情况报告

省政法委员会：

今年7月4日，苍南县政法书记曾云超、副县长黄特今等人带领武警70余人，县、区、镇干部300余人，对舥艚镇和舥艚河实行全面封锁一天。连续爆炸17次，炸毁当地农民包郑照的合法新建三层楼房的后半部分，并将包家8人捆绑关押在舥艚镇政府内达12小时。

一个多月来，包郑照及家人告状无门，只好投诉于本报。近闻全省开展执法大检查，我们拟在本报披露，不知当否。现将有关材料呈报，敬请委领导在百忙中予以批示。

此致

敬礼！

《经济生活报》法律顾问楼献

1987年8月15日

8月22日，省政法领导小组组长、省高级人民法院院长袁芳烈在报告上作了批示：

鉴于原告已诉讼温州中级人民法院，是否可在有关方面查处后，从总结经验教训角度报道而不是搞单纯的披露更好些？

8月27日，《经济生活报》在《法律咨询》栏目里，以法律顾问回答读者来信形式作了报道，全文如下：

这样炸房对吗？

编辑同志：

我家的三间三层楼房于1985年经镇城建办批准兴建。建成后又于1986年10月在镇房管站办理了房产登记。然而今年7月4日，即在我接到县政府拆房决定的第二天，县里个别领导就带领300余人，连续爆炸17次，炸毁了我们一半楼房。并把我家8口人捆绑关押在镇政府达12小时之久。请问这种做法合法吗？我该怎么办？

苍南县舥艚镇包郑照

包郑照读者：

如来信所述属实，你建造的楼房手续合法，权属清楚，应受法律保护。同时，房子是建在河岸上的规划红线内，不属防洪清障的重点。故不知有关部门为何一会儿批准兴建，一会儿下令炸毁。

退一步说，即使是违章建房，根据《土地管理法》第52条规定：“当事人对行政处罚决定不服的，可以在接到处罚决定通知之日起30日内，向人民法院起诉。”法律对强制执行的机关也作了明确规定：“由作出处罚决定的机关申请人民法院强制执行。”因而，你县人民政府在拆房文件送达你的第二天，就强制炸房，剥夺了你的诉讼权利，是违背法定程序的行为。县政府只能申请法院强制执行，自己出面执行是越权行为。至于非经司法机关批准捆绑关押你及家人达12小时，则属非法拘禁的违法行为。

根据《宪法》第41条、《民法通则》第121条的规定，国家机关在执行公务中，侵犯公民的合法权益造成损害的，应当承担民事责任。因此，你可依法向人民法院提起诉讼，请求赔偿损失。另外，根据《刑法》第130条和143条的规定，你可向检察院提出控告，追究直接责任人员的非法拘禁的刑事责任，但如果你捏造事实，无中生有，陷害他人，也是要受到法律制裁的。

《经济生活报》法律顾问楼献

与此同时，楼献又给温州市中级人民法院院长陈志坚写了信，希望中院能受理此案。

陈志坚院长：

在全省执法大检查之际，苍南县舥艚镇包郑照来信并来人反映房子被炸事情，我向省政法委、省纪委以及袁书记汇报了此事。袁芳烈书记有批示。省纪委电批转温州市纪委。现将袁书记及秘书的批示及信函转给您，请您院受理。此案亦向省高院经济庭汇报过，在省政法委员会会议上，袁书记专门讲了，要严格依法处理。

敬请立案后，通知我们，好让我们从总结经验教训角度进行报道并汇报给袁芳烈书记。

《经济生活报》法律顾问楼献

此后，包郑照又给北京的《法制日报》去信，信中说：“……这几年党的富民政策好，世代穷苦的农民都过上了富裕安康的生活，这栋新楼是我家靠辛勤劳动积蓄盖起来的，可如今被毁了。对这种严重侵害我家合法权益的行为，我呼吁报社为我伸张正义。”

《法制日报》在派员调查采访以后，于1987年12月26日，发表了题为《这是一起严重侵害公民合法权益事件》的记者调查附记。

其他一些法律刊物，也作了长篇报道，指责县政府违法侵权。

包家也是懂得新闻舆论的重要性的，新闻舆论对他家的倾向，增强了他们打这场官司的信心。

尽管市中院仍未受理此案，但苍南民间已有人在散布消息：“包家的官司打赢了，十几万元的赔偿费就要拿到手了。”

又乱了，清障工作出现了反复：

一些执法清障的干部被打、被骂、被围攻；一些被清障户也学包家到区、乡政府吵闹，要求赔偿损失；

横阳支江堤坝上已被拆除的100多座砖窑，又在原址上重新建窑烧砖；

黄家底村原定拆迁的六间填河建房，其户主争到另建地基后，却又不肯拆除设障的房子；

舥艚镇又有人在河堤上填河，准备盖房；

对104国道线旁违章建筑，政府呼吁多次了，却迟迟拆除不了……

苍南县委、县政府面临着来自各方面的压力。

1988年1月20日，苍南县人民政府就《法制日报》的报道情况向国务院写了报告。

1987年7月4日，经温州市人民政府批准，我县人民政府组织水电、城建、公安等有关部门人员，强行拆除本县舥艚镇农民包郑照在挡潮、排涝、行洪主河道上填河侵堤的违章房屋。这次行动对加强法制观念，打击歪风邪气，推动河道清障工作，起了很大作用。但是，《法制日报》于1987年12月26日以“这是一起严重侵害公民合法权益事件”为题的报道，作了混淆黑白、颠倒是非的宣传，造成了干部群众的思想混乱，严重影响了冬修水利、河道清障，干扰了当前农村工作。

报告分四部分阐明了县政府的态度：第一，包郑照的房屋是严重违章建筑。第二，包郑照违章建房，不受法律保护。第三，包郑照建房，舥艚镇城建办批准是无效的。第四，强行拆除包郑照违章房屋完全正确。

报告最后呼吁：“……可是，《法制日报》记者把我政府当靶子来打、钉子来拔，岂不为公有过、执法有罪吗？记者竟为清障‘钉子户’包郑照鸣冤翻案，那今后如何清障、依法治水、依法管河？新闻单位如此作为，我们基层干部实在无所适从，百思不解。请求上级领导公断明示，伸张正义，以利于搞好工作。”

舥艚炸房公案引起了各级领导的关注，这其中势必要牵动一个关键人物的心思，他，便是浙江省高级人民法院院长袁芳烈。

袁芳烈曾经在温州当过5年的市委书记，随后调省里任浙江省高级人民法院院长。对温州这块土地他是了解的，对温州人民他充满了感情。党的十一届三中全会以来，改革开放政策使温州这个贫困的地方发生了翻天覆地的变化。袁芳烈深深懂得，温州有着发达的商品经济，而发达的商品经济又使温州人具备比较强的民主与平等意识。

农民告县政府，有什么不可以的呢？1982年颁布的《宪法》第41条明确规定：公民“对于任何国家机关和工作人员的违法失职行为，有向有关国家机关提出申诉、控告或者检举的权利”。这里说的“任何国家机关”，当然包括县政府。袁芳烈认为，如果农民告政府，法院就不受理，那反倒不正常了。特别是眼前，全省正在开展普法执法大检查，通过公开审理此案，将会增强人们的法制观念，将有可能促进民主与法制向前迈进一步。

袁芳烈拨动了办公桌上的那部红色电话机……

1988年2月底。

一封信函从省城杭州发至温州。

温州市中级人民法院：

现将苍南县包郑照1988年2月4日给本院和省政法委员会“关于要求受理苍南炸房案件的报告”和1987年7月15日给你院的“民事诉状”及苍南县人民政府给国务院的报告等材料转给你们。此案，袁芳烈院长指示，请温州市中级人民法院按《民事诉讼法》第35条规定办理，并将结果报告本院。

浙江省高级人民法院

1988年2月26日

温州市中级人民法院于1988年3月29日正式向苍南县人民政府发出了应诉通知书。

县长出不出庭?

一年前，为了拆除包家的违章建筑，县里采用了爆破法，声声炮响震动着舥艚镇。而今，温州市中级人民法院受理了这桩炸房公案，有人说，这是包家投向县政府的一颗“炸弹”。

难怪，浙江电视台将自己拍摄的反映这场官司的新闻专题片取名为“爆炸后的爆炸”。

县委、县政府没有准备；

县委书记、县长也没有准备；

谁都没有思想准备，百万人口的“最高统帅部”，竟会被人送上法庭的被告席。

市法院应诉通知书送达的那天，县委书记周方权笑着对县长黄德余说：“好吧，准备着当一回被告吧。”

黄德余沉吟了片刻，说：“也好，尝尝当被告的滋味。”

县委书记、县长日理万机，每天要处理多少事情，可他们俩谁也没亲自打过官司。周方权和黄德余好像突然想起了似的——打官司应该请律师，于是，他们决定派副县长黄特今到杭州请律师。

4月的杭州，正是花红柳绿的季节，西湖边上，游人如织。

黄特今带着办公室主任急匆匆赶到省城。她原以为请律师难不到哪儿去——到了律师事务所，把情况一介绍，把材料一交，人家一点头，表示愿意接受委托，事情即成了。可没想到，跑了几家律师事务所，有的明确表示不愿接受；有的觉得吃不准；有的则含含糊糊，让把材料留下，待考虑考虑再答复。喜欢直来直去的黄特今沉不住气了：这是怎么啦，真理在我们这边，我们都不怕，你们当律师的怕什么？

那天下午，有些心灰意冷的黄特今到了浙江省联合律师事务所第二所。她是来告别的，前两天，她曾经来过这里，不过人家没答应接受委托。

很巧，她遇到了刚刚从外地办案归来的吴岳。这位年轻的律师听了黄特今的介绍后，觉得蛮有兴趣，当即决定随她到苍南看看，亲自做些调查。

4月22日，《温州日报》在头版位置发表了一条消息，标题为：

舥艚镇强制拆房一事有续文

包郑照指控县政府侵犯权益

市中级人民法院日前已受理此案

不管编者的用意如何，这种标题的编排明显地倾向于包家，令读者不由地产生一种县政府已经侵犯包家权益的感觉。

报纸送达，县委、县政府机关舆论大哗，许多人认为报社不公，偏向原告，往县政府脸上抹黑。

或许是为了平衡，两天以后，《温州日报》又在头版发表了另一条消息，标题为：

强制拆房是执法还是侵权
县长黄德余将出庭应诉
人们拭目以待法庭审理

说县长黄德余将出庭应诉，纯属报社记者的猜测。其实，这时候，县里压根儿没有考虑谁出庭应诉的问题。

进入7月，离开庭的日期不远了，到底由谁出庭应诉该列入议题了。因为，不管谁出庭应诉，都需要有个准备的时间。

县长，是县人民政府法定的法人代表。现在，有人告县政府，由县长出庭应诉，似乎合情合理。然而，这个看似简单的问题，却令五大班子的决策者们颇费了一番心思。

县政府办公大楼四楼小会议室。

县委、人大、政府、政协、纪委五大班子的头头脑脑们把本来就不大的会议室挤得满满登登。平常，五大班子的领导除了重大的事件外是难得凑在一起开会的。今天，他们会集在一起，将要共同作出决策：县长到底要不要出庭应诉?

"县长作为一县之长，应该把主要精力放在抓我们县的经济建设上。县长一任3年，一眨眼儿就过去了。为了包家这几间房子，已经牵扯了不少精力，现在再去应付打官司，势必影响其他主要工作。所以，我的意见，黄县长不要出庭。"

"我同意不出庭。县长代表着一级政府，在法庭上谁能保证每句话都说得准确无误，万一说错了某句话，对方便有可能要抓住大做文章，这样我们就会变得被动。而请代理人出庭就灵活多了，万一出现意外，也有回旋的余地。”

“《民事诉讼法》里有规定，可以请代理人出庭嘛！”

“包郑照一家明明自己无理，反过来还要告政府，这是恶人先告状。他们想让谁当被告谁就得当被告，哪有这样便宜的事？”

“现在法院刚刚受理，有人就在大造舆论，说什么‘政府犯错误啦’‘包家可以拿到几万元的赔偿费啦’，你黄县长真跑到台上去当被告，那些人更有谣可造了。”

“不管怎么说，县长上台去当被告总不是什么光彩的事。”

看来，反对黄县长出庭的占多数。当然，也有支持县长出庭的。他们认为这桩官司事情不大影响大，县长不出庭，担心代理人到时讲不清楚；再说，县长不出庭，让人家觉得好像我们政府做了什么亏心事，怕他们似的……

意见不统一，主持会议的县委书记周方权为难了。既然是请大家来协商的，那就不能由谁一人说了算。

周方权征求黄德余的意见：“老黄，你本人的意思呢？”

黄德余想了想说：“这桩官司已经不属于我个人了，所以，我出不出庭，服从组织的决定。”

周方权下不了决心，沉吟了片刻，只好说：“由于意见不太统一，我们举手表决吧。同意黄德余同志出庭应诉的请举手。”

与会者百分之八十的没有举手。

少数服从多数，五大班子联席会议作出决定：黄德余不出庭。

然而，这桩官司县长不出庭，总给人一种缺了什么似的感觉。

为了慎重起见，五大班子又召集了第二次联席会议，经过一番论说、论证、论争，结论依然是：黄德余不出庭。

黄德余不出庭。

黄德余自己却陷进了深深的矛盾之中。是的，这桩官司的确已经不属于他个人，它的输赢，将直接影响到一级党委、政府今后的威望和工作部署。进退维谷，黄德余是出庭也不是，不出庭也不是。出庭吧，自己从没打过官司，万一在法庭上有个闪失，那就不仅仅是个人的形象问题了；不出庭吧，这么大的事情自己不亲自出马，总感到放心不下，更何况还可能给群众造成一种理亏、心虚或不敢负责任的感觉……

离开庭只有七八天时，黄德余下了亲自出庭应诉的决心。他找到周方权，谈了自己的想法，并希望书记能出面做其他领导的工作。

在第三次联席会议上，五大班子终于作出了由黄德余出庭应诉的决定。

黄德余说："我觉得我们当领导的，首先要解决一个基本的法律概念问题，即当被告并不一定是犯罪。在民事案件中原、被告双方的地位是平等的。在法制建设逐步走上正规化的今天，'农民告县政府'之类的官司，将会变得越来越平常，也将会被越来越多的人所接受。这起案件的公开审理，如果有利于法制建设的话，那么我愿意成为试验品，成为垫脚石。"

两位律师

原告与被告都请了代理律师，原告与被告的代理律师都声称对打赢这桩官司充满信心。

倒是老百姓看得实在——即便双方请来的律师都有如簧之舌，终究有一方要在法庭上败下阵来。

应包家之托，楼献当了原告的律师。这位33岁的年轻人，戴着一副宽边近视镜，从镜片后透射出的是一双非常精明的目光。

楼献的老家在浙江省义乌县，义乌出过颇有名气的大人物——吴晗。吴晗写了部很出名的戏叫《海瑞罢官》。义乌人身上是不是都带着“为民请命”的基因？

“哪里？”楼献笑着说：“1974年，我高中毕业，到丽水乡下插队，接受贫下中农再教育时，只觉得农民很苦，只觉得我这辈子也要像农民一样贫苦，做梦也没想到自己将来要当什么律师。”

1977年，楼献考上了杭州大学政治经济系。1981年毕业时被分到丽水工作，后又被调到省建委干部学校。搞政治学，工作内容比较空泛，不能为老百姓谋得具体的利益。于是，从1983年开始，他自学法律，兼职当律师；1986年参加全国首届律师统考后，正式到浙江省律师事务所第四所任职。

当律师的人，应该是理性的东西多一些，感性的色彩少一些，可楼献认为自己身上充满着浓烈的感情细胞。他说：“可能是因为我的爷爷辈是农民，我又插过队，亲身感受过农民的疾苦，所以，我对农民有着一种天然的感情上的倾斜。第一次看见包郑照，他满脸像渔网似的皱纹就让人心里有些受不了。当然，律师首先应该以法律为准绳，我认真看了包家的起诉状，听了他们的介绍，觉得县政府那样做，起码从法律程序上是错的，拆人家的房子应该通过法院嘛。”

当律师的谁都希望自己所代理的案子能有一些影响，最好能引起轰动。楼献够精明的，一接触这桩官司，便预感到这起农民告县长案，将会因为它独特的诉讼对象，将会因为它是新中国成立后的首例民告官案，而产生轰动效应。事实证明，楼献的预感是完全正确的，农民告县长案产生了非同凡响的影响，楼献也因此而出了名。

楼献的精明之处还在于当包郑照一家的起诉一度受阻，温州市中级人民法院迟迟不愿受理时，他迅速地给省政法委员会上书，以求得支持。他还充分发挥、利用报纸的宣传力量，竭力促使事件的公开化。

以至于到了后来，温州市中院、浙江省高院受理了该案后，不少人一直在猜测，包家肯定是有靠山的。

实事求是地说，在这桩官司的起诉、受理、开庭以及产生那么大的影响上，楼献是颇费了一番心血的。

被告的代理人吴岳律师（一审还有杨吕军、二审还有杜维宁）就职于浙江省联合律师事务所第二所，也是位年轻人，年龄比楼献小两岁。巧的是，他与楼献还是杭州大学的校友呢。

采访时，他出差去了，我在杭州等了他3天，终究没能等到他。不过后来，他在给我的来信中，倒是非常坦率地谈了当时自己的心态。

接下这个案子时，吴岳从事律师工作已经3年了，3年中，他参与了一些案子的辩护，但是，被代理的对象是县一级政府，这还是第一次。当时他感到有压力，压力主要来自两方面。一是老百姓，中国的老百姓好像天生有一种同情弱者的心理，农民告县长，大多数人的心理天平会倾斜于农民，你现在给县长当律师，将来不管胜诉败诉都有人要“臭”你。胜诉了，有人会说，民与官斗，民肯定要输，这种官司，再没水平的律师也能打赢；败诉了，又有人要说，连这样好打的官司都输了，律师实在是吃干饭的。二是来自律师界的压力，律师在法庭上常常以一种“为民请命”的形象出现，而现在自己却要站在县长一边。他刚接受苍南县人民政府的委托，就有同行给他打电话：“小吴，要是能换一换，你代理的是原告就好了。”

不过，作为一名法律工作者，吴岳更信奉“在法律面前人人平等”的名言。只要县政府的行为有理、合法，同样应该得到法律的保护。

双方身后各站着一名年轻的代理人，看来他们之间已免不了要有一番“厮杀”。

“火药味儿”

离温州市中级人民法院开庭公审的日期只有两天了。

原告与被告双方均进入了一种临战状态。

而这种气氛不少是由记者们所渲染开的，这些来自各地的无冕之王，他们的气质、派头以及步履匆匆地出入于有关的机关单位，给即将开庭的这场官司笼罩上一层神秘色彩。

黄德余已经藏起来了，为的是摆脱各种干扰，集中精力做出庭前的准备。

县委书记周方权成了记者们跟踪的目标，他在办公室里，刚接待完一批采访者，马上又涌进一批，门口还有一批站在那里等着。

实在应接不暇，只好采取集体会面的方法。

8月24日上午9点，在县政府招待所4楼会议室，周方权会见了《人民日报》《工人日报》《光明日报》和中国新闻社、中央人民广播电台等记者。

周方权介绍了这场官司的来龙去脉，介绍了县政府处理包家违章建筑的一些具体做法，谈了自己对这场官司的一些看法。

有记者问："政府对包家的违章建筑采取爆炸办法，是不是太过分了？"

周方权答："我觉得不过分。为处理包家的房子，两年中，县、区、镇各级领导做了近百次工作，可包家置若罔闻，不理不睬，一拖再拖，一直拖到了汛期。水火无情，在那种特殊情况下，通过法院来不及了，只好采取强制行动。"

有记者问："现在，法院受理了该案，县长上了被告席，你们是不是觉得窝囊？"

周方权答："没有这种感觉。在国外，普通的公民可以告总统，我们一个小小的七品芝麻官，为什么不能当被告？在民事诉讼中，原告和被告的地位是平等的，不存在谁光彩谁窝囊的说法。中国人一听说谁当了被告，就有一种犯罪感，这种错误的观念应该改变。”

有记者问：“黄县长出庭应诉，据说是县里五大班子开了好几次会才定下来的?”

周方权答：“是的，五大班子开了三次会才定下来。”

有记者问：“周书记，你对这场官司的输赢持什么态度?”

周方权答：“态度非常乐观，因为‘情、理、法’三条我们都站住了脚。先说情，两年中我们苦口婆心，做了上百次工作。最后拆除时，还没把他三间楼房都拆掉，而是拆除其违章最严重的那部分，说明政府是忍了又忍，做到了仁至义尽。再说理，舥艚海堤保护着江南三区几十万亩农田和几十万人民的安全，是你包郑照一家重要，还是几十万人民的安全重要？这个道理连3岁小孩儿都明白。至于法，县政府采取强制手段，不是盲干，而是有法可依的，我们依据的是国家公布的有关水利法规。”

有记者又问：“听说这场官司你们打输了的话，县委、县政府的领导要集体辞职，是否确切?”

“其他同志是怎么想的暂且先不说，我可以坦率地告诉你们我个人的态度,”周方权神色严肃，“你们来县里几天了，有的同志看了一些材料，有的同志还到舥艚去过，关于舥艚海堤的历史，大家都了解了一些。这条建于宋朝的堤坝，没有败在封建帝王手里，没有败在国民党手里，假如到了我们共产党当政反倒败了的话，我这位县委书记怎么向人民交代？所以，在县机关干部大会上，我说过这样的话：如果这场官司打输了，我周方权第一个辞职。”

那几天，记者们跟踪的另一个目标是将要在该案担任审判长的温州市中级人民法院副院长李玉林。

由于该案不同一般，市人大建议最好有个副院长以上的领导担任审判长，于是，李玉林亲自上马了。

带着合议庭人员来到苍南后，李玉林一直是躲着记者的，然而终究还是没能躲过去。8月24日下午，他不得不出面主持了一场“答记者问”。

二十几家新闻单位的记者像是串通好了似的，把苍南县人民法院会议室挤了个水泄不通。

“第一次接受采访，如果有不当之处，请各位记者多多包涵。”李玉林似乎还没有经历过这样的场面，显得有些谨慎。

中央人民广播电台的一位记者率先提问：“请李院长谈谈市中院对此案的受理过程？”

李玉林淡淡一笑说：“很抱歉，这个案子的受理过程是我们法院内部的事，目前还不宜公开。”

浙江省电台记者紧接着问：“据说省高级人民法院对此案有个批复，可否先向我们透露一下？”

李玉林摇了摇头，“同样抱歉，这也是法院内部的事情，无可奉告。”

会议室里发出了一阵议论声，迫不及待想知道内幕的记者们对李玉林的回答显然不满意。

《法律与生活》记者问道：“据我了解，明天就要开庭了，作为原告的包家只拿到10张旁听证，为什么给得那么少？”

李玉林回答：“我们市中院这次在苍南开庭，旁听证是委托县法院发的，他们怎么发，我们不清楚。”

“这次审判，原来是不想让记者采访的，后来又同意了，为什么？”

“现在方方面面都提倡透明度，公开审判是法院增强透明度的一个措施。请记者参加公开审理，作出公正报道，是有好处的。”

“请审判长谈谈对此案的看法。”

李玉林沉吟了片刻，说：“从这起案子本身来看，它是简单的，并不复杂，但它的影响面很大。农民为了保护自己的合法权益，通过诉讼程序，同县人民政府打官司，这在新中国成立后还没有先例，它说明人民的民主意识在增强，是民主与法制建设的一大进步。”

一记者问：“市委、市政府对这个案子有什么专门的指示没有？”

李玉林回答：“法院独立审判，不应该受到其他方面的干扰，也没有受到干扰。市委、市政府没有这方面的专门指示。”

“包家起诉的时间是什么时候？”

“包家于1987年7月提出起诉，我们中院受理的时间是今年3月。”

“为什么1987年7月起诉，你们拖了这么长时间才受理？”

“因为在这个过程中，前后有些不同意见，所以拖延了下来。”

《温州日报》的记者问：“此案包家要是胜诉了，到时肯定有人会说包家有背景、有后台；如果县政府一方胜了，人们又会说：民与官斗，自古没有好下场。你们是怎么看这个问题的？”

李玉林说：“我们法院的审判原则是以事实为依据，以法律为准绳。至于社会上怎么议论，那是他们的事。”

一位大个子记者提了最后一个问题：“法官先生，能提前透露一下吗，明天的审判谁是胜者谁是败者？”

“非常抱歉，这个答案只有在明天法庭上揭晓了。”

此时，李玉林笑了，他端起桌前的玻璃杯，喝了一大口杯中的水。

一位记者连这个细节都没放过，几天后，他在报上写道：“记者还注意到，他（李玉林）所用的带盖的玻璃杯中泡的不是茶叶，如果没有看错的话，好像是中药生晒参一类的片状物。”

两天前，像是约好了似的，这些记者们全都赶到了舥艚镇。包郑照一家相当于接受了一次记者的集体采访。

在包家被炸的房屋旁，包松村指着残墙断壁说，我家房屋被强行爆炸拆除半幢后，我们全家十分痛苦，父母悲痛得曾想一死了之。后来，我们向全国有关新闻单位发信咨询，《经济生活报》《法制日报》就此事在报上为我们做了明确的解答，认为我们反映的情况如果是属实的话，县政府的做法是错误的，可以向人民法院提起诉讼。这给我们家带来了希望，我把报上讲的和宪法的有关规定告诉了父母，于是我们全家就决定通过法律途径来维护自己的权益。

包松村说，法院受理这个案子，这是法制健全的一个表现，是我们国家民主和法制生活的一大进步。它使我感到国家有希望，依法治国在我们这里已体现出来。

《温州日报》的记者问：“包松村同志，你们全家对这场官司的结果是怎么想的呢？”

“我相信我们是能胜诉的。”包松村非常自信地说：“第一，我们的房屋是经过镇政府批准的，是合法的；第二，县政府的所作所为是违法的。因为采取强制的办法拆房，应通过一定的法律程序，但是政府没有这样做。”

记者在现场还采访了原告的诉讼代理人楼献律师，他对此案的审理前景同样充满着信心。

各种议论纷纷；

各种传言四起；

有看热闹的；

有看笑话的；

同情的；

愤慨的；

人心躁动。

好在明天就要到来，好在明天就将有所结果。

黄德余躲在自己的宿舍里。他的妻子陈枚芬在钱库镇教书，尚未调进县城，所以，他过的是类似单身汉的生活。

天气燥热，窗外梧桐树上的蝉儿正扯着嗓门儿鸣噪。

把答辩状的观点又默想了一遍，把法官可能要提及的问题又思考了一番，把一些需要牢记的数字又背诵了一次……

黄德余依然在苦苦地思索着。

“笃、笃、笃。”好像是有人在敲门。

不理睬他。

“笃、笃、笃。”果然是有人在敲门。

不理睬他。

“咚、咚、咚。”来人把门擂得山响。

黄德余皱了皱眉头，问了声："谁?"

"我!"

门打开了，黄德余不禁一愣：站在门外的竟是在湖南省醴陵市工作的小舅子陈定川。看他那风尘仆仆的模样儿，像是经过了几天的长途跋涉。

黄德余忙问："定川，你怎么来了?"

陈定川急迫地说："快别管我怎么来的，先讲讲你自己的情况!"

黄德余不解："我不是挺好的吗?"

"你别瞒我们了"，陈定川急了，从口袋里掏出一张已经揉得发皱的报纸，"这上面都登啦!"

黄德余一看，报上果真登着一则包家告县政府的消息。

原来，这桩官司在报上刊登之后，黄德余远在湖南的一些亲戚全看到了。县长上了被告席，总是凶多吉少，他们实在放心不下，便派了代表日夜兼程赶来打听情况。

黄德余笑了笑，说："放心吧，没那么严重。"

陈定川说："你说得轻巧，家里人都急坏了。"

黄德余让陈定川马上回钱库看他的姐姐去。

陈定川却想留下来参加明天的公审。

好说歹说，陈定川被说服了，终于到钱库去了。

入夜，黄德余躺在床上久久无法入眠，心里交织着各种说不清楚的情感，是惴惴不安？还是跃跃欲试？他索性从床上起来，走到窗前。

夜空如洗，星河满天。

楼房，到处是林立的楼房。前些年，熟人碰到一起，开口便问：“你吃了吗？”（那年头，能管饱肚子就不错了）而现在，熟人相遇，关心的是：“你家盖新房了吗？”夜幕下，这密密麻麻的楼影，是苍南人民生活发生巨变的最有力的佐证。

黄德余的目光落在了一座庞大的建筑物上，好像是电影院？没错，是电影院。苍南县城还没大礼堂，县里一些大型会议都在电影院里开。作为县长的黄德余，几乎每个月都要在电影院的舞台上出现一两次。明天上午8点，他又将在舞台上出现，不过，这一回他不是去做什么指示或报告，而是将要作为被告坐在被告席上……想到这里，他轻轻苦笑了一声。

“丁零零……”

电话铃响了，这么晚谁还来电话？

黄德余拿起了话筒。

耳机里传来了妻子陈枚芬熟悉的声音：“德余，你怎么还不休息？”

黄德余“卡”了一下，随即马上说：“我早休息了，早睡了。”

“不，你骗我，你肯定还没睡。”

“真的！我真休息了。这么晚还来电话，有事吗？”

陈枚芬说：“我觉得心慌得很！”

黄德余一惊：“心慌？你是不是病了？”

“不！不！”陈枚芬忙说，“我是一想到明天上午心就慌。”

黄德余明白了，宽慰她：“你呀，有点小事就沉不住气儿，打官司很正常，没什么可怕的。”

停了一会儿，陈枚芬又说：“我想好了。明天一大早，我乘早班车到灵溪去。”

“你来干什么？”

“我想去电影院听听。”

黄德余急了，“你来干什么？你来了只能给我添乱！”

陈枚芬不作声了。

黄德余又叮嘱了一句：“枚芬，你别来，你来了我会发火的。”

说罢，黄德余将电话扣上了。

第二天早晨，黄德余起得挺早，在楼下，他遇到同样早起的县委书记周方权。

周方权问：“怎么样，昨天夜里休息好了？”

黄德余答：“睡得特别香，你难道没听见打呼噜的响声？”

“别骗我了，你不看看你眼圈都有些发黑。”

“你睡了吗？你的眼睛怎么充满了血丝？”

周方权又问：“准备得差不离了吧？”

黄德余说：“但愿在法官面前不要过于紧张。书记同志，还有什么交代吗？”

周方权想了想，又把黄德余上下打量了一番，说：“你这裤子有点皱，得换条坚挺一些的。回去再打扮打扮，要精精神神地坐在被告席上。”

黄德余被说得笑了。

“今天有些吃力”

法庭内。

包松村代表原告宣读完起诉状后，接下来由黄德余宣读反诉状。

请求事项：

被反诉人填河侵堤，违章建房，反诉人依法予以强行拆除，要求人民法院依法判令被反诉人承担强行拆除的费用3156.02元。

事实与理由：

被反诉人包郑照于“文化大革命”期间，在距水闸50米处的堤塘内河一侧迎水坡上建三间二层砖木结构的楼房，侵占堤坡105平方米，破坏了水利设施，1983年清障时已对其作罚款处理。但被反诉人明知故犯，又于1985年8月下旬再次填河侵堤，动工兴建。9月4日，县水利局一经发现立即发函制止，明确指出其填河建房是违法行为，必须彻底清基，恢复河道原状。被反诉人置若罔闻，突击建成三间三层砖混结构楼房，占地126平方米，再次严重违章……省、市、县领导多次批示清障，市、县、区、镇领导多次帮助教育、动员被反诉人一家自行拆除违章房屋。但被反诉人坚决拒拆，成为苍南县和温州市的河道清障“钉子户”。1987年6月27日，浙江省防汛指挥部总指挥、副省长许行贯同志在全省防汛清障电话会议上指示：“各级领导要吸取大兴安岭的教训，以对人民高度负责的精神，坚决完成清障任务，对拒不执行的，要强行拆除。”在市电话会议上，市防汛指挥部总指挥副市长何荣飞同志严肃指出：“对‘钉子户’要坚决拔掉，决不手软”“苍南县‘钉子户’包松村的违章建筑，限在一星期内拆除。”1987年6月30日，反诉人依法作出决定：强行拆除包郑照的违章房屋，由舥艚镇人民政府执行，由此造成的一切损失和后果均由包郑照本人负责。这个决定通知其本人后，又多次对其做工作，被反诉人仍不主动拆除。7月4日，反诉人组织力量，协助舥艚镇人民政府先强行拆除被反诉人的部分违章房屋，这是完全合情、合理、合法的。同时，根据国务院、省政府关于“谁设障、谁清障”的原则和苍政发〔1987〕81号文件决定，强行拆除所造成的一切损失和后果应由被反诉人本人负责。

根据《民事诉讼法》第46条之规定，现诉请人民法院，依法判令被反诉人承担强行拆除其违章建房的费用3156.02元（附表）。

此致

温州市中级人民法院

反诉人：苍南县人民政府

1988年7月22日

中午，法庭暂时休庭时，《浙江日报》记者张和平在兴华旅馆采访了包郑照一家。

“包大伯，您从来没经历过这种场面吧，坐在台上您害怕吗？”张和平问。

“不怕。”包郑照几乎想都没想。

“您可知道，坐在您对面的是堂堂的县长啊！”

“县长又怎么样？县长也得讲理。”

张和平又问包松村：“要是法庭判你们输了，你们打算怎么办？”

包松村有些激动，“如果一审败诉的话，我们将继续上诉，因为真理在我们这边，我们要看一看到底还有没有法律。”

张和平又找到了黄德余，请他谈谈。黄德余说：法庭是秉公执法的，原告不服政府处理，那就按法律办。虽然我们成了被告，但这没什么。

在法庭调查中，第一个出庭作证的是原舥艚镇城建办副主任郑某某。

审判长请他向法庭陈述当时包郑照办理建房审批手续的过程。

郑某某说：“当时包郑照的儿子包松村填写了建房申请表后，拿到我们办公室来，经过请示，镇里的领导同意包家建房。我们按领导指示就去实地丈量土地，共126平方米。包松村交了708元‘地价款’后，我就给他开了批复建房的通知书。”

黄德余答辩说：“舥艚海堤是一项水利工程，未经水利部门同意而建房是违章的，城建办的批准是无效的。”

审判长问郑某某：“请你谈谈城建办的职责范围是什么？”

郑某某回答：“我们就是领导叫我们干什么我们就干什么。”

“我再问你，城建办是否有权批准在堤坝上建房。”

“这个我们就不管了，领导批准了我们就同意，领导让我们量地我们就去量地。我们遵照镇领导的指示办。”

郑某某的回答引来了台下的一阵掌声，这掌声不知是支持、赞同还是嘲讽？

“请安静！请安静！”

审判长不得不再次宣布法庭内不得鼓掌的纪律。

省水利厅的吴工程师作为鉴定人也被请到了法庭上。

吴工代表12名鉴定人宣布了鉴定书，鉴定书里称，由于包郑照家毁堤建房，使舥艚海堤堤身下沉了30厘米。

原告的律师楼献马上问："吴工刚才讲到因包家建房而使海堤坝身下沉30厘米，请问，包家建房后的海堤高度是多少？"

吴工答："海堤高6.7米。"

楼献："包家建房是在1985年，请问，包家建房前是否测量过海堤高度？"

吴工："没有……是根据1959年的历史资料调取的数据。"

楼献又问："从1959年到1988年，30年的历史变迁，海堤下沉30厘米，这中间海堤上前后盖起了400间房屋，难道这仅仅是包家盖房引起的吗？"

吴工有些语塞："哦……不一定。这里面当然包括多种因素。"

楼献紧追不放，"那么，吴工你的意思是不是说海堤下沉30厘米，不仅仅是包家一户建房所引起的？"

"是的。"吴工点了点头。

楼献当场表示，作为鉴定人只能是依法由法院出面聘请，而现在的鉴定人是由被告一方请来的，所以，他对鉴定书的公正性持怀疑态度。

法庭调查至下午3点40分才结束。进入法庭辩论阶段后，先由原告的诉讼代理人楼献宣读代理词。

在这个庄严的法庭上，正在进行审理的是一起轰动国内外的案件。农民告县长，法院以侵犯公民合法权益为由而立案，这在全国还是第一次。在健全和完善社会主义民主和法制的今天，这是以法律手段对行政行为进行监督的具体体现。

请允许我以人民律师的名义和原告代理人的身份，首先向浙江省高级人民法院、温州市中级人民法院致以崇高的敬意！并向《法制日报》《法律与生活》《经济生活报》等新闻单位及关心、同情、支持原告的人们表示深深的谢意……

楼献在代理词中说，苍南县政府的炸房行为，是完全违法的。这种违法性，表现在一是以言代法、以权代法；二是行政行为不一致。他们的所谓“强制执行”的命令，并未经法定程序由人民法院下达；下达“强制执行”的行政命令后，非法剥夺被执行人依法提起诉讼的权利；在“强制执行”过程中，不依照有关法律规定将“被执行人”或者他的成年家属留在执行现场，而是将包郑照及其家人押离执行现场。

包郑照的楼房究竟属于合法建筑还是违章建筑，这是本案的焦点。代理词中，楼献用很长的篇幅来说明包家的房子是合法建筑。他说，第一，包家的新房并没有越过当时水利部门私建；第二，包家建房是按舥艚镇总体规划进行的，规划批准后即具有法律效力，必须认真执行；第三，包家建房的审批手续符合《中华人民共和国土地法》，房屋的所有权应受到法律保护。

代理词最后要求被告苍南县政府赔偿原告被炸三间三层楼房的直接经济损失10万元，医疗费120元，误工费2万元，上访诉讼及资料复印等费用1万元，共计130120元。

这份洋洋两万字的代理词，楼献读了整整两小时。

台下时不时报以掌声回应。

不过，代理词中有些偏激之语，也引起了人们的反感。如：

> 我们村民亲眼看到这一惨景。好像当年日本鬼子用“三光”政策侵略我们中国那样凶狠残暴。苍南县政府为了自己升官发财，不管人民死活。
>
> 惨无人道的苍南县政府当权者，同当年国民党反动派那样，不管人民死活。当时情景，人们叫苦连天，有口难开，只好在心中叨念，不敢说出一句不该炸的话，谁说不该炸，谁就被捕。

楼献借用的虽然是村民的话，但在旁听者听来好像同样代表着这位律师自己的态度。特别是台下坐着众多的机关干部，你把县人民政府同日本鬼子、国民党反动派相提并论，无论怎么解释，他们都是接受不了的。

晚7点半，继续开庭。

被告代理人、浙江省联合律师事务所二所律师吴岳（同时代表杨吕军）宣读代理词。代理词针对原告的论点，针锋相对地提出了反驳：第一，究竟是谁侵犯了谁的合法权益？所谓合法权益是指得到《宪法》和国家其他法律确认并加以保护的正当权益。国务院〔1979〕243号通令、水利部〔1980〕98号《河道堤防工程管理通则》、浙政〔1981〕36号《浙江省水利工程管理暂行条例》都明确规定：禁止任何人进行危害水利工程设施的活动。原告毁堤建房，不仅违反了国家的法律，而且也危害着舥艚大堤的安全，侵占了国有河道。恰恰是原告的行为侵犯了国家的权益。第二，包家建房的审批手续是无效的。既然已经确认舥艚海堤属水利工程设施，那么任何人想在这一设施上盖房，都应当无条件地服从水利管理法规。《浙江省水利工程暂行管理条例》第六条规定：“在水利工程管理范围内，如果设置码头、修筑道路、建造房屋等，需由建设单位提出申请，经水利工程管理单位和水利主管部门同意，报上级人民政府批准后方可施工。”而包家从未向有关部门提出过这样的申请手续。第三，苍南县政府采取强制措施拆除包家违章建筑是法律所允许的，《关于清除行洪蓄洪障碍，保障防洪安全的紧急通知》中已有明确指示。原告到处散布不实之词，给县政府名誉带来极大的损失，使清障工作难以开展，为此请求法院判令原告为县政府恢复名誉。

从阐述事实真相到运用政策法律，从进行观念分析到考证具体细节，原、被告双方公说公有理、婆说婆有理。

针锋相对，寸步不让。

唇枪舌剑，火星四溅。

在法庭辩论即将结束前，审判长让原告与被告作最后一次陈述。

“我简单谈两点，”楼献陈述道，“刚才被告代理人在辩论中对我进行人身攻击，因为时间关系，我暂不予反驳；另，被告说我谩骂、攻击政府，扣了这么一个大帽子，我接受不了。”

黄德余又谈了六点：“第一，今天，市中级人民法院在苍南开庭，我虽然是作为被告出庭，但还是感到很高兴。包郑照一家懂得通过法律渠道来保护自己的权益，我是欣赏的。不过，任何一个公民都要正确运用法律，如果自己明显违法了，就应该依法办事。第二，我是完全相信法庭能作出公正的判决的，不论胜败如何，如果在这中间需要承担什么法律责任的话，由我个人来承担。第三，我认为通过这次开庭，将有利于推动一系列水利法规的贯彻执行。第四，法院对我们反诉意见中关于要求原告承担强行拆除其违章建房的费用不予理睬，我们表示遗憾。第五，楼献律师在代理词中，对我个人进行攻击倒无所谓，但利用所谓的群众语言大骂政府像日本鬼子、像国民党，这样谩骂政府，令人无法容忍。第六，许多记者不辞辛苦到苍南来采访，作为县长，我表示欢迎。招待不周之处谨请原谅。”

法庭辩论直至晚上10点10分才结束。合议庭进行休庭评议。10分钟后，审判长李玉林宣布评议意见：由于对本案的事实认定、法律的适用以及双方当事人与诉讼代理人的辩论意见，还需进行仔细评议，今天不作当庭判决，一审另定时间宣判。

当审判长宣布闭庭后，记者们纷纷拥上舞台，一台台照相机对准了原告与被告。

就在这时，黄德余离开被告席，穿过记者群，走到原告席前，微笑着向包郑照伸出了右手；包郑照一点准备都没有，先是愣了一下，才赶忙拘谨地伸出了右手，原告与被告的两双手握在了一起。随即，黄德余又同包松柱、包松村、赵如宝等一一握手。

记者们又是一阵忙乱。

黄德余对包郑照一家说：“无论官司胜了还是败了，你们一家作为苍南县的公民，政府仍然一视同仁。今后你们一家的生活如有什么困难，照样可以到县里来找我们嘛。”

最遗憾的要数浙江电视台的那位记者了。他说：审判长宣布闭庭，我以为没什么戏唱了，便把摄像机给关掉了。当发现县长与农民握手，我再急忙重新打开机子时，却已经晚了。

长达10小时的马拉松式的庭审结束后，审判长用拳头轻轻捶着腰，不得不承认：“今天是有些吃力。”

一审判决

等候判决。

这是一种热切的等候？

这是一种焦灼的等候？

最能准确地体会个中滋味的只有原告与被告他们自己。

3天之后，温州市中级人民法院作出了一审判决。

审判长李玉林宣读了民事判决书，判决书对整个案件的事实经过作出以下认定：

原告包郑照家于1975年间，在苍南县舥艚镇500余米长的闸坝西首离闸门约50米处南侧堤坡及河面上，毁堤抛石填河，建造二层楼房三间。1983年当地政府清障时，对其作了罚款处理。此后，当时任镇水利管理员的包松村与其家人，又在老屋东首的堤坡及河面上，继续抛石填基，填成面积126平方米的三间屋基。1985年8月1

日，以包郑照的名义，由包松村出面，向舥艚镇城镇建设办公室申请建房。其建房申请表中仅有当地生产大队“同意建房，请主管部门审批”的意见，未按规定程序报请有关部门审批。镇城建办郑某某在包松村（当时任中共舥艚镇镇委委员）的催促下，以镇城建办的名义为包家写了同意建房的“批复通知单”。同时，包家交了708元的“地价款”。包家动工建房时，县水利电力局认为其非法侵占河道，发函予以制止。但包家置之不理，建成混凝土砖木结构的三层楼房三间。此后，镇、县政府及有关部门，曾多次劝告，并责令原告无条件自行拆除违章建筑。1986年10月22日，包郑照向镇房管站申请产权登记，房管站未予审批。1987年2月，包松村利用担任舥艚镇镇委委员之便，擅自使用盖有镇人民政府公章的空白信笺，以镇政府名义，亲笔写函致市规划局，骗取该局承认其所建房屋的合法性。1987年6月30日，苍南县人民政府根据国务院《关于清除行洪蓄洪障碍，保障防洪安全的紧急通知》精神，作出“关于强行拆除包郑照违章房屋的决定”。7月4日，苍南县人民政府组织人员，强行拆除了包郑照、包松村等原告在1985年新建的三间三层楼房后部的部分建筑。

法院认为：舥艚闸坝是苍南县四区两镇御咸蓄淡、排涝灌溉、挡潮防洪的重要水利枢纽工程，关系到20万亩农田灌溉和50万人民生命、财产的安全，任何单位和个人均不得非法侵占。原告包郑照等，1975年在舥艚闸坝堤坡及河面上非法建房受处罚后，不接受教训，又于

1985年毁堤填河建房，违反了国务院、水利电力部、省人民政府关于保护水利设施、严禁毁堤填河建房的有关规定和水利电力部1983年4月20日颁布的《水利水电工程管理条例》，是违章建筑，影响行洪排洪，危害闸坝的安全。舥艚镇城建办未经水利主管部门同意，无权批准在水利设施和河道上建房。因而，以镇城建办名义同意原告建房的“批复通知单”，应属无效。应当指出，当时身为中共舥艚镇镇委委员，又曾担任过镇水利管理员的包松村，无视法律，明知故犯，不听劝阻，违章建房，拒不清障，情节尤为恶劣。苍南县人民政府为了确保国家和人民生命、财产安全，在多次教育原告并限期其自行拆除无效后，根据国务院《关于清除行洪蓄洪障碍，保障防洪安全的紧急通知》的规定，强行拆除原告违章建造的部分房屋，是合法的、正确的。原告诉请赔偿损失，显属无理。据此，依照《水利水电工程管理条例》和国务院《关于清除行洪蓄洪障碍，保障防洪安全的紧急通知》的规定，判决如下：

驳回原告包郑照等8人的诉讼请求。

本案诉讼费191元和鉴定费150元，由包郑照等8位原告负担。

如不服本判决，可在接到判决书的第二天起15日内，向本院提出上诉状及副本，上诉于浙江省高级人民法院。

审判长宣读完判决书，刚刚宣布闭庭、退庭，楼献律师便涨红着脸，激动地对围在他四周的记者们说：“温州中院这个软弱无力的判决令人感到遗憾和悲哀。他们不顾事实，演了一场戏，为了保全苍南县政府的面子而置人民的法律意愿于不顾，使人民丧失了对法律的信心。然而历史是公正的，历史将会对温州中院的一审判决作出公正的评价。”

原告表示不服一审判决，将继续向浙江省高级人民法院上诉。

旁观者

人们是怎样看待这个判决的？

《浙江法制报》编辑部曾为此邀请了杭州法学界、水利界及农民代表等有关方面人士进行座谈，并以《水利设施不容侵犯》为题发表了其中部分发言内容摘要。

袁汝强（浙江省水利学会工程师）：

苍南县的舥艚海堤是一座挡潮、蓄淡、排涝的中型水利枢纽工程，关系到苍南县20余万亩农田的灌溉和50余万居民的生命、财产安全。该工程建在软泥土上，一旦负载重量过大，就容易发生滑坡，因此不允许在上面构筑建筑物。现在大堤的高度和牢固度都不够，一旦海堤塌毁，咸水入侵，不仅作物无法生长，居民用水也成问题。

长期以来，我们的水利设施破坏严重。今年温州地区河道清障，费了九牛二虎之力才清出2万平方米，但同时填河设障面积却多达4万平方米。如果再不用法律加以约束，社会公益的破坏将愈演愈烈。我觉得这个案子的判决是公正的，也是对水利建设的有力支持。

陈富涵（浙江联合律师事务所五所律师）：

这个案子的焦点在于包家的房子造在什么地方。既然房子造在海堤上是事实，那么就不适用《土地管理法》而应该适用水利相关法规。有些同志把苍南县政府的清障行为看成是对包家的侵权行为，我不这样认为。因为包家在海堤上建房是违法的，县政府采用定向爆破的方式拆除房子，是行使法律授予的清障权力，谈不上侵权。

作为律师，我觉得，我们要依据事实和法律维护当事人的合法权益，但也不能损害对方当事人的合法权益，最终要符合事实和法律。包家的合法权益当然要保护，但首先要分清合法与违法。

年义之（杭州市江干区彭埠镇农民）：

作为郊区农民，我觉得这个案子的判决是公正的。我们彭埠镇位于钱塘江大堤边，大家深知堤坝的重要，从三堡到七堡几十公里长的堤坝上，从来没有人在上面造房子，没有经过批准自行在堤上建房是根本不可能的。包家的财产是合法的，但你造在不合法的地方，政府把它拆掉是应该的，你个人的利益不能损害大家的利益。

牛太升（浙江省法学会副会长）：

这个案子作为法制宣传教育和法学研究的材料是非常

有益的，它能引发我们思考很多问题。该案两个诉讼主体之间的特定关系是引起社会极大关注的基本因素。农民和县长（县政府的法定代表人）对于双方的纠纷能平等地坐到法庭上，依靠法律解决问题，无疑是法制建设前进的标志。

报纸的版面总是有限的，且每份报纸又必定带着它自己的倾向。

一审判决公布后，案件在民众心中所掀起的波涛，远比报纸所报道的要复杂得多。

五马街，人称温州的王府井。国营和个体的百货店、服装档、小吃铺密密麻麻地挤在了一起。茅台、五粮液、汾酒应有尽有；“东芝”“日立”“松下”随你挑选；正宗“耐克”已经算不了什么，上千元一件的羊毛衫，转眼间便套在了浓妆艳抹的姑娘身上。

温州的个体户们是最有头脑的，他们并不是一门心思全放在生意经上。在关心每日收支的同时，他们也关心着此案的判决结果。

两位摊主正为谁输谁赢展开了争论：

“我看九成是政府要赢。”

“那倒很难讲。”

“‘官官相护’，自古如此，政府的法院判政府输那不等于自己打自己的耳光？”

“种田人敢和县太爷打官司，这是新事物，国家正需要这样的典型作宣传，不信，你等着瞧吧，农民肯定会赢。”

“政府要赢了，你怎么办?”

“农民要赢了呢，你怎么办?”

那位坚信政府会赢的年老者，数了20张“大团结”（第三套人民币10元券），往摊上一摆，“政府要是输了，我请你去温州酒家来一顿。”

那位认为农民会赢的年少者，也掏出了20张“大团结”，说：“农民要是输了，我请你去浙南酒楼。”

后来，判决结果公布了，年少者果然请年老者到浙南酒楼吃了一顿。200元对于他们来说，不算什么。

一位区委领导，非常坦率地对我说：“这场官司刚一打起来，我就觉得政府不会输。”

“为什么?”我问。

“因为政府输不得!”

“政府为什么就输不得?”

他说：“你们当兵的，不知道我们农村基层干部做工作有多难。社会主义初级阶段嘛，老百姓的觉悟还不是很高，像粮食征购、计划生育以及各种税收，这些都是硬性任务，你有意见也得先完成了再说。这场官司政府要是输了，以后可就热闹了，今天有人告你多收了他的税，明天又有人告你强行让他老婆做了绝育手术是违法的，我们这些人其他工作别做了，整天往法院跑好了。”

停了停，他又说：“有一次，我们几个区镇的干部碰在一起，大伙儿议论说，这回要是黄县长的官司打输了，我们这些人也跟着自动下台算了。”

我虽然远离家乡，但对他们这些基层干部的苦衷还是略知一二的。这几年，改革开放使农村的面貌发生了翻天覆地的变化。但是，由于一些政策不配套，一些法律法规不健全，农村干部的工作有许多难度。比如计划生育，几乎谁提起它都要皱眉头。中国人，特别是中国的农民，生了一胎二胎不够，还得要生三胎、四胎；一胎二胎是女的不行，还得下功夫生个男孩。计划生育成了头等大事，级级下达任务、层层落实指标。然而，中国至今为止却连个《计划生育法》都没有。于是，只好靠行政命令，靠各种各样的“土政策”。有的乡长亲自开着拖拉机，将各村育龄妇女集中起来，送到公社卫生院结扎放环；有的书记带着工作人员，像打游击似的，深更半夜包围“超生户”，就地强行做绝育手术。曾听说，某区工作组到了某乡，乡里反映有块“硬骨头”，一个妇女已生了3个女儿，为了要个儿子，最近又怀孕了。工作做了八百遍，人家就是不听。工作组到了该社员家，女方闻讯早转移到山里去了。工作组火了，便将该家的一头大水牛牵走，并留下了话：女的如果不主动引产，这头牛也甭想要了。谁能保证这些行政命令，这些“土政策”全是合法的？可是不这样做，眼前又找不到更高明的办法。所以，基层干部也是够难的，他们的忧虑并非是多余的。

我还找过一位在县政府机关工作的老熟人H君，请他谈谈一审判决以后机关干部的心态。他笑着问我：“你是要听真实的，还是要听虚假的？”

“当然要听真实的情况。”

“那好，”H君说，“一审判决下来后，机关里有人感到高兴，但是，也有不少人觉得失望。”

“失望？”我有些不解，“这不大可能吧，政府要是输了，你机关干部脸面也不光彩。现在政府赢了，为什么还会有人觉得失望？”

“因为从一开始打官司，他们便希望政府输。”

我更加不解，又问：“是不是他们认为县政府炸人家房子无理。”

H君说：“我分析了一下，这些人中，有些是认为县政府炸人家房子无理，应该输；有些人，则是平时与领导不对劲，希望官司输了，好叫领导出出丑。但是，这些人中的大部分却是因为……怎么说呢？具体的我也说不好，反正‘民告官’，人们不知为什么，就同情‘民’，倾向于‘民’，而希望‘官’输。”

抑或是群众对于官僚主义、不正之风的痛恨与反感，一遇到“民告官”，人们的心理便自然而然地倾向于民能赢。

抑或是长期以来，我们虽然一直在宣传法比权大，但在处理具体问题时，却又总是表现出权比法大。现在赶上了这场官司，人们希望用政府输的结果，来证实一下法的确要比权大。

这是一种多么独特而又复杂的心态！

再次“对簿公堂”

原告不服温州市中级人民法院一审判决。

9月12日，原告包郑照率家人又向浙江省高级人民法院提起上诉，并以苍南县政府违法炸房行为是执行温州市何荣飞副市长的指示，具体的炸房方案亦经他批准为由，要求追加温州市政府为本案的被告，同时建议浙江省高级人民法院通知舥艚镇政府作为第三人参加诉讼。

最高人民法院任建新院长一直关注着这场官司的进展。9月28日，他在看了《中国青年报》的消息《苍南农民告县长一审败诉，包氏父子上诉省高法再告市长》后，即作了重要批示："认真查清情况，依法秉公处理，做到合情合理合法合乎政策。"

浙江省高级人民法院院长袁芳烈亦有指示："抓紧查清事实，公开审判，依法处理。"

10月8日，一审的全部案卷材料由温州市中级人民法院报送浙江省高级人民法院。后者当即组成合议庭，民庭庭长钱士诞担任审判长，徐杰、冯荣福任审判员，翁暨伟担任书记员。

浙江省高级人民法院于10月13日，向苍南县人民政府发出了应诉通知书。

合议庭的全体成员投入了庭审前紧张的准备工作：

反复认真地审阅一大沓厚厚的一审卷宗；

去浙江省水利厅、城建厅、土地管理局，听取有关主管部门的意见；

对当事人的相关资料，一个一个进行严格的审查；

委托浙江省水利学会指派专家对舥艚海堤的性质及包家的房屋做专门鉴定；

赴苍南实地勘验、调查取证；

拟定庭审提纲，对可能出现的各种问题做了充分的准备……

法庭原定11月初开庭，这期间，黄德余作为省里组织的经济考察团中的一员，恰好要赴香港参观考察。黄德余向法庭提出，如果在他出访期间开庭，他只好委托代理人出庭应诉；如果能够延期等他回来再开庭，他将再一次亲自出庭。法庭考虑到该案的广大影响，认为还是由黄德余出庭更为妥当，于是，开庭时间推迟了半个月。

一审判决之后，人们又把目光盯向了浙江省高级人民法院，准确地说，是盯住了钱士诞审判长。不管钱士诞本人愿不愿意，从他接任这一案子的审判长之日起，他便成了一个新闻人物。

11月中旬，合议庭成员结束了在苍南为期一周的调查、取证，回到了温州，进入开庭前最后的准备阶段。

这期间，《温州日报》记者在温州饭店采访了钱士诞。

记者问：“国内舆论对于出现在温州的这起‘农民告县政府’案给予很高的评论，认为无论此案审理结果如何，都将对民主和法制建设起到积极的推动作用，你对此看法如何？”

钱士诞说，他同意这个看法。这个案子的审理，是我们国家社会主义民主和法制建设健全的标志。它所产生的意义远远超过这起案子本身所要解决的问题。“我省民事案件产生这么大影响的，多年来这还是第一次。”

记者问：“市中院一审判决后，干部群众有各种不同的议论，你是怎么看的？”

钱士诞回答，有不同的看法是正常的。这是因为有的人对案情了解，有的人不了解，或者只了解某一方面的情况，但是非自有公断。群众对此案的关注，无论从哪个角度来说都是好事，这是法制观念增强的表现。

记者又问："此案受到社会的广泛关注，你作为审判长，有何感想？"

"无论案子的影响有多大，"钱士诞说，"我们遵循的原则只有一个，那就是以事实为依据，以法律为准绳，秉公执法，依法办案。对事实负责，对法律负责，这是法律对我们的要求，也是我们的职业道德。"

当记者试探性地请他先透露透露原、被告哪方将获胜时，钱士诞摇了摇头，严肃地说，我现在也不知道，我们的结论只能在法庭调查之后。

1988年11月18日。

温州市政府礼堂。鲜红的国徽悬挂在庄严的法庭上方。农民包郑照、包松村等一家8人诉苍南县政府损害赔偿案将在此开庭二审。

农民与县长再次"对簿公堂"。

能容纳千余人的礼堂座无虚席。市区及苍南等地的干部群众参加了旁听。新华社、《人民日报》、《中国日报》、《法制日报》、中新社、中央电视台、中央人民广播电台及省市24家新闻单位、37位记者到庭进行现场采访。

人们怀着各种各样的心情，关注着这场官司的终审判决。

8点30分，庭审拉开了序幕。

包郑照、包松村等7位上诉人（一审原告）及诉讼代理人楼献、胡建淼律师依次出庭。上诉人包杏梅因产后体弱未能出庭，法庭予以准许。

被上诉人（一审被告）的法定代表人黄德余及诉讼代理人吴岳、杜维宁律师出庭入席。

千余双目光“唰”地全都凝聚到了审判台上。

审判长、审判员出庭入席。

按照《民事诉讼法》规定的程序，审判长钱士诞一一核对了双方当事人的身份，交代了诉讼权利和义务，征询他们是否申请回避的意见……

接着，审判长宣布：

关于上诉人要求追加温州市政府为本案的共同被告，建议我院通知舥艚镇政府作为第三人参加诉讼的问题，经合议庭研究认为，强行拆除包家违章建房的决定是苍南县政府作出的，属于它的职权范围。虽然县政府在强行拆房前曾将具体方案报市政府，但这纯属上下级政府的内部工作关系，不构成侵权行为。因此，温州市政府不具备本案被告的条件。同时，鉴于舥艚镇政府对双方当事人争议的诉讼标的不享有独立的请求权，且本案审理不论出现何种结果，同其在法律上都没有利害关系，不具备本案第三人的条件。据此，根据《民事诉讼法》第122条第1款第6项、第2款的规定，口头裁定驳回上诉人的申请。

法庭调查开始。

包松村代表全体上诉人首先宣读了上诉状。

上诉人因损害赔偿一案，不服温州市中级人民法院于1988年8月29日〔1988〕民初字第1号民事判决，现提出上诉，上诉的请求和理由如下：

一、一审判决事实不清，证据不足，并不惜歪曲事实。上诉状里列举了10个论据加以说明。如，一审判决将上诉人的住址，舥艚街38号改为舥艚村38号。一字之差意在否认舥艚街的存在，因为既然是街，自然就允许百姓在街两边造房子；又如，一审判决认为上诉人建房未按规定程序报请有关部门审批，而上诉人辩称自己建房时交钱买了申请表，经大队批准后，原镇城建办副主任郑某某又请示镇长朱克通、副镇长项显繁获准，领人实地丈量了面积，且上诉人交了“地价款”708元，也接到了“批复通知单”，是完全符合国务院关于《村镇建房用地管理条例》的规定的；再如，一审庭审和判决只字不提苍南县政府的炸房经过：炸房决定是谁定的？70名武警是谁调集的？300多名干部是如何集中的？封锁交通一天，封锁河、海面，不准渔船进出，损失如何？等等。

二、一审判决适用法律不当。上诉状认为本案不能适用《水利水电工程管理条例》，而只能适用《城市规划条例》《土地管理法》及有关城建法规。

三、一审审理的违法之处。上诉状里列举了5点。如，按《民事诉讼法》规定，鉴定人必须由法院指定，而一审中，鉴定人却是由县政府聘请的；在一审审理时，上诉人的发言屡屡被审判长以“与本案无关”为由打断，而县长黄德余却在庭上大谈“这次对记者的到来，招待不周，请多多原谅”等，审判长却从不制止。

四、追加被告和第三人。

包松村宣读完上诉状后，紧接着，被上诉人苍南县政府的法定代表人黄德余宣读了答辩状。黄德余今天穿一身深灰色西装，系一条紫红色领带，显得干练、精神。

被上诉人认为：“包郑照等人诉苍南县人民政府损害赔偿一案，经温州市中级人民法院作出判决确认，包郑照等毁堤填河建造的房屋是违章建筑，县政府强行拆除违章建造房屋的一部分完全正确。一审判决是实事求是的、公正合法的。”

至于上诉人提起上诉的两条理由，一是指责一审判决认定事实不清，二是适用法律不当，被上诉人主要就第一个问题，即上诉状所涉及的几个事实作了答辩。关于适用法律问题，将由被上诉人的代理人在法庭辩论阶段予以全面分析论述。

比如，上诉状提出，“1982年，舥艚海堤正式被命名为舥艚街，并发门牌号”，因此，上诉人认为：“作为街，自然就允许百姓在街两边造房子。”而被上诉人却认为：“且不谈只要是街，就允许百姓在街两边建房是多么的荒谬和不合乎政策法律。单就上诉人武断认定舥艚街系正式命名而言，人们不禁要问：上诉人懂不懂街道命名、更名的审批权限和合法程序？国务院《地名管理条例》第6条第6款规定：‘城镇街道名称，由直辖市、市、县人民政府审批。’而舥艚镇自1984年撤乡建镇以来，至今未上报并经县政府审批。”

双方发言完毕，法庭就包家房屋的审批过程、建房过程、被拆过程，就舥艚堤塘的历史现状、清障时的桩位、镇城建规划、县政府强行拆房等问题，向双方当事人进行了详细、全面的调查。审判长、审判员多次出示有关书证、证人证言让双方认定，并让双方对有关证据、证言发表意见。上诉人和被上诉人双方均向法庭提供了证据、证件。在法庭调查有关桩位问题时，法庭先后传唤3位证人到庭作证。

由于上诉人对一审中的鉴定人及鉴定书持不信任态度，浙江省高级人民法院聘请了浙江省水利学会的专家，重新对舥艚海堤的有关问题进行了鉴定。专家代表到庭宣读了鉴定书：

浙江省水利学会
关于舥艚海堤上违章建屋问题的技术鉴定

浙江省水利学会受浙江省高级人民法院委托，组成专家组，于1988年10月17日赴苍南县进行技术鉴定。经现场勘察和查阅的有关资料，鉴定意见如下：

一、(略)。

二、包郑照在舥艚新水闸东侧约50米处的海堤内河一侧的堤坡上，分两次建房六间，占堤231平方米。根据浙江省人民政府1979年12月关于保护水利工程安全的布告第2条和1981年浙政〔1981〕36号颁发的《浙江省水利工程管理暂行条例》第7条，严禁在堤防、河道上修建房屋和其他建筑物，包郑照所建的房屋影响海堤安全并侵占河道，影响行洪，因此是违章建筑。

三、……包家所建房屋地段，堤身断面最为狭小，修建三层楼房，随时有滑坡的可能性。一旦发生滑坡决堤，不仅难以抢修，更不易在短期内修复，这将给苍南的江南平原带来严重的后果。

法庭调查持续到下午5点15分结束，历时6个多小时。

晚9点，庭审进入法庭辩论阶段。

上诉人的诉讼代理人楼献律师首先宣读代理词。代理词依然像一审似的充满着感情色彩。

“此时此刻，当我们和农民当事人因本案而第二次坐在这庄严的国徽下，心情是忧喜参半。忧的是不顾事实的一审判决的幽灵仍在徘徊；忧的是‘民与官斗、鸡蛋碰石头’的后怕不时掠过心头，‘污蔑、攻击县政府’的帽子不知何时落下；忧的是被炸毁一半的房屋，仍然不准修复，第二个寒冬又来到，风霜雨雪几时休？喜的是一审判决后，许多新闻单位客观公正的报道和评论，增加了本案的透明度；喜的是一审判决后，全国各地的工人、农民、干部、知识分子、军人寄来了表示支持和安慰的信件和汇款；喜的是浙江省高级人民法院民事审判庭公开审理‘农民告县政府’的上诉案，使农民原告方能有机会再次公开事实，使包郑照老汉及家人又一次燃起对法律的热情，使普通公民能感受到党的十一届三中全会后的良好法治环境。

“根据事实和法律，我们坚持一审的代理意见；坚持认为：农民原告人的诉讼请求显属有理；坚持认为：农民上诉人的赔偿要求是合法的，是于法有据的。”

代理词共分两大部分：一是本案的事实；二是本案的法律适用。

代理词认为，昔日的舥艚海堤已被政府命名为舥艚街，有关部门已表示放弃该堤，新建海堤。

“街是经县政府批准的总体规划区内的土地。在规划区内，镇城建办是唯一有权审批建房地基的部门。上诉人被炸的房屋在总体规划红线之内且又是经过镇城建办批准建造的，因而是合法的。

“1987年7月11日，炸房后的第7天，还沉浸在炸房的悲哀之中的包郑照，又接到了舥艚镇人民政府的通知：‘你的三间三层楼房违章部分被拆除后，其余未被拆的部分房屋，如要修建，必须经舥艚镇人民政府签署意见，报县人民政府批准后，方可修建，特此通知。’为什么不准农民修房？难道是‘痛打落水狗’?！难道是‘宜将剩勇追穷寇’?！难道是要‘第二次爆炸’？退一万步说，总该‘优待俘虏’吧?！

“如今，包家的残楼，仍惨不忍睹，过往行人，无目不垂泪。

“如果鲁迅先生有幸得知，他老人家定会说，‘费厄泼赖’‘费厄泼赖’。”

台下的旁听席中响起了一阵掌声。

“同志，我们的同志：在燥热的夏晚，当你躺在凉席上，电风扇的习习凉风送你进入梦乡时，你可曾想到包家大小被河边的虻蚊叮咬；你可曾想到包家大小竖起耳朵在打探台风的行踪，心惊胆战地难以成眠；在寒冷的冬夜，当你与家人围坐在电视机前，姜昆的相声给你带来欢乐时，你可曾听到包家被炸房外那凛冽的海风在呼号，你可曾听到包家小妹那嗷嗷待哺婴儿的哭声，你可曾听到包郑照老汉那长长的叹息……”

这段煽情的代理词，又引来了台下的一阵掌声。

楼献律师再也控制不住自己的情感了，失声痛哭了起来。

整个法庭变得一片安静。

楼献没能读完的代理词只好由胡建森律师接着读。

在楼献之后，被上诉人的诉讼代理人吴岳、杜维宁律师也发表了针锋相对的代理意见。他们认为，舥艚海堤作为水利工程，其作用至今仍不可忽视；包家建房的审批程序应适用水利法规。上诉人明知故犯，擅自毁堤填河设障，违章建房，并突击建成，损害了社会公共利益，明显违反法律；法律赋予人民政府有一定的强制执行权，县政府强行拆房属于清障，无须请法院执行，不应承担民事责任。代理词最后指出：“综上所述，我们认为，上诉人毁堤填河建房，于法不容；被上诉人坚决清障，于法有据，完全合法正当，绝不是侵权行为。这是我们对全案的概括评价，温州市中级人民法院也已作出公正的一审判决。作为苍南县人民政府及其法定代表人黄德余的诉讼代理人，我们坚信，浙江省高级人民法院将对本案作出同样公正合法的终审判决。据此，本案的最终公正处理，将对我国民主与法制的建设，对水利法的实施，对保障国家和社会公共利益，保障公民和集体的合法权益，产生深远的社会影响。”

你来我去，数轮辩论，观点迥异，又是一番激烈的舌战。

在法庭辩论即将结束时，审判长再一次征询双方的意见，上诉人的诉讼代理人楼献要求发言。

楼献说：“我们农民上诉方提一点建议。根据《民事诉讼法》第6条规定：‘人民法院审理民事案件，应当着重进行调解；调解无效的，应当及时判决。’我们考虑到刚才的法庭调查和辩论，使本案的基本事实业已查清，双方的观点也已经明了。苍南县政府为此案诉讼消耗了不少精力，调解结案有助于苍南县政府今后的工作。考虑到一审法院在一审审理过程中，没有遵循着重调解的原则，我们正式申请法院主持调解。如果对方当事人也有相同的诚意，我们愿意接受调解结案。”

楼献突然提出法庭调解结案的请求，令人始料不及。

整个会场大约沉默了两分钟。

审判长问：“被上诉人及诉讼代理人对于调解结案有何意见？”

被上诉人黄德余站了起来，明确表示：“事到如今，已经缺乏调解的基础，我不同意。”

台下掌声热烈。

审判长宣布：“法庭辩论到此终结，根据《民事诉讼法》第110条第2款规定，双方当事人有最后陈述意见的权利，上诉人还有什么要最后陈述的？”

包松村代表上诉人宣读了最后陈述：

一、我们为什么要告县政府。在炸房前，我们家多次要求县、区、镇领导用法律手段解决我们家的房屋问题，结果他们以言代法、以权代法、以政代法，把我们家辛辛苦苦建造的三间三层楼房强行炸毁。当时我们就认为这是违法行为。房子被炸后，我们家把苦埋在心里，忍气吞声，想一了百了，自己修复算了。但炸房后的第7天，我们家接到不许修复的通知，面对不能修复的残楼和残酷的现实，我们家大大小小13口人实在无法生存了。在全国普法加强法制的今天，我们家相信还是要讲点法的，作为一介草民，生死本不足惜，是非却应该讲清。我们家三个党员坐下来，回顾了入党的前前后后，觉得中国共产党的宗旨始终是全心全意为人民服务的，这个宗旨没有变嘛！

法律唤起了我们的信心，被逼无奈，在接到不准修复通知的第4天，我们家就将状子递到了温州市中级人民法院。

二、艰难的诉讼。状子递进后，杳无音信，我们一家走上了曲折而漫长的上访和告状的道路。到杭州、到北京，南来北往，可一次次都落空，使我们家陷入了绝境。屋漏偏逢连夜雨，船破更遇顶头风。在告状的一年里，我的工作被解聘，加上一家老小到处奔波，生活也陷入了困境。翘首望苍天，谁来解倒悬？我母亲整日哭哭啼啼，说：“不出人命，上面是不管的，我去死了，上面就管了。”去年11月的一天晚上，她准备服毒自杀，幸亏被人发现，才免于一死。我爱人和我妹妹把她们自己的结婚金戒指和项链都卖了，以维持生活和打官司的开销。在这里，我们全家衷心地感谢浙江省高级人民法院袁芳烈院长对我家的关心和支持，批示指定温州市中级人民法院，才使此案成立，并又一次重新开庭审理，将案情大白于天下。

三、这个案子属于全国百姓。黄县长在一审开庭时曾说，你们家有3个党员，应该带头作牺牲。我们对这话颇有感触，在目前法制建设还不十分完善的情况下，我们家也愿意做法制建设的泥土。通过对此案的审理，只要能唤起全国亿万农民法律意识的觉醒；能使千百个“黄县长”从此案中吸取一点点教训，在以后的工作中，不再以言代法、以权代法、以政代法，别再给平民百姓带来类似我们家的悲剧，我们也就感到欣慰了。

四、感谢社会舆论和全国百姓对我们家的支持和同情！感谢省高院民庭不辞辛苦，远道赶来温州重新开庭！感谢在座的同志们！

包松村的最后陈述结束后，被上诉人黄德余也作了最后陈述。

黄德余说："包郑照等人诉苍南县人民政府损害赔偿案二审庭审就要结束了，今天，我作为苍南县人民政府的法定代表人，坐在被诉席上，心情是复杂的，有喜也有忧。喜的是公民与政府打官司将被越来越多的人所接受，官民对簿公堂的事实将被越来越多的人所接受。在这里，我们可以看到在我们国家实行全面广泛的民主与法制的希望；忧的是可能还有个别人，出于公民与政府打官司，不管理正与理歪、执法与违法，非要政府输不可的这么个心理，捏造事实，歪曲正确法律，竭尽强词夺理诡辩之能事，不达目的不罢休。我为此而感到担忧，但愿这种担忧是多余的。我殷切地希望，这起农民告县政府的官司，它的结局能够引出民主与法制建设好的结果，我相信法庭会作出公正的判决。谢谢审判长，谢谢审判员，谢谢全体听众和法庭工作人员！"

晚10点40分，合议庭休庭，对审理情况进行评议。

复庭后，审判长钱士诞宣布："包郑照等诉苍南县政府损害赔偿上诉一案，法庭经公开审理，对事实进行了调查，对有关证据及一审法院查实的证据也进行了查证，上诉人、被上诉人及双方代理人对证据、法律适用等提出了看法，进行了充分的辩论。本庭认为，对本案的事实认定、法律适用等尚需进一步评议。因此，将定期宣判，日期另定。"

下　篇

一场“新闻战”

当代中国人不知道温州的不多；

当代中国人到过温州的也不多。

温州不通火车，从杭州到温州遥遥400多公里，从温州到苍南还有70公里。一位到温州谈生意的日本人，称这段旅程是他终生坐过的最长的汽车路程，那一夜，因为没有按摩师的按摩，他累得无法入睡。一位到过苍南采访的作家，回忆起这段15个小时漫长而又颠簸的路途时，脸上显露出一种谈虎色变的表情。

可这回，听说有这么场官司，这些无冕之王们，全然不顾什么路途遥遥，什么颠簸摇晃，全都赶来了。

他们意识到这里面有戏可唱，有文章可做，弄得好的话还有可能捞到“大鱼”。

县委宣传部的一位科长对我说，那些日子，他发现了一种十分有趣的现象，来的记者凡是倾向于被告的（政府）一般都住在县委招待所；而支持原告的（包家）几乎都同楼献律师一起住在个体户旅馆；至于中立的就无所谓了，愿意住哪儿就住哪儿。

县委一位领导告诉我，按惯例，上头来的记者到县里采访，有关部门都要请吃一顿饭。这次为了避嫌，全免了。所以，黄德余在一审最后陈述时，专门谈到这一点：“许多记者不辞辛苦到苍南来采访，作为县长，我表示欢迎，招待不周之处，谨请原谅！”

一场八仙过海各显神通的“新闻战”就这样展开了。

一篇篇消息、通讯、侧记、专访、评论铺天盖地，光看看这些标题，足以令人眼花缭乱：

爆炸后的爆炸

苍南一新事：农民告县长

10小时唇枪舌剑　千余人争相旁听

农民告县长令人瞩目

苍南昨天公开审理

为了县政府的权威

艰难的清障
——苍南的一桩官司

法律，不会沉默
——对一起严重侵犯公民公法权的调查

法制的苏醒
——全国首例“农民告县长”案开庭侧记

“农民告县政府案”备忘录

农民与县长再次“对簿公堂”

1988年3月29日，温州市中级人民法院决定正式受理此案，4月22日，《温州日报》发了消息：

舥艚镇强行拆房一事有续闻
包郑照指控县政府侵犯权益
市中级人民法院目前已受理此案

如前文所指，作为市委机关报的《温州日报》，可能自己也意识到这样编排标题，势必让人产生县政府已经侵犯包家权益的感觉，于是两天后，《温州日报》又赶紧发了另一条消息：

强制拆房是执法还是侵权
县长黄德余将出庭应诉
人们拭目以待法庭审理

这期间，不少文章见诸报刊，且立场基本上是站在包家一边。

1988年1月12日，《经济生活报》发表了标题为《怵目惊心的炸房事件》的通讯，文中写道：

> 围绕着关键性的问题，记者做了深入调查。
>
> 纵观建房全过程，包家建房手续并非不合法。只是由于历史原因，存在审批程序不健全的问题，但这个责任绝不应该由包家承担，而应由镇政府承担。难道可以以爆炸公民房屋来弥补镇政府审批手续不健全的错误吗？如果据此推论，绝大多数1985年兴建的舥艚镇居民的住房，岂不要全部化为灰烬？
>
> 从现场观察，包家的新房临河一面与老房从地基到墙面都平齐在一条线上，与沿河的其他房屋也都平齐。其他家的房屋和建筑有的还比包家楼房更要突出河面，以至于7月4日执行炸房的施工人员不知要炸哪间楼房。
>
> 虽然舥艚镇包家楼房引起的轩然大波还在继续，虽然包郑照一家还在告状的路上四处奔波，但人们还是相信：正义和法律是不会沉默的！

发表于《律师与法制》杂志1988年第6期上的长篇通讯《“农民告县政府案”备忘录》，对炸房作了这样的描写：

> 这一天（1987年7月14日），是舥艚近代史上第二次被封锁的日子，舥艚人永远忘不了。上午7点，舥艚镇突

然浩浩荡荡来了300多位县、区、乡干部和一个爆破专家队及70多位公安、武警战士，舥艚街被全面封锁。行人禁止通行，船只不准出海。舥艚河上还有汽艇在巡逻。外村一位小伙子挎着相机想在对面山上拍照片，路过此街，也被一位站岗的武警强行扣留，声称要没收相机。小伙子再三哀求，说明原委，拿出胶卷来，才准许放行。

在隆隆炮声中，包家楼房的南半幢经定向爆炸而倒塌，瓦砾遍地。爆破专家们还用气割机将地脚梁中的钢筋割断，使整幢房屋的结构遭破坏，导致不能修复。包家的残楼，如同一个鲜活的生灵被粗暴地剖开了胸膛，惨不忍睹。

此时，包家一家人也失去了自由，他们分别被扭送到镇里，关押时间达12小时之久……

这些“执法人员”还白吃白拿了包家饮食店的啤酒、汽水，分文未付。

周围十几个村庄闻讯而来的数百名村民见此情景，无不垂泪。舥艚的集体组织及个人纷纷写信发函给党中央、国务院及省里有关部门。

一封由8个单位联名给浙江省人民政府的信，是这样写的：“苍南县政府个别领导，以权代法、以权谋私、目无国法，太横行霸道了。这种做法像旧社会官僚主义那样不管农民死活。”

“总有一天会水落石出的。”一封由一个村委会署名、寄给国务院的信如是写道。

而《上海法制报》上的一篇杂谈，则对县政府进行了公开的批评：

一个县政府的“公仆”，应该知道我们有一部宪法，宪法规定人民的住宅非依法律不得侵犯。如果包郑照的楼房确实不利于“保护舥艚海堤”，非炸毁不可，那么也应当考虑包郑照一家的安置，征求包郑照一家的意见，有偿地收购这幢楼房，然后加以爆破。可惜我们苍南县的“公仆们”却作出了《关于强行拆除包郑照违章房屋的决定》，这个决定，根据《宪法》哪一条呢？难道是中华人民共和国的《宪法》，不适用于苍南县吗？“意莫下于刻民，行莫贱于害身也。”“公仆们”如也能想到这一点，那就好了。

当然，旗帜鲜明地支持县政府的也有。

新华社记者在苍南采访后，写了《清障“钉子户”，无理却告状》一文，发表在新华社内参上：

……

包家所为在当地群众中造成了很坏影响。1986年以来，舥艚镇人民代表、干部、群众多次上诉中共中央、全国人大、国务院、省市政府和有关部门，苍南县委、县政府先后收到了来自这些领导部门交办查处的批示。经过反复调查核实，确认包家新建的三间三层楼房属违章建筑，作出拆除的决定，并于1986年10月底通知舥艚镇政府。

在一年多的时间里，县、区、镇各级党政和水利部门的领导对包松村及其家人反复教育动员，促使其自行拆除，包家却置若罔闻，坚决拒拆，成为温州市和苍南县众目睽睽的清障“钉子户”，严重影响了河道清障工作的进行。

……

包家却怀恨在心，四处告状。《法制日报》《法律与生活》《经济生活报》先后以较显著版面做了报道。温州市委、市政府和苍南县委、县政府领导及广大干部群众对此反应十分强烈，认为这些报道将县政府为保护几十万人民的利益、依法强行拆除包家违章建筑指责为“严重侵害公民合法权益”，报道中不顾基本事实扩大事态，助长了歪风邪气，实在令人难以理解。

目前，在一些新闻单位和律师楼献等人的支持下，包松村以其父包郑照的名义向温州市中级人民法院指控县政府的“侵权行为”，法院已予受理。县长黄德余作为县政府的法人代表，准备出庭应诉，并将反诉包氏诬告政府。

多数报刊，在法院判决之前，态度谨慎，报道客观，既不倾向原告，也不偏袒被告，一切等待着法官的判定。

相比之下，浙江电视台拍摄的专题片《爆炸后的爆炸》（后获全国电视专题节目一等奖），显得角度独特，高人一筹。它跳出了剖析案子是是非非的圈子，没有把主要笔墨放在本身的官司上，而是紧紧抓住普通的案子和巨大的社会震动之间的强烈反差来展开，不仅使观众看到了当事人以及周围群众的种种心态，还使观众对此案的认识提高到了一个新的高度。

请读片子中的两段解说词：

是的，从案子本身来看，这是一件微不足道的民事案子，然而双方特殊的身份又使这一案子远远超过了它本身所具有的意义。多少年了，我们的农民只知道“日出而作，日落而息”，夕阳牧歌、暮归老牛。他们麻木了，一旦有了冤屈，只能把希望寄托在这个虚幻的偶像之中，而对于他们的父母官来说，权便是法，法便是权，窦娥冤魂纵然血溅白练又何曾洗刷冤孽。终于有一天，共和国成立了，人民当家做了主人，一部宪法把人民抬到了至高无上的地位。也终于有一天，在诞生了我国第一个农民城的温州苍南，有这么一家农民破天荒地想到了要跟他们的父母官去打个官司，决个输赢；而他们的父母官又居然郑重其事地和他们同进公堂，这难道不是一件了不起的创举吗？可叹的是这一惊人之举发生得实在太迟了。

农民虽然输了，但这一案子所产生的影响远远超过了它本身的输赢。农民包郑照一家、县长黄德余和所有参与此案审理的司法工作者，在整个案件审理过程中所呈现的风貌和所产生的影响将远远不会消失，这件既普通又极不普通的案子给我们留下的思考还将延伸得很长很长……

一场官司引来了一场“新闻战”，沸沸扬扬，好不热闹。

北京的一位记者公开宣称：“我们千里迢迢不辞劳苦，就是奔着农民告赢而来的，农民要是输了，那还有什么意思？”这虽然不能代表全体记者的观点，但赞同者不少。因此，当温州市中级人民法院的一审判决公布后，许多记者深感遗憾并颇多微词。不过，他们仍不死心，把最后的希望寄托于浙江省高级人民法院的终审判决上。

一篇署名肖申的《对“农民告县长”新闻报道的思考》的文章，对这场“新闻战”提出了异议。申文认为不少新闻报道仅仅停留在案件审理过程的一般转述上，被“农民”与“县长”这两种悬殊身份的表象所迷惑，而没有把笔触再深入一步。因为，在我国的司法实践中，“民告官”不乏先例，最终老百姓胜诉的也不是没有。因此，当今的读者所需要的是想从“农民告县长案”中，获知我国民主与法制建设有了实质性进步的新信息，而不仅仅是某个县长成了被告。这就要求记者首先要选准案例，然后再来创新一番，以展示民众法制意识的新觉醒和“父母官”们民主观念的加强。

申文还指出，或许有人说，不管农民有理没理，反正他敢同“县太爷”打官司，就是一大进步。笔者对此不敢苟同。因为现实生活和国内外的司法实践早已表明，并非敢于提起诉讼就是“新观念”。特别是对于民事案件，通过何种形式来解决，并不是衡量法制观念强弱的唯一标尺。无论是通过调解还是诉讼解决问题，都是可取的。

不过，按法官的思维来要求记者的思维，显然也是不合理的。法官关心的是官司本身的是非曲直，记者更关心的是由官司而生发的新闻，他们希望爆出一个个“冷门”，杀出一匹匹“黑马”。

当记者的都渴望自己写的东西能产生轰动效应，肥牆官司要是农民一方胜诉了便能引起更强烈的社会轰动，可是诉讼结果农民却输了。这是一个谁都无力挽回的遗憾。

近几年来，新闻界变得越来越活跃了，这无疑是一件好事。在改革开放的进程中，人们将越来越看重舆论的作用，所以，如何使新闻变得更加真实、更加犀利、更加完善，这才是值得新闻界深思的。

终审判决

还是让我们再回到案子本身上来。

有人说：法官的两脚同时踩着河的两岸—— 一边是天堂，一边是地狱。

官司虽然不牵涉人命，但诉讼双方特殊的身份，使它众所瞩目，成为新闻报道的热点。因此，它的判决是否准确、公正，将会产生不同一般的影响。

审判长钱士诞意识到了这个问题，审判员徐杰、冯荣福也意识到了这个问题。

结束了在温州的庭审，回到杭州后，合议庭的全体成员一头埋进了案子中。

他们逐一审查了上诉人的上诉理由和被上诉人的答辩理由，认真分析了双方诉讼代理人的代理意见，周密研究了对事实的认定和法律的适用，合议庭抓住了全案主要的六大问题，一一进行甄别与判定：

一、关于舥艚海堤的性质问题

上诉人及诉讼代理人称，舥艚海堤已变成舥艚街，有关部门曾表示放弃该堤，另建新堤。既然是街，两旁自然应该允许百姓建房。

从二审查证的情况看，建于1208年的500米舥艚海堤，历来就是一座水利工程设施。新中国成立后，人民政府又先后两次加固海堤，扩建水闸，增修防浪墙。“文化大革命”期间，堤上建造了不少民房。有关部门确曾设想将海堤外移，后经实地勘验，提闸外移技术复杂，施工困难，且所需费用由违章户承担也不现实，故上述设想未形成可行性方案。舥艚海堤至今仍起着保护苍南县20余万亩农田和50余万居民生命、财产安全的重要作用。如省有关水利专家鉴定认为的那样：“舥艚500米海堤和10孔水闸是一座挡潮、蓄淡、排涝、灌溉的中型水利枢纽工程。”

二、关于包郑照家填河毁堤设障问题

包家及诉讼代理人称，包家建房的地基是在“文化大革命”中挑河泥填的，而非1985年后抛石填河，更非突出河面建房。

经认真核查上诉人在一、二审中提供的主要证据，发现上诉人提供的主要证人早已对原证言作了变更，推翻了原陈述上诉人在“文化大革命”中已全部填好地基，并未越桩的证言。因此，对上诉人提供的有关地基早已填好、没有越桩的证言，不予认定。相反，有足够的证据证实，上诉人在1983年清障后，仍继续抛石填河毁堤。有关水利专家对上诉人所建的房屋的性质，作了这样的鉴定：“包郑照所建的房屋影响海堤安全并侵占河道，影响行洪，因此是违章建筑。”“包郑照所建房屋地段，堤身断面最为狭小，修建三层楼房，随时有滑坡的可能性。一旦发生滑坡决堤，不仅难以抢修，更不易在短期内修复，这将给苍南县平原带来严重的后果。”

三、关于舥艚镇城镇总体规划问题

经法庭当庭查证，上诉人向法庭出示的所谓“舥艚镇城镇建设总体规划图”和“说明书”，只是现状图和讨论稿。事实是，在舥艚镇建设总体规划中，并未将海堤规划为当地居民的建房用地。规划红线仅起总体规划控制范围的作用，并不意味着规划红线内的任何地方都可以建造不符合总体规划要求的建筑物。上诉人认为在规划红线内可以建房是没有依据的。

四、关于舥艚镇城建办审批权的问题

上诉人反复宣称自己的建房是经镇城建办批准的，因而不是违章建筑。应该承认镇城建办系镇政府的一个职能部门，有权审批地基，但却不是有权审批建房地基的唯一部门。土地性质不同，审批的部门也就不同。包家的建房用地，既非耕地，又非宅基地或村内空闲地，而是作为水利工程设施的舥艚海堤及河道。其审批程序不能适用土地管理相关法规，而适用于水利相关法规。《浙江省水利工程管理暂行条例》第6条规定：“在水利工程管理范围内，如要设置码头、修筑道路、建造房屋等，需由建设单位提出申请，经水利工程管理单位和水利主管部门同意，报上级人民政府批准后方可施工。”水利电力部关于《水利水电工程管理条例》第11条规定：“确有必要在水利水电工程保护范围内进行建设等活动的，应征得水利电力主管机关的同意。”曾任水利管理员的包松村，对上述规定应该是清楚的。镇政府及城建办个别负责人违反审批程序，擅自越权口头同意包家在海堤河道上建房，应属无效。

五、关于县政府是否可以强制拆房的问题

上诉状称：“拆除违章建筑的强制权，从1987年1月1日起，收归为人民法院。苍南县政府1987年7月4日强制炸房，是越权违法行为。”这里，上诉人混淆了水利清障与强行拆除一般违章建筑的界限。一般的违章建筑，按《土地管理法》的有关规定，行政机关不能自行强制拆除，须申请法院强制执行。然而，水利河道清障则不同。汛期不等人，防汛如救火。国务院、省政府历来十分重视这项工作，发布了一系列条例、通知，再三强调并限期各级政府及领导要不折不扣完成清障任务，对拒不执行又影响大局的应强行拆除。因此，各级人民政府依照《中华人民共和国地方各级人民代表大会和地方各级人民政府组织法》和国务院紧急通知的有关规定，对所辖区域内的阻水障碍物按照“谁设障、谁清障”的原则，在通知设障者自行清除无效后，可作出决定，予以强制拆除，不必申请法院强制执行。

六、关于本案的法律适用问题

上诉人及诉讼代理人提出，一审判决适用法律不当。本案应适用《土地管理法》和《城乡规划条例》，而一审判决只引用国务院的一个紧急通知与水利部的一个行政规章，不符合最高人民法院的司法解释。

持这种看法，说明他们对一些基本法律问题还存在模糊认识。国务院、省政府有关水利水电工程管理条例、通知等非常明确地规定，凡进行涉及水利工程设施、与河道行洪排涝、堤塘安全有关的建设，均属上述条例、通知的调整范围。本案争执的房屋建在作为水利工程设施的舥艚海堤上，且又系抛石填河毁堤而成，因此，不能适用《土地管理法》和《城市规划条例》，只能适用水利法规。同时，国务院的通知和水利电力部的条例属于行政法规，根据最高人民法院的有关规定，只要不与法律相抵触，人民法院可以作为审理案件的依据。因此，一审判决适用法律并无不当之处。

依据以上的事实与法律，合议庭一致认为，上诉人的上诉请求无理，应当驳回上诉，维持原判。

为慎重起见，合议庭将意见报送袁芳烈院长，袁芳烈阅后，建议交院审判委员会讨论审定。

12月6日下午。浙江省高级人民法院会议室。

袁芳烈亲自主持了审判委员会会议。在听取了徐杰代表合议庭的详细汇报后，经过一番认真的讨论研究，审判委员会作出了“同意合议庭意见，驳回上诉，维持原判”的决定。

1988年12月26日。

浙江省高级人民法院在杭州市中级人民法院礼堂依法对此案进行了公开宣判。

钱士诞审判长宣读了判决书。

苍南县舥艚海堤和10孔水闸，是一座挡潮、蓄淡、排涝、灌溉的中型水利枢纽工程；海堤南侧的东魁河，是行洪排涝的主干河道，关系到苍南县20余万亩农田的灌溉和50余万居民生命、财产的安全。上诉人无视国务院和省政府关于严禁毁堤填河设障的政令，在1983年因毁堤填河建房105平方米被处罚后，仍不改正，又继续毁堤填河126平方米，危害海堤安全。舥艚镇人民政府和镇城镇建设办公室个别领导，超越审批权限，擅自口头同意上诉人在海堤及河道上建房，应属无效。且上诉人动工建房时，舥艚镇人民政府便按照苍南县水利电力局的通知令其停建并自行拆除，恢复河道原貌。上诉人不仅拒不拆除，反而加快施工速度，建成三间三层楼屋。苍南县人民政府为了保护水利工程和人民生命、财产安全，在多次教育上诉人并限期自行清障无效后，根据国务院《关于清除行洪蓄洪障碍，保障防洪安全的紧急通知》，作出决定，予以强制清障，是合法的。原审判决定认定事实清楚，论证充分可靠，审判程序合法，适用法律正确，驳回包郑照等8人的诉讼请求，并无不当。上诉人的上诉请求无理，本院不予支持。经本院审判委员会讨论决定，根据《中华人民共和国民事诉讼法（试行）》第151条第1款第1项之规定，判决如下：

驳回上诉，维持原判。

上诉案件受理费人民币191元和鉴定费人民币450元，由上诉人负担。

本判决为终审判决。

这时候，旁听者和来采访的记者们好像才突然发现似的，今天的宣判会，上诉人及他们的诉讼代理人均未到场。

宣判结束后，新华社等记者提出了一些问题，审判长钱士诞回答说，此案曾因被冠于新中国首例“农民告县政府”的宣传而引起社会各界广泛的关注。我们在审判过程中，始终坚持以事实为依据、以法律为准绳的原则，不管为民为官，谁胜谁败，唯一的依据就是事实和法律。如果不坚持这条根本原则，而以“民”与“官”的身份来作为判断是非和审判案件的标准，那是肯定要出大问题的。钱士诞还说，我院已于本月21日、22日将传票和通知书分别送达上诉人和诉讼代理人所在的律师事务所，今天他们未到庭参加法院的公开宣判，并不影响法院判决的法律效力。

至此，这场令人瞩目的官司可以打上一个句号了吧？

民告官备忘录

毕竟是进入了一个崭新的年代。

中国人民正在这块古老的黄土地上参与着一场关系到自身命运的大改革。新旧体制犬牙交错，各种矛盾纵横交织。人们关心着位子、票子、房子，同时也在关心着民主与法制的建设。

有第一例便会有第二例、第三例……特别是随着《行政诉讼法（草案）》的诞生，“民告官”一时成了老百姓的热门话题。平民百姓理直气壮地与政府官员以及其他干部“对簿公堂”的现象，有希望变得越来越平常。

发生在辽宁的故事

至1989年5月27日报纸刊登为止，辽宁省台安县个体木匠王凤申告县交通局局长和土地局的官司，仍在打着。

这也是一场艰难的官司。

37岁的农民王凤申很早就从家乡鄂家村出来，到县城做木工活儿了。1981年初，征得蔬菜大队四小队的同意，他花250元买下队里的一个粪坑，填平后盖了三间住房。

党的富民政策为王凤申插上了致富的翅膀，他利用自己会做木工活儿的特长，当上了个体加工木器专业户。

随着业务量的增大，他越来越感到三间住房太少了，恰在这时，他房子西边和南边的土地被县交通局征用。交通局先后盖起两排职工家属宿舍，只是，北面所剩土地再盖一排房尚差一米多。双方一拍即合，商议换地。王凤申让出自己住房西侧两米宽过道的一半给交通局，换取了自己院前交通局的一块地。王凤申本想办个手续，交通局办公室主任则说：“办啥手续？公家和个人对换点地方，公家还能要赖咋的？”

王凤申放心地在换来的地段上盖起了三间木器加工房，并雇用了十来个木匠，业务搞得挺红火。

1986年，县交通局将换段后的土地拨给局长符志达，符志达盖了三间漂亮的平房。平房的东山墙紧压在换段后的交界线上，使仅剩一米的通道更显狭窄，而且檐板已伸过了交界线。王凤申向交通局要说法，办公室主任回答：占天不占地，地方还是你王凤申的。

1987年5月，符局长又提出要求，要占天也占地，即得到他房檐下的30厘米的地方。

王凤申愤然地拒绝了。

符局长到县土地局告状，他否认交通局与王凤申换地的事实，并提出王凤申是农村来的黑户，进城买地盖房是非法行为。

土地局派员调查后，劝王凤申让出30厘米，王凤申忍气吞声地答应了。可符局长又变卦了，让30厘米不行，非要半米不可，并且还要按他的房向重新划定南北交界线，以使他的院子方方正正。

符局长向县人大递上申诉状。县人大要求县政府从速处理。为此，县长召集有关部门几次开会研究，均议而难决。

1988年4月1日，县土地局下达了裁决书：第一，符志达与王凤申两房中间胡同，确定每户一半。第二，王凤申房前墙往南3.5米处以外应退交交通局。第三，符志达与王凤申两房中间胡同交界，双方暂不砌墙，暂作为王凤申走道用，但限王凤申一年之内自己开路。第四，王凤申户口不在县城，占地是违章的，具体由镇政府处理。

这样一份裁决书，王凤申当然不能接受。4月23日，王凤申来到县法院起诉。法院认为这个裁决没有依法处理，没有引用所依据的有关法律条款，不予受理。

王凤申慌忙跑到土地局，讲明法院不受理的原因。土地局答复：受理不受理是法院的事，我们管不了。

土地局没有依法裁决，法院依法不受理，当事人王凤申当然拒绝执行。

然而，法院没有接受王凤申的起诉，却接受了土地局要求强制执行的申请。6月1日，县法院突然下达“民事案件执行通知书”，责令王凤申6月5日前停止生产，拆除三间厂房，否则依法强制执行。

6月16日上午9点，台安县城大街上警笛长鸣，县法院两位院长带着20多人涌进王凤申院内，宣布当即强制执行。

灰土腾空而起，三间厂房被拆得一干二净。下午4点临走前，这群人又在王凤申房前3.5米处，垒起一道高高的砖墙，将扒掉的房基全部圈入了符局长的院子。当天，王家损失达1.5万元。

王凤申在床上躺了7天，吃什么吐什么。

符局长扬言：在台安县别想打赢这场官司，姓王的告状连大门都找不到。

王凤申还是挺过来了，在律师的支持下，他拖着虚弱的身子，走向市里、省里……

一趟、两趟、十趟……此案终于得到省委、省政府信访办的重视。副省长也做了批示。省土地局和省法院联合组成调查组，深入现场调查、核实，得出的结论是：台安县土地局的裁决书回避换段事实，保护符志达等人非法侵占集体土地的行为。他们建议：必须责令县交通局和符志达拆除建筑物，如数将侵占的集体土地退回。他们还认为，考虑到1981年的政策，应给王凤申的三间住房补办合法手续，予以认可。

副省长的批示和省土地局、省法院的意见已于1988年底转给鞍山市和台安县有关部门，至今没有回音。省委、省政府信访办多次派人、打电话询问处理情况，迟迟得不到答复。

这场谁胜谁负的官司仍在继续着，台安县群众几十万双眼睛也在注视着……

发生在上海的故事

上海某厂女工张某，初中毕业后进厂，工作积极、性格开朗、人缘挺好。经人介绍后交了男朋友，两人通过一番结识、了解，订下秦晋之好。

1982年底，张某向厂里提出了开具结婚证明的申请。厂里以张某刚满23岁为理由未予批准，只给开了婚前检查证明。

翌年2月，张某又提出结婚申请。恰在这时，上级部门即将进厂检查计划生育工作，厂工会领导希望张某推迟婚期，张某表示同意。4月，计划生育检查组早已离开，张某再一次提出申请，厂方又以张某不符合上级“关于女性晚婚年龄为25岁”规定为由，拒开结婚登记证明。

一而再，再而三，没想到要堂堂正正登记结婚竟是如此之艰难，张某怎么想也想不通。更何况双方家庭已作了充分的准备，一推再推，老人也不满意。

痛苦之中，张某找来了《婚姻法》，一篇篇地翻，一页页地读，从头至尾仔细研究了一番，《婚姻法》里并没有“女性晚婚年龄为25岁”这一条。张某想，《婚姻法》是经过人大常委会通过的，是管全国的，难道不比你上级这个规定、那个规定厉害？既然《婚姻法》里没有规定女性不到25岁不得结婚，那么，24岁结婚并不犯法。

5月，张某未同厂里打招呼，自行决定结婚。

不久，张某怀孕。怀孕了是瞒不住的，消息很快传到厂部。厂领导掐指一算，时间不对，便断定张某是未婚先孕，作出了要其做“人工流产”的决定。这位未来的母亲一听要其做“人流”，气不打一处来：我申请结婚你们不批准，我怀孕了你们还反对，你们非要跟我过不去。“人流”，没门儿！她断然拒绝。

厂方见张某不服，又责令其停工反省。

张某豁出去了，你不是让我停工吗？我索性连班也不上了。

厂方也火了，“简直是无法无天，不信治不了你”。1987年7月10日，厂里对张某作出了除名处理的决定。

张某哪能咽下这口气儿。她觉得厂里的决定是以势压人、以权代法，于是跑到区劳动争议仲裁委员会申请仲裁。该委员会经过一番调查，认为厂方对张某的处理是正确的，作出了维持原决定的裁决。

结婚与怀孕原本都是喜事，可张某做梦也没想到，自己会因为结婚与怀孕连饭碗都给弄丢了。她越想越伤心，越想越痛苦，越想越气愤，1988年2月6日，写了一张状子告到了区人民法院。

区法院受理了这个案子，并将应诉通知书送达工厂。

厂领导大吃一惊，没想到抓晚婚和计划生育竟会成了被告。

法院经过审理后确认：张某在处理婚姻问题上有过错，但厂方以不符合晚婚条件而拒开结婚证明，随后又坚持要其做人工流产的做法均有不妥，而且于法无据，因而原告不属无故旷工。

不过，张某表示只要厂方能撤销原决定，并给予一定的经济赔偿，她可以考虑撤诉。

厂方也在进行反思。

经过法院多方疏导，厂方遂撤销除名决定，一次性给张某补偿人民币1500元，并准予原告调离该厂。

张某表示谅解，撤回状子。

一场马拉松官司，以较圆满的方式获得了解决。

发生在湖北的故事

这是湖北省第一起个体工商户与省属国营企业联营纠纷仲裁案。

55岁的农民朱其琼养了大半辈子蜂，他以其丰富的实践经验和理论知识以及赤诚的为人赢得了蜂业界同行们的尊敬，成了远近有名的农民企业家。

武汉市某省属国营生物制品厂由于产销不对路，处境维艰。他们看中了朱其琼的技术和业务能力，希望和他联营蜂产品。这时，朱其琼经有关部门批准，已经成立了湖北咸宁市横沟蜂乳厂，这是个新型的充满着生命力的家庭式企业。不过，它的生产能力和规模仍不能满足朱其琼的勃勃雄心，他正渴望着有一个能充分发挥自己才干的更大的舞台。生物制品厂是个国营厂，许多优越的条件正中朱其琼下怀。于是，双方签订了联营5年的协议书。

一派赤诚的朱其琼全身心地投入了联营活动。8个月过去了——仅仅8个月（请注意这类特殊产品的生产季节性）——处于逆境的生物制品厂，仅蜂王浆一项销售收入便超过了60万元。按协议书规定，朱其琼本人应获1.5万元报酬。

朱其琼拿到了钱当然高兴，不过，他更高兴的是自己的才能得到了充分的施展。正当他准备大干一场时，万万没有想到，生物制品厂突然间单方面撕毁了协议书。

协议书上白纸黑字不是明明白白地写着联营5年吗？怎么才过了8个月，就变卦了？更何况由于朱其琼进城搞联营，他原先创办的那个蜂乳厂已近乎解体，进退两难，他几乎要绝望了。

百般痛苦之中，朱其琼想到了打官司，并聘请了江岸经济律师事务所柳平律师为自己的代理人。

律师找到了生物制品厂，会见了兼任党委书记的厂长。经过几番周旋，厂长最后答应信守协议。朱其琼还来不及高兴，生物制品厂又变卦了。为了废除原协议，他们向武昌县工商行政管理局经济合同仲裁委员会申请仲裁。

接到应诉通知书，朱其琼苦笑了，他知道这其中的奥妙。那时已近年底，生物制品厂的蜂产品销售收入完成了近300万元，按协议，他将再得到至少2万元的酬金。

谁也没料到，武昌县工商仲裁委员会以10天的快速度，在还没有接到被诉方答辩书的情况下便下达了裁定书，认定朱其琼及其蜂乳厂均不具有法人资格，联营合同主体不合格，协议无效，终止执行。

望着这份仲裁书，朱其琼是又急又气。这里面除了“红眼病”的原因外，还确实存在着认识上的差距。随着经济体制改革的不断深入，横向经济联合正以多种形式不断出现，而且各种形式的内涵和外延都在随着当事人所处的具体经济环境发生着变化。朱其琼与生物制品厂的联营，是一个个体户与省属国营企业的联营。这样的联合经营，虽不多见，但在我国客观存在的经济状态中，却是应该允许其存在的。与端着铁饭碗的国家干部相比，那些有胆有识的个体企业家一旦掌握了更大的经营管理权，便会爆发出惊人的创造力。这是他们雄心的需要，事业的需要，更是他们人格的需要。而人格，正是一切创造活动最原始的巨大动力。他们在实现自我的同时，也为社会创造了远大于他们所得的物质财富。我们不应该挫伤他们的积极性，所以说，这个案子并不仅仅关系到朱其琼一个人。

对于这样的裁定，朱其琼当然不能接受。在律师的支持下，他向武汉市工商行政管理局经济合同仲裁委员会申请仲裁。

3个月后，武汉市工商行政管理局经济合同仲裁委员会作出了生物制品厂“败诉”的裁定。

然而，生物制品厂拒不执行裁定。

朱其琼不得不诉诸武汉市中级人民法院。

又过了3个月，才由武汉市中级人民法院强制执行。

法律毕竟是公正的。

发生在天津的故事

高中毕业，没考上大学，刘小燕成了待业青年。整天在家里待着，闲得发慌不说，三顿饭都吃父母的也心怀愧疚。正是个体户最吃香的时候，她琢磨，人家可以当个体户，我为什么就不能？

于是，托路子、拉关系、办执照、找店面，费了九牛二虎之力，“燕子服装店”终于开张了。

面临十字街口，且又是城乡交界处，占着这个有利的地理位置，“燕子服装店”顾客盈门，生意兴隆。

临近国庆，又将进入每年服装销售的黄金季节。一天上午，约莫10点来钟，来了几个胳膊上戴着红袖标，自称是区整顿交通办公室的人。察看了一番市容后，又开来一辆卡车，从车上卸下一个执勤亭，放置在离“燕子服装店”前面不到四米远的街面上。

开头，刘小燕没有在意，以为他们是临时性的，过不了几天就撤了。可过了一星期、半个月，执勤亭丝毫没有撤的意思。刘小燕沉不住气了，问岗亭里的执勤人员，他们还挺厉害：“‘撤?’谁说要撤?我们就在这里待下去了。”

刘小燕犯愁了，由于放了这个岗亭，把店面挡去了一部分，势必影响营业，长期下去，这不等于砸她的饭碗吗?

她到区整顿交通办公室交涉，人家告诉她，整顿交通秩序是市里统一布置的，把岗亭放在那里也是经过市里有关部门批准的。

倒霉透了，刘小燕急得直掉泪。

那天，几位高中同学到店里来玩，他们见刘小燕愁眉苦脸，便问其中原因，刘小燕指着门前的岗亭，诉起苦来。

这几位同学一听受不了了，你放岗亭是经过批准的，我开店也是经过批准的；如果是你先放岗亭，我没话可说，可明明是我先开店，你怎么还愣往人家店门前放岗亭?这不明摆着是仗势欺人吗?

你不仁，我也可以不义。当天晚上，待执勤人员走了后，几位同学憋足了劲儿，硬是将岗亭挪到了下街沿。

第二天早晨，来上班的执勤人员见岗亭被挪了位置，骂了一通后，一个电话，从整顿办招来了一些人，又将岗亭搬到了街面上。

刘小燕一见，也不吭声，悄悄打电话告诉了同学，晚上，他们又把岗亭给挪了位置。

整顿办再一次把岗亭搬了回来。

大家决心奉陪到底。当晚，他们正在采取行动时，冷不防从对面的小胡同里杀出了一支人马，原来，整顿办已经设下埋伏了。

双方先是来文的，你争我吵，互不示弱。后来竟动起了手，你推我搡，扭成一团。整顿办派人到派出所报案，不一会儿，开来了一辆警车，把刘小燕带走了。派出所以阻碍公务为由，给刘小燕处以警告并罚款50元。

第二天，派出所将裁决书送到“燕子服装店”，刘小燕不服，拒绝在裁决书上签字。

越想越觉得窝囊，越想越感到悲愤，一气之下，刘小燕病倒了。

妈妈劝她：“算了，燕子，吃亏就吃点亏吧！”

爸爸说：“胳膊扭不过大腿，谁叫咱们是个体户？”

“个体户怎么啦？个体户就该受气？”刘小燕火了，一下子从床上坐了起来，“他们不讲理，我告去！”

刘小燕果真请人写了状子，决意同派出所与整顿办打官司。

申诉书寄到了区公安局，局领导非常重视。他们派员进行了认真的调查，发现整顿办设置岗亭既未办理过法定的审批手续，也未领占路许可证。而且岗亭的位置确实影响了“燕子服装店”的正常营业。据此，区公安局认为整顿办在服装店门前放置岗亭不属公务行为，刘小燕为维护自己的合法权益所采取的行动，方式不妥，但还不构成违法。原来以阻碍公务为名给她警告处分和罚款显属错误，应予撤销。如果整顿办确实需要在该处设置岗亭，须妥善解决由此给服装店带来的损失，并须办理法定的审批手续。

刘小燕笑了。

用法律来保护自己的合法权益确实不错。

发生在江苏的故事

立秋一过，周阿根围着鱼塘转得更勤了，辛辛苦苦忙乎了一年，该是到收获季节了。

位于大龙山脚下小龙村旁这个占地约100多亩面积的鱼塘，原是一个报废的小水库。4年前，大龙山镇把它改为养殖场，派人养了3年鱼。由于缺乏经验，加上管理不善，年年亏损，打上来的鱼还不够买鱼苗与付职工工资的钱。

1987年底，大龙山镇领导为了提高经济效益，贴出告示，决定将渔场承包给个人。本镇周村农民周阿根揭了榜，并与镇政府签订了为期五年的承包合同。

投鱼苗、备饲料……周阿根带领一家人，没日没夜，把全部心思放在了鱼塘上。他养殖有方，且又舍得卖力气，成效日益明显。前几天，周阿根试捕了一次，网里的鱼儿都在斤把以上。他琢磨了一下，除去成本，交上租金，看来盈利一两万块钱没什么问题。

周阿根有点高兴得太早了，他没有想到，小龙村的一些群众害起了“红眼病”。“一座不起眼的废水库，在姓周的手里，竟要变成一个‘小金库’。早知道这样，还不如我们自己承包了。”鱼塘毕竟是在小龙村的土地上，肥水外流，村里人觉得心痛了。

那天，村长带着几个社员来到鱼塘边，公开向周阿根提出要求一块儿分成的要求。

“分成?”周阿根一惊，“鱼塘是我自己承包的，怎么要同你们分成?”

村长说：“你别忘了，这鱼塘是在我们小龙村的地盘上。”

周阿根急了，“当时镇里让我承包时，除了要交租金，可没说要同村里分成啊!”

几个社员嚷了起来：

“镇里让你承包，我们根本不知道!”

“镇里是拿我们的鱼塘送人情!”

双方没有谈成，不欢而散。

周阿根找到镇里，赶巧镇里刚刚换了班子，新的领导说对情况不大了解，需要调查调查。

过了一个星期，没有什么动静，周阿根以为事情平息了。

其实，小龙村的一些人根本没有罢休，他们见来软的不行，决定来硬的。

那天早晨，趁周阿根进城联系销售之机，百八十人闯进渔场，哄抢成鱼。

傍晚，周阿根回来见渔场被糟蹋得不成模样，差点没气得吐血。

他找到了村长家。

村长不冷不热地说：“今天我也到镇里办事去了，抢鱼的事我不了解……不过，前几天村里好好同你商量，你却爱理不理。现在，出了事了，你又来找我，我也不好处理。”

周阿根跑到镇里，镇领导表示同情，打算认真查处。

好不容易等到第五天，镇里来了两个人，到渔场看了看，问了问情况，中午在村长家吃了顿饭，又走了。

周阿根心如火烧。

他又去找村长，村长明确表示自己管不了，有事找镇里去。

镇领导的态度似乎变了，认为当时的合同订得不大科学，所以，现在的工作也不大好做。

半年内，整天是村里镇里、镇里村里，周阿根的两条腿都快跑断了。

经济损失不说，精神也处于极大的痛苦之中，周阿根都快疯了。

这时候，有人帮他出点子：上头要是老不解决，你应该到法院告他们去。

“告状？告谁?”周阿根问。

“告村里、告镇里都行啊。”

“镇里能随便告吗?”周阿根忧心忡忡。

百般无奈之下，周阿根豁出去了。他到了县里，请了律师。

律师看过承包合同书后，说：“你早就应该通过法律来解决问题了。你看，去年你们订的合同条款上明确写着：‘镇政府负责处理抢、偷鱼事件，支持承包人按渔政管理条例处罚。’现在一些群众哄抢了你的鱼，镇里不但应该赔偿你的经济损失，还要承担法律责任。”

周阿根走进县法院，呈上了民事诉状。

法院非常重视，立即受理了该案。

几天后，镇政府接到了法院送来的应诉通知书，镇领导一见自己竟然成了被告，急了。他们告诉法院，一定认真查处此事，赔偿原告的经济损失，但也希望原告能够撤诉。

原告说，他本来就没有想过要打官司，只是被逼无奈。只要镇里公正处理此事，他就撤诉。

镇里组织了专门班子，对有关哄抢人员作了处理，并决定给予周阿根1.2万元的经济赔偿，同时宣布原订的承包合同照旧执行。

此案没有公开审理，而是以调解方式得到解决。

事后，周阿根感慨地说："没有想到，法律竟有这么大的力量。"

法制，炎黄子孙们艰难的选择

一滴水可以折射太阳的七色光彩。

一片叶能预报秋天的信息。

一桩官司往往就能反映一种社会现象。

区区舥艚小镇，在一般地图上难以找到它的位置；包郑照更是一位像泥土一样普通的农民。但这桩舥艚官司，却引起了上上下下、方方面面那么多人的关注。

有人说，关心包郑照一家命运的，实际上是在关心自己的命运；

有人说，关注着这桩官司，实际上是在关注我国民主与法制的进程……

在苍南采访期间，很多人这样告诉我：“包家能够把这场官司打起来，是因为他们家有钱，他们用钱把上头的人买通了。”不言而喻，这里的“上头的人”指的就是当官的；有的还像写小说一般编得有鼻子有眼睛：“包家的三儿子同省委某书记的儿子在一块当兵，他家的这场官司是得到某书记支持的。”

这种脱离事实的思维方式，带着深深的封建烙印。

1949年，新中国成立了；1954年，中华人民共和国颁布了第一部宪法。本来，这是一条充满着阳光和希望的道路。但是，“文化大革命”却使中国革命的航船驶入了歧途。

终于盼来了具有伟大历史意义的党的十一届三中全会。这次会议呼吁：为了保障人民民主，必须加强社会主义法制，使民主制度化、法律化，使这种制度和法律具有稳定性、连续性。

1982年12月，五届人大五次会议通过的新中国第四部宪法规定：任何组织或个人都不得有超越宪法和法律的权力。

拨乱反正，正本清源。到了这时候，“依法治国”才摆到它本来的位置上来。

我们在宣传：一切权力属于人民。

我们在宣传：法律面前人人平等。

可一遇到具体问题，人们往往又表示怀疑，产生动摇。都说人民是主人，官员是公仆，现在主人与公仆之间发生了矛盾，一个农民与县长“对簿公堂”，按理说这是文明之举，按法说这是解决这类问题的最佳途径。却没料想，会招来那么多惊奇的目光，成为轰动一时的新闻。

曾有人做过一个假设，假设包郑照房子被炸以后，不是走诉讼之路，而是携一家老少，叫上三亲六戚，到省政府、市政府、县政府去哭、去静坐、去绝食，闹得你办不了公，那反倒正常了。在中国的大大小小机关里，不是常见一些“上访者”声嘶力竭地“无理取闹”和“有理取闹”吗？司空见惯，熟视无睹。正常的文明之举成了新闻，不正常的愚昧行为反倒变得正常。悲哉！

在关于舥艚官司的诸多报道中，多次提道：“人们担心，此案不管谁胜谁负，都会产生很大的影响。如果农民输了，人们就会产生这样的看法：民与官打官司无论如何都不行；如果政府输了，基层干部今后则无法工作。”谁也不能输，这倒让法官作难了。

好在法官没有畏难而退，而是依法断案，公正判决。

我是在浙江省高级人民法院做出终审判决后5个月回到苍南的。5个月的实践证明，那种谁也输不起的担心是多余的。包郑照一家人虽然败诉，但更多的老百姓相信了这样一个事实：当自己的权益受到侵犯时，哪怕是和自己的“父母官”，也可以对簿公堂，在法庭上各论短长。县政府虽然赢了，但赢得并不轻松。领导们没有沾沾自喜，而是更深切地感受到，今后不论办什么事，都必须以法律为依据。

十年来，我国制定的法律和有关法律问题的决定共104个，超过了前30年的总和。国务院还制定了500多项行政法规，各省、自治区和直辖市也相应制定了大批地方性法规。

一方面在加紧立法，另一方面在加紧普法。1985年11月，六届人大常委会第十三次会议作出了《关于在公民中普及法律常识的决议》，决定从1986年起，用5年时间，有计划、有步骤地在公民中，进行普及法律常识的教育。至今，3年过去了，司法部部长在向全国人大常委会的报告中说：空前广泛的学法用法活动在全国范围内已初步形成，并且正在继续健康深入地发展。通过学法，广大干部和群众的法律意识普遍增强，法制观念明显提高。

不过，也不容过早乐观。

看看吧，至今仍在上演的一些悲剧：

森林法颁布了，但毁林事件屡禁不止，我们所存不多的森林资源，依然未能逃脱乱砍滥伐的厄运；

商标法制定了，假冒商标并非因此而销声匿迹；

药品管理法实施了，而假药案层出不穷，且手法越来越恶劣，胆子越来越大；

我们似乎又陷入了一个怪圈之中……

不容过早地乐观。

却也不必要悲观。

尽管中国社会主义民主与法制建设的路程还很长，但我们每日都在前进。

前进就有希望，

前进就是光明，

前进就能胜利！

1989年4月采访于苍南、温州、杭州

1989年11月完稿于北京

附　一

浙江省温州市中级人民法院民事判决书

〔1988〕民初字第1号

原告：包郑照，男，61岁，汉族，浙江省苍南县人，务农，住苍南县舥艚镇舥艚村33号。

原告：赵如宝（包郑照之妻），女，54岁，汉族，浙江省苍南县人，家务，住址同上。

原告：包松柱（包郑照之长子），男，34岁，汉族，浙江省苍南县人，务农，住址同上。

原告：包松村（包郑照之次子），男，32岁，汉族，浙江省苍南县人，务农，住址同上。

原告：包杏梅（包郑照之次女），女，23岁，汉族，浙江省苍南县人，家务，住苍南县湖里乡瓦窑村。

原告：包松燕（包郑照之三女），女，20岁，汉族，浙江省苍南县人，家务，住苍南县舥艚镇舥艚村38号。

原告：林陈女（包松柱之妻），女，30岁，汉族，浙江省苍南县人，家务，住址同上。

原告：王玉红（包松村之妻），女，27岁，汉族，浙江省苍南县人，舥艚镇自来水厂职工，住址同上。

委托代理人：楼献，浙江联合律师事务所第四所律师（为上列8位原告的代理人)。

委托代理人：李慕晓，男，34岁，温州市棉织一厂职工，住温州市鹿城区鹿城路99弄新9幢403室（为原告包郑照的代理人)。

被告：苍南县人民政府。

法定代表人：黄德余，苍南县人民政府县长。

委托代理人：杨吕军，浙江联合律师事务所第二所律师。

委托代理人：吴岳，浙江联合律师事务所第二所律师。

原告包郑照、赵如宝、包松柱、包松村、包杏梅、包松燕、林陈女、王玉红诉苍南县人民政府损害赔偿一案，本院依法组成合议庭，公开进行了审理，现已审理完结。

原告诉称：被告违法炸毁其三间三层楼房，侵犯其合法财产权益，要求赔偿经济损失。

被告辩称：原告在舥艚上建房，未经合法批准，属非法建筑。强行拆除，于法有据。

查明：原告包郑照家于1975年间，在苍南县舥艚镇500余米长的闸坝西首离闸门约50米处南侧堤坡及河面上，毁堤抛石填河，建造坐南朝北二层楼房三间，占地面积105平方米。1983年当地政府清障时，对其作了罚款处理。此后，当时任镇水利管理员的包松村与其家人，又在毗连该屋东首的堤坡及河面上，陆续抛石填基，填成面积126平方米的三间屋基。1985年8月1日，以包郑照的名义，由包松村出面，向舥艚镇城镇建设办公室申请建房。其建房申请表中仅有当地生产大队“同意建房，请主管部门审批”的意见，未按规定程序报请有关部门审批。舥艚镇城镇建设办公室工作人员郑某某在包松村

（当时任中共舥艚镇镇委委员）的催促下，以镇城建办的名义写了同意建房的“批复通知单”。同时，包松村等缴纳了“地价款”人民币708元。原告包郑照、包松村等动工建房时，被苍南县水利电力局发现，该局于9月4日给舥艚镇人民政府发出“关于立即制止非法侵占河道的函”，指出包家建房属非法行为，应立即制止，彻底清障，恢复河道原貌。原镇长朱克通立即通知了包松村等原告，当时包家房屋尚未建成。但包松村等置之不理，继续施工，建成混凝土砖木结构的三层楼房三间。此后，镇、县政府和区公所及有关部门多次劝告，并责令原告包松村等无条件自行拆除违章建筑。1986年10月22日，包郑照向镇房管站申请产权登记，房管站未予审批。包松村却利用担任中共舥艚镇镇委委员之便，擅自使用盖有镇人民政府公章的空白信笺，于1987年2月1日以舥艚镇人民政府的名义，亲笔书写函文致温州市规划局，骗取该局承认其所建房屋的合法性。4月24日，舥艚镇人民政府书面通知包郑照，限其在10天内自行拆除违章建筑。包郑照、包松村等拒不拆除。6月20日，温州市规划局、温州市水利电力局下达通知，限其自行无条件拆除。6月28日，苍南县水利电力局、苍南县城乡建设环境保护局发出相应通知。6月29日，舥艚镇城建办亦作出相应决定，并直接送达包郑照。但包郑照、包松村等仍拒不拆除。6月30日，苍南县人民政府根据国务院《关于清除行洪蓄洪障碍，保障防洪安全的紧急通知》，作出“关于强行拆除包郑照违章房屋的决定”。决定书于7月2日送达包郑照。7月4日，苍南县人民政府组织人员，强行拆除了包郑照、包松村等原告在1985年新建的三间三层楼房后部的部分建筑。为此，包郑照、包松村等原告向人民法院提起诉讼。

本院认为：位于苍南县舥艚镇的闸坝，是苍南县四区两镇御咸蓄淡、排涝灌溉、挡潮防洪的重要水利枢纽工程，关系到20万亩农田灌溉和50万人民生命、财产的安全，任何单位和个人均不得非法侵占；闸坝南侧河道，则是行洪、泄洪的主干河道，严禁设障。原告包郑照、包松村等，1975年在舥艚闸坝堤坡及河面上非法建房受处罚后，不接受教训，又于1985年毁堤填河建房，违反了国务院、水利电力部、浙江省人民政府关于保护水利设施、严禁毁堤填河建房的有关规定和水利电力部1983年4月20日颁布的《水利水电工程管理条例》，是违章建筑，影响行洪排洪，危害闸坝的安全。舥艚镇城建办未经水利主管部门同意，无权批准在水利设施和河道上建房。因而，以镇城建办名义同意原告建房的“批复通知单”，应属无效。应当指出，当时身为中共舥艚镇镇委委员，又曾担任过镇水利管理员的包松村，无视法律，明知故犯，不听劝阻，违章建房，拒不清障，情节尤为恶劣。苍南县人民政府为了确保国家和人民生命、财产安全，在多次教育原告并限期其自行拆除无效后，根据国务院《关于清除行洪蓄洪障碍，保障防洪安全的紧急通知》的规定，强行拆除原告违章建造的部分房屋，是合法的、正确的。原告诉请赔偿损失，显属无理。据此，依照《水利水电工程管理条例》第3条、第7条、第9条、第10条、第11条和国务院《关于清除行洪蓄洪障碍，保障防洪安全的紧急通知》的规定，判决如下：

驳回原告包郑照、赵如宝、包松柱、包松村、包杏梅、包松燕、林陈女、王玉红的诉讼请求。

本案诉讼费人民币191元和鉴定费人民币150元，由包郑照等8位原告负担。

如不服本判决，可在接到判决书的第二天起15日内，向本院提出上诉状及副本，上诉于浙江省高级人民法院。

审判长　李玉林
审判员　叶右荣
审判员　李炳权
1988年8月28日

书记员　王旭东

附 二

浙江省高级人民法院民事判决书

〔1988〕浙法民上字7号

上诉人（原审原告）：包郑照，男，61岁，汉族，浙江省苍南县人，务农，住苍南县舥艚镇舥艚村。

上诉人（原审原告）：赵如宝（包郑照之妻），女，54岁，汉族，浙江省苍南县人，家务，住址同上。

上诉人（原审原告）：包松柱（包郑照之长子），男，34岁，汉族，浙江省苍南县人，务农，住址同上。

上诉人（原审原告）：包松村（包郑照之次子），男，32岁，汉族，浙江省苍南县人，务农，住址同上。

上诉人（原审原告）：包杏梅（包郑照之次女），女，23岁，汉族，浙江省苍南县人，家务，住苍南县湖里乡瓦窑村。

上诉人（原审原告）：包松燕（包郑照之三女），女，20岁，汉族，浙江省苍南县人，家务，住苍南县舥艚镇舥艚村。

上诉人（原审原告）：林陈女（包松柱之妻），女，30岁，汉族，浙江省苍南县人，家务，住址同上。

上诉人（原审原告）：王玉红（包松村之妻），女，27岁，汉族，浙江省苍南县人，舥艚镇自来水厂职工，住址同上。

委托代理人：楼献，浙江联合律师事务所第四所律师（系上列8位上诉人的代理人）。

委托代理人：胡建森，浙江联合律师事务所第一所律师（系上列8位上诉人的代理人）。

被上诉人（原审被告）：苍南县人民政府。

法定代表人：黄德余，苍南县人民政府县长。

委托代理人：吴岳，浙江联合律师事务所第二所律师。

委托代理人：杜维宁，浙江联合律师事务所第二所律师。

上诉人包郑照、赵如宝、包松柱、包松村、包杏梅、包松燕、林陈女、王玉红因损害赔偿一案，不服温州市中级人民法院〔1988〕民初字第1号民事判决，向本院提起上诉。

本院依法组成合议庭，公开审理了此案，现已审理终结。

包郑照等以苍南县人民政府违法炸毁其三间三层楼房侵犯其合法财产权益为由，向温州市中级人民法院提起诉讼，要求赔偿经济损失。苍南县人民政府辩称：包郑照等在舥艚海堤上建房，未经合法批准，属非法建筑，强行拆除，于法有据。温州市中级人民法院审理认为：包郑照等所建房屋违反国务院、水利电力部、浙江省人民政府关于保护水利设施，严禁毁堤填河建房的有关规定，是违章建筑。苍南县人民政府强行拆除其违章建造的部分房屋，是合法的、正确的。依照水利电力部《水利水电工程管理条例》和国务院《关于清除行洪蓄洪障碍，保障防洪安全的紧急通知》的规定，于1988年8月28日作出判决，驳回包郑照等8人的诉讼请求。判决后，包郑照等8人不服，以“一审判决认定事实不清，证据不足，并不惜歪曲事实”“适用法律不当”和“一审审理有违法之处”等为由，向本院提起上诉，并要求追加温州市人民政府和舥艚镇人民政府为本案共同被告及第三人。苍南县人民政府同意原判。

查明：位于苍南县舥艚镇长500余米的舥艚海堤和10孔水闸，是一座中型水利枢纽工程。上诉人包郑照等在离斗门水闸约50米处的堤坡和东魁河河道上，陆续毁堤抛石填河，并于1975年间非法建造了二层楼屋三间（占地面积为105平方米）。1983年当地政府对该堤及河道进行清障时，对其作了罚款处理，并在海堤内河一侧沿河打下50余根水泥界桩，其中在上诉人非法所建房屋附近打下三根水泥界桩，以示今后不得再抛石填河设障。当时担任舥艚镇水利管理员的上诉人包松村（后被任命为中共舥艚镇镇委委员），参加了清障工作。然而，上诉人包郑照等并不以此为戒，继续在其屋东面的堤坡及河道上，毁堤抛石填河，填成面积126平方米的屋基三间。1985年8月1日，上诉人以包郑照的名义，由包松村出面，向苍南县舥艚镇城建办公室申请建房。其建房申请表中，仅有当地生产大队“同意建房，请主管部门审批”的意见和印章，没有舥艚镇城镇建设办公室和镇人民政府的审批意见和印章，并且未按规定程序上报审批。舥艚镇人民政府和镇城建办公室个别领导在上诉人包松村的多次请求下，口头同意上诉人建房，镇城镇建设办公室工作人员郑某某等丈量了上诉人所填的地基面积，包松村缴了“地价款”人民币708元，郑某某在包松村的催促下，以镇城镇建设办公室的名义书写了一份同意建房的“批复通知单”。正当上诉人动工建房时，被苍南县水利电力局发现，该局即于9月4日给舥艚镇人民政府发出“关于立即制止非法侵占河道的函”，指出镇干部包松村又填河作宅基，是非法行为，应立即制止，并按省人民政府有关河道清障的规定，按照“谁设障，谁清障”的原则，彻底清除，恢复河道的原貌。舥艚镇人民政府镇长朱克通即将上述内容通知了包松村。包松村等无视县水利电力局的上述通知，加快施工速度，建成混凝土砖木结构的三层楼屋三间。为保护水利工程的安全，舥艚镇人民政府、金乡区区公所、中共舥艚镇委、中共金乡区委和苍南县水利电力局等有关部门多次对包郑照、包松村等进行教育，并责令其自行清障，包郑照、包松村等却置之不理。1987年2月1日，包松村利用担任中共舥艚镇镇委委员之便，擅自使用盖有舥艚镇人民政府公章的空白信笺，以舥艚镇人民政府名义，写函给温州市规划局，骗取该局承认其建房的合法性。4月24日，舥艚镇人民政府书面通知包郑照，限其在10天内自行拆除违章建筑，包郑照等拒不拆除。6月20日，温州市规划局与温州市水利电力局联合下达通知，责成舥艚镇城镇建设办公室撤销并收回同意包郑照建房的“批复通知单”。限包郑照等自行无条件拆除违章建筑。6月28日，苍南县水利电力局、苍南县城乡建设环境保护局发出相应通知。6月29日，舥艚镇城镇建设办公室作出撤销包郑照私人建房批准书的决定，但包郑照等仍拒不拆除。6月30日，苍南县人民政府根据国务院《关于清除行洪蓄洪障碍，保障防洪安全的紧急通知》，作出“关于强行拆除包郑照违章房屋的决定”，于7月2日送达，并于7月4日采用定向爆破的方法，强行拆除了上述人违章建造的三间三层楼屋后部的部分建筑（占地面积为11.12平方米）。

本院在审理期间，委托浙江省水利学会指派专家对苍南县舥艚海堤的性质和上诉人在该堤所建的房屋进行鉴定。鉴定认为：舥艚海堤和10孔水闸是一座挡潮、蓄淡、排涝、灌溉的中型水利枢纽工程，包郑照等在舥艚海堤上所建的房屋影响海堤安全并侵占河道，影响行洪，是违章建筑。

本院对上诉人提出的追加温州市人民政府为本案共同被告和舥艚镇人民政府为本案第三人的申请，因温州市人民政府和舥艚镇人民政府，不符合本案共同被告和第三人的条件，依照《中华人民共和国民事诉讼法（试行）》第122条第1款第6项之规定，已当庭口头裁定驳回。

本院认为：苍南县舥艚海堤和10孔水闸，是一座挡潮、蓄淡、排涝、灌溉的中型水利枢纽工程；海堤南侧的东魁河，是行洪排涝的主干河道，关系到苍南县20余万亩农田的灌溉和50余万居民生命、财产的安全。国务院和浙江省人民政府曾三令五申，严禁毁堤填河设障。上诉人无视政令，在1983年因毁堤填河建房105平方米被处罚后，仍不改正，又继续毁堤填河126平方米，严重违反国务院关于保护水利工程设施，严禁毁堤填河设障的有关规定和水利电力部1983年4月20日颁布的《水利水电工程管理条例》、浙江省人民政府1981年2月24日颁发的《浙江省水利工程管理暂行条例》的有关条款，致使河道行洪蓄洪能力减弱，危害海堤安全。舥艚镇人民政府和镇城镇建设办公室个别领导，违反审批程序，超越审批权限，擅自口头同意上诉人在舥艚海堤及河道上建房，发出“批复通知单”，本属无效。况且在上诉人动工建房时，舥艚镇人民政府按照苍南县水利电力局的通知责令其停建并自行拆除，恢复河道原貌，上诉人不仅拒不拆除，反而加快施工速度，建成三间三层楼屋。尤其是当时身为中共舥艚镇镇委委员，又曾担任过镇水利管理员的上诉人包松村，本应自觉遵守水利法规，保护水利工程的安全，却知法违法，带头毁堤填河建房，又伪造公函，拒不清障，情节尤为恶劣，后果应由上诉人自负。苍南县人民政府为了保护水利工程和人民生命、财产的安全，在多次教育上诉人并限期自行清障无效后，根据国务院《关于清除行洪蓄洪障碍，保障防洪安全的紧急通知》，作出决定，予以强行清障，是合法的。舥艚海堤系水利工程，在舥艚镇的建设总体规划中，并未将该海堤规划为当地居民建房用地。在浙江省人民政府颁发的《浙江省水利工程管理暂行条例》和水利电力部颁发的《水利水电工程管理条例》中，均明确规定在水利工程管理范围内建造房屋等，须经水利主管部门同意，报上级人民政府批准后方可施工。因此，舥艚镇城镇建设办公室无权批准在水利工程和河道上建房。苍南县人民政府强行拆除上诉人建在堤坡及河道上的部分房屋，属于清障。原审判决适用水利法规正确。上诉人诉称其所建房屋符合舥艚镇建设总体规划，不属防洪清障范围，镇城建办是唯一有权在规划区域内审批建房的部门，并提出本案应适用《中华人民共和国土地管理法》和《城市规划条例》，没有事实和法律依据。上诉人诉称“一审审理有违法之处”，与事实不符，原审判决认定事实清楚，证据充分可靠，审判程序合法，适用法律正确，驳回包郑照等8人的诉讼请求，并无不当。上诉人的上诉请求无理，本院不予支持。经本院审判委员会讨论决定，根据《中华人民共和国民事诉讼法（试行）》第151条第1款第1项之规定，判决如下：

驳回上诉，维持原判。

上诉案件受理费人民币191元和鉴定费人民币450元，由上诉人包郑照、赵如宝、包松柱、包松村、包杏梅、包松燕、林陈女、王玉红8人负担。

本判决为终审判决。

审判长　钱士诞
审判员　徐　杰
审判员　冯荣福
1988年12月20日

书记员　翁暨伟

图书在版编目（CIP）数据

我的名字叫苍南 / 黄传会著. —杭州 ：浙江人民出版社，2021.10（2024.5重印）
ISBN 978-7-213-10279-0

Ⅰ. ①我… Ⅱ. ①黄… Ⅲ. ①报告文学-中国-当代 Ⅳ. ①I25

中国版本图书馆CIP数据核字(2021)第175015号

我的名字叫苍南

黄传会 著

出版发行 浙江人民出版社（杭州市环城北路177号 邮编 310006）
市场部电话:(0571)85061682 85176516

责任编辑 余慧琴
责任校对 何培玉
责任印务 陈 峰
封面设计 毛勇梅 陈耀辉
内文供图 萧云集
电脑制版 杭州兴邦电子印务有限公司
印 刷 浙江印刷集团有限公司
开 本 880毫米×1230毫米 1/32
印 张 9.875
字 数 210千字
插 页 12
版 次 2021年10月第1版
印 次 2024年5月第4次印刷
书 号 ISBN 978-7-213-10279-0
定 价 78.00元